安徽省级规划教材

零距离上岗

高职高专市场营销专业系列规划教材

QIYE JINGYING YU GUANLI

企业经营与管理

（第3版）

汪永太 主 编
汤 飚 副主编

电子工业出版社
Publishing House of Electronics Industry
北京·BEIJING

未经许可，不得以任何方式复制或抄袭本书之部分或全部内容。
版权所有，侵权必究。

图书在版编目（CIP）数据

企业经营与管理 / 汪永太主编. —3 版. — 北京：电子工业出版社，2015.8
（零距离上岗）
高职高专市场营销专业系列规划教材
ISBN 978-7-121-26681-2

Ⅰ.①企⋯ Ⅱ.①汪⋯ Ⅲ.①企业经营管理－高等职业教育－教材 Ⅳ.①F270

中国版本图书馆 CIP 数据核字(2015)第 164265 号

策划编辑：晋　晶
责任编辑：王莞朕
印　　刷：北京虎彩文化传播有限公司
装　　订：北京虎彩文化传播有限公司
出版发行：电子工业出版社
　　　　　北京市海淀区万寿路 173 信箱　邮编 100036
开　　本：787×980　1/16　印张：16.75　字数：357 千字
版　　次：2007 年 1 月第 1 版
　　　　　2015 年 8 月第 3 版
印　　次：2022 年 7 月第 7 次印刷
定　　价：36.00 元

凡所购买电子工业出版社图书有缺损问题，请向购买书店调换。若书店售缺，请与本社发行部联系，联系及邮购电话：（010）88254888，88258888。
质量投诉请发邮件至 zlts@phei.com.cn，盗版侵权举报请发邮件至 dbqq@phei.com.cn。
本书咨询联系方式：（010）88254199，sjb@phei.com.cn。

高职高专市场营销专业系列规划教材编委会

特约顾问　　方光罗（安徽商贸职业技术学院）

　　　　　　　万　融（中国人民大学）

主　　任　　杜明汉（山西财贸职业技术学院）

编　　委　　汪永太　　郑承志　　秦宗槐　　段广建

　　　　　　　孙金霞　　张卫东　　刘厚钧　　李留法

　　　　　　　申纲领　　付春雨　　刘　宝　　韩宝森

　　　　　　　白爱莉

出版说明

作为现代高等教育重要组成部分的高职高专教育可以说是与经济建设、劳动就业联系最紧密、最直接的。它承担着为高新技术转化和传统产业升级提供智力支持的重任，承担着提高劳动者的就业能力和创业能力，促进劳动就业的责任。近年来，我国高职高专教育有了很大的发展，为生产、建设、管理、服务第一线培养了大批技术型和应用型专门人才，为我国经济发展和社会进步起到了重要的推动作用。

高职高专教育以培养高技能人才作为教学目标，因此，与普通本科教育相比，其有自己鲜明的特点：① 理论知识以"必需""够用"为度；② 以服务为宗旨，以就业为导向，以产、学、研相结合为途径，以培养实际操作能力为核心；③ 实践教学在教学计划中占较大比重，注重学生职业能力的培养，实现"零距离上岗"，即学生毕业进入企业后，不再需要专门的上岗培训，就可以直接上岗，从而实现人才培养与上岗就业的零距离。

为了真正实现高职高专教育与上岗就业零距离的目标，许多高职高专院校正在逐步深化教学改革，改革方案里提出要适当规模地控制基础理论课程教学的深度与广度，加强校内模拟实训室和校外实习基地建设，强化技能培训，熟悉岗位要求，增强学生择业就业能力，增加学生的就业机会。

教学改革，教材先行。为了推动我国高职高专教育教学改革向"以培养职业能力为中心，理论和实践并重"的方向发展，在国家教育部的指导下，电子工业出版社在全国范围内组织并成立了"全国高职高专教学研究与教材出版编委会"（以下简称"教学研究与教材出版编委会"），旨在研究高职高专教学目标、教学规律，以及与教学改革配套的教材建设、规划教材出版工作。教学研究与教材出版编委会的成员单位皆为教学改革成效较大、办学特色鲜明和办学实力强的普通高校、高等专科学校、高等职业学校、成人高等学校及本科院校主办的二级职业技术学院，而教材的编者和审定者则均来自从事高职高专和成人高等教育教学与研究工作第一线的优秀教师和专家。

教学研究与教材出版编委会根据《国务院关于大力发展职业教育的决定》和《教育部关于加强高职高专教育人才培养工作的意见》的文件精神，以及上岗就业零距离的教学目标，规划了这套"零距离上岗·高职高专系列规划教材"，力求能够反映高职高专课程和教学内容体系改革方向，按照突出应用性、实践性的原则优化系列教材结构；力求教材能够体现新知识、新技术、新工艺、新方法，突出教材内容的新颖性、基础理论知识的应用性

高职高专市场营销专业系列规划教材编委会

特约顾问　　方光罗（安徽商贸职业技术学院）

　　　　　　万　融（中国人民大学）

主　　任　　杜明汉（山西财贸职业技术学院）

编　　委　　汪永太　郑承志　秦宗槐　段广建

　　　　　　孙金霞　张卫东　刘厚钧　李留法

　　　　　　申纲领　付春雨　刘　宝　韩宝森

　　　　　　白爱莉

出版说明

作为现代高等教育重要组成部分的高职高专教育可以说是与经济建设、劳动就业联系最紧密、最直接的。它承担着为高新技术转化和传统产业升级提供智力支持的重任,承担着提高劳动者的就业能力和创业能力,促进劳动就业的责任。近年来,我国高职高专教育有了很大的发展,为生产、建设、管理、服务第一线培养了大批技术型和应用型专门人才,为我国经济发展和社会进步起到了重要的推动作用。

高职高专教育以培养高技能人才作为教学目标,因此,与普通本科教育相比,其有自己鲜明的特点:① 理论知识以"必需""够用"为度;② 以服务为宗旨,以就业为导向,以产、学、研相结合为途径,以培养实际操作能力为核心;③ 实践教学在教学计划中占较大比重,注重学生职业能力的培养,实现"零距离上岗",即学生毕业进入企业后,不再需要专门的上岗培训,就可以直接上岗,从而实现人才培养与上岗就业的零距离。

为了真正实现高职高专教育与上岗就业零距离的目标,许多高职高专院校正在逐步深化教学改革,改革方案里提出要适当规模地控制基础理论课程教学的深度与广度,加强校内模拟实训室和校外实习基地建设,强化技能培训,熟悉岗位要求,增强学生择业就业能力,增加学生的就业机会。

教学改革,教材先行。为了推动我国高职高专教育教学改革向"以培养职业能力为中心,理论和实践并重"的方向发展,在国家教育部的指导下,电子工业出版社在全国范围内组织并成立了"全国高职高专教学研究与教材出版编委会"(以下简称"教学研究与教材出版编委会"),旨在研究高职高专教学目标、教学规律,以及与教学改革配套的教材建设、规划教材出版工作。教学研究与教材出版编委会的成员单位皆为教学改革成效较大、办学特色鲜明和办学实力强的普通高校、高等专科学校、高等职业学校、成人高等学校及本科院校主办的二级职业技术学院,而教材的编者和审定者则均来自从事高职高专和成人高等教育教学与研究工作第一线的优秀教师和专家。

教学研究与教材出版编委会根据《国务院关于大力发展职业教育的决定》和《教育部关于加强高职高专教育人才培养工作的意见》的文件精神,以及上岗就业零距离的教学目标,规划了这套"零距离上岗·高职高专系列规划教材",力求能够反映高职高专课程和教学内容体系改革方向,按照突出应用性、实践性的原则优化系列教材结构;力求教材能够体现新知识、新技术、新工艺、新方法,突出教材内容的新颖性、基础理论知识的应用性

—— 出版说明

和实践技能的培养。教材中的基础理论以"必需""够用"为度，专业知识加强针对性和实用性，同时注重实训和实习的环节，以利于学生综合素质的提高和创新能力、实践能力及操作能力的培养，以实现与实际岗位的无缝对接。教材还科学设置了一些实际案例及延伸阅读等功能性栏目，并将主要的专业核心课程设计成教材和模拟实训二合一的教学包，电子工业出版社华信教育资源网上还提供教学课件及习题答案免费下载等增值服务。这不仅方便学生课下学习，拓宽知识面，还有利于调动学生学习的积极性。规划教材覆盖了人力资源管理、财务会计、国际经济与贸易（国际商务）、物流管理、市场营销、金融保险、工程造价、商务英语等专业的基础课程和专业的主干课程，已在"十一五"期间陆续推出。上述规划教材适合各类高等专科学校、高等职业学校、成人高等学校及本科院校主办的二级职业技术学院使用。

编写高职高专教材是一个新课题，希望全国高职高专和成人高等教育院校的师生在教学实践中积极提出意见与建议，并及时反馈给我们，以便我们对已出版的教材不断修订、完善，与大家共同探索我国高职高专教育的特点和发展道路，不断提高教材质量，完善教材体系，为社会奉献更多更新与高职高专教学配套的高质量的教材。

全国高职高专教学研究与教材出版编委会

第 3 版前言

国务院 2014 年关于加快发展现代职业教育的决定明确提出，职业教育要服务于经济社会发展和人的全面发展，课程内容与职业标准对接，教学过程与生产过程对接，职业教育与终身学习对接。为了使本书更加适应高职高专教育培养适应生产、建设、管理、服务第一线所需要的高素质技能型人才的需要，强化学生综合职业能力的培养、基础理论知识的创新和整体素质的提高，本书在第 2 版的基础上，依照电子工业出版社教材升级版要求做了修订。第 3 版的框架和体例与第 2 版基本相同，以保持教材版本的一致性；根据社会经济和高职教育的新发展做了相应修订，以保证教材的先进性。本书是高职高专市场营销专业的理想教材，也可供经济管理类专业选用，还可供电视大学、成人高校和企业职工培训选用。

本书主要做了以下修订。

1. 本着高职高专教育以职业能力为本位的教学思想，修改或删除教材中已经陈旧过时的内容，用本专业课程发展及国内外研究最新成果替换，并同步替换了相关案例、习题。

2. 在栏目上进行了必要调整，删除了本章小结，增加了"教学互动"栏目，在引导案例部分增加开放式问题，实例部分增加简单提示，实训题部分增加实训建议，便于教师更好地组织学生进行针对性项目实训。其目的在于活跃和创新教材形式，培养学生的学习能力、实践能力和创新能力。

3. 在具体内容上，增加了小微企业、公司新规定、企业年度报告公示、经营模式创新、管理创新方法、大数据决策、知识产权管理、经济附加值（EVA）等新内容。

第 3 版由原编者汪永太、汤飚、郭伟副教授修订。汤飚修订第 2、7、9 章和 5.1~5.4 节；郭伟修订第 8 章；汪永太修订第 1、3、4、6 章和 5.5 节，并负责总纂。编者在修订过程中参阅了大量文献，得到了学校领导、有关部门专家和教师的大力支持和帮助，尤其得到电子工业出版社教师的指导和帮助，在此一并致谢。

本书第 1、2 版出版以来，深受各方面欢迎，得到同行的认可和好评。由于编者水平有限，修订中的缺点和错误在所难免，敬请同行专家和广大读者赐教匡正。

编 者
2015 年 6 月于芜湖

第 2 版前言

为了使本书更加适应高职高专教育培养适应生产、建设、管理、服务第一线所需要的高素质技能型人才的需要,强化学生综合职业能力的培养、基础理论知识的创新和整体素质的提高,本书在第 1 版的基础上,依照电子工业出版社教材升级版要求做了修订。本书第 2 版的框架和体例与第 1 版基本相同,以保持教材的一致性;根据社会经济和高职教育的新发展做了相应修订,以保证教材的先进性。本书是高职高专市场营销专业的理想教材,也可供经济管理类专业选用,还可供电视大学、成人高校和企业职工培训选用。

本书主要做了以下修订。

1. 本着高职高专教育以职业能力为本位的教学思想,在学习目标上,进一步明确每章应达到的知识目标、技能目标和能力目标,并据此调整了相应的教学内容,以强化课程教学的针对性和应用性。

2. 在栏目上进行了必要调整,增加了相关链接、主要概念、课堂讨论题、自测题等栏目,目的在于活跃和创新教材形式,培养学生的学习能力、实践能力和创新能力。

3. 在内容上进行相应调整,删除过时和与职业能力培养相关性不大的内容,增加了物流管理等新内容;还根据本学科实践性强的特点,加大了实训部分的教学内容。

第 2 版由原编者汪永太、汤飚、郭伟副教授修订。编者在修订过程中参阅了大量文献,得到了学校领导、有关部门专家和教师的大力支持和帮助,尤其得到电子工业出版社教师的指导和帮助,在此一并致谢。

本书第 1 版出版以来,深受各方面欢迎,得到同行的认可和好评。由于编者水平有限,修订中的缺点和错误在所难免,敬请同行专家和广大读者赐教匡正。

编 者

2010 年 11 月于芜湖

第 1 版前言

《企业经营与管理》是零距离上岗·高职高专市场营销专业系列规划教材之一,本书的内容包括企业概述、企业经营管理概述、企业经营决策与控制、企业经营战略、企业资源管理、企业质量管理、企业文化与形象管理、企业生产运作管理、企业商品经营管理、企业诊断与发展等知识和实务。本着高职高专教育以职业能力为本位的教学思想,编者在写作上明确了每章应达到的学习目标;设置了每章案例分析、复习思考题和实训题等众多具有特色的栏目设计,既体现了高职高专教育的特色,又有利于教学和学习;并加入一些实际案例及延伸阅读等内容,方便学生课下阅读,拓宽学生的知识面。同时,还在华信教育资源网(www.hxedu.com.cn)上提供教学课件及习题答案,供教师下载使用。本书基本上概括了营销师三级至五级职业资格考试企业经营管理方面的知识和技能,既可作为市场营销专业的教材,又可供其他专业选用。

本书由汪永太副教授任主编,汤飚讲师任副主编,郭伟讲师参编。汤飚编写第2、7、8、10章和第5章的5.1~5.3节;郭伟编写第9章;汪永太编写第1、3、4、6章和第5章的5.4节,并负责总纂。刘厚钧副教授任主审。本书在编写过程中,参阅了大量的文献,得到了有关单位、企业、院校领导、专家、教师和从业人员的大力支持和帮助,尤其得到了安徽商贸职业技术学院院长方光罗副教授、芜湖新瑞医药有限公司副总经理佘晓菊的指导和帮助,在此一并表示感谢。

为了使本书更加适应高职高专教育的需要,适应培养生产、建设、管理、服务第一线所需高等技术应用型专门人才的需要,强化学生综合职业能力的培养、基础理论知识的创新和整体素质的提高,本书编写的指导思想是,理论上简要些,实务上加强些,操作上具体些,体现高职高专特色。

"企业经营与管理"是一门涉及面广、实践性强的综合性课程,我们深感才疏学浅,难以全面把握,书中疏漏在所难免,敬请同行专家和广大读者指教匡正。

编 者
2006 年 11 月

目 录

第 1 章　企业概述 1
　1.1　企业的概念与类型 2
　1.2　企业的设立与年度报告 8
　1.3　现代企业制度和组织 15
　主要概念 27
　课堂讨论题 27
　自测题 27
　实训题 28

第 2 章　企业经营管理概述 30
　2.1　企业经营的概念与职能 31
　2.2　企业经营创新 33
　2.3　管理的概念及职能 39
　2.4　企业管理创新 42
　主要概念 48
　课堂讨论题 48
　自测题 48
　实训题 49

第 3 章　企业经营决策与控制　　 51
　3.1　企业经营决策 52
　3.2　企业经营计划 65
　3.3　企业领导与控制 69
　主要概念 79
　课堂讨论题 79
　自测题 79
　实训题 80

第 4 章　企业经营战略 82
　4.1　企业经营战略概述 83
　4.2　企业总体战略 89
　4.3　企业职能战略 92
　4.4　企业联合战略 97
　主要概念 102
　课堂讨论题 102
　自测题 102
　实训题 103

第 5 章　企业资源管理 105
　5.1　人力资源管理 106
　5.2　财力资源管理 113
　5.3　物力资源管理 120
　5.4　知识产权管理 127
　5.5　信息资源管理 128
　主要概念 140
　课堂讨论题 140
　自测题 141
　实训题 142

第 6 章　企业质量管理 144
　6.1　质量管理 145
　6.2　质量管理体系 149
　6.3　质量管理方法 152
　6.4　服务质量管理 161
　主要概念 167

课堂讨论题.....................167
　　自测题.........................167
　　实训题.........................168

第7章　企业文化与形象管理..........171
　7.1　企业文化与形象概述..........172
　7.2　企业文化建设与形象塑造......180
　　主要概念.......................186
　　课堂讨论题.....................186
　　自测题.........................186
　　实训题.........................187

第8章　企业商品经营管理............189
　8.1　企业商品采购管理............190
　8.2　企业物流管理................200
　8.3　企业商品销售管理............213

　　主要概念.......................227
　　课堂讨论题.....................227
　　自测题.........................227
　　实训题.........................228

第9章　企业诊断与发展..............230
　9.1　企业绩效评价................231
　9.2　企业诊断....................234
　9.3　企业发展与投资..............240
　　主要概念.......................252
　　课堂讨论题.....................252
　　自测题.........................252
　　实训题.........................253

参考文献..........................255

目 录

第1章 企业概述 1
  1.1 企业的概念与类型 2
  1.2 企业的设立与年度报告 8
  1.3 现代企业制度和组织 15
  主要概念 27
  课堂讨论题 27
  自测题 27
  实训题 28

第2章 企业经营管理概述 30
  2.1 企业经营的概念与职能 31
  2.2 企业经营创新 33
  2.3 管理的概念及职能 39
  2.4 企业管理创新 42
  主要概念 48
  课堂讨论题 48
  自测题 48
  实训题 49

第3章 企业经营决策与控制 51
  3.1 企业经营决策 52
  3.2 企业经营计划 65
  3.3 企业领导与控制 69
  主要概念 79
  课堂讨论题 79
  自测题 79
  实训题 80

第4章 企业经营战略 82
  4.1 企业经营战略概述 83
  4.2 企业总体战略 89
  4.3 企业职能战略 92
  4.4 企业联合战略 97
  主要概念 102
  课堂讨论题 102
  自测题 102
  实训题 103

第5章 企业资源管理 105
  5.1 人力资源管理 106
  5.2 财力资源管理 113
  5.3 物力资源管理 120
  5.4 知识产权管理 127
  5.5 信息资源管理 128
  主要概念 140
  课堂讨论题 140
  自测题 141
  实训题 142

第6章 企业质量管理 144
  6.1 质量管理 145
  6.2 质量管理体系 149
  6.3 质量管理方法 152
  6.4 服务质量管理 161
  主要概念 167

课堂讨论题......................167
　　自测题..........................167
　　实训题..........................168

第 7 章　企业文化与形象管理..........171
　7.1　企业文化与形象概述............172
　7.2　企业文化建设与形象塑造......180
　　主要概念......................186
　　课堂讨论题..................186
　　自测题......................186
　　实训题......................187

第 8 章　企业商品经营管理..........189
　8.1　企业商品采购管理...............190
　8.2　企业物流管理......................200
　8.3　企业商品销售管理...............213

　　主要概念......................227
　　课堂讨论题..................227
　　自测题......................227
　　实训题......................228

第 9 章　企业诊断与发展..............230
　9.1　企业绩效评价.....................231
　9.2　企业诊断..........................234
　9.3　企业发展与投资................240
　　主要概念......................252
　　课堂讨论题..................252
　　自测题......................252
　　实训题......................253

参考文献..........................255

第 1 章

企业概述

> **本章学习目标**
>
> 知识目标：认识企业的特征、企业年度报告的意义，了解企业的类型、组织结构的变化趋势，掌握企业的概念、现代企业制度和组织的概念和内容。
>
> 技能目标：熟悉企业设立的条件与企业年度报告公示、现代企业制度的建立、现代企业组织结构的设计和组织变革。
>
> 能力目标：能够运用现代企业知识指导以后的学习和经营活动。

引导案例

奇瑞公司不断发展

奇瑞汽车股份有限公司成立于 1997 年 1 月 8 日，注册资本 41 亿元。公司以打造"国际品牌"为战略目标，早在产品上市之初就确立了"'顾客满意'是公司永恒的宗旨，为顾客提供'零缺陷'的产品和周到服务是公司每位员工始终不渝的奋斗目标"的质量方针。经过十几年的创新发展，奇瑞现已成为国内最大的集汽车整车、动力总成和关键零部件的研发、试制、生产和销售为一体的自主品牌汽车制造企业，以及中国最大的乘用车出口企业。"自主创新"是奇瑞发展战略的核心，也是奇瑞实现超常规发展的动力之源；打造"国际品牌"是奇瑞的战略发展目标。

奇瑞已具备年产 90 万辆整车、90 万台套发动机及 80 万台变速箱的生产能力，建立了 A00、A0、A、B、SUV 五大乘用车产品平台，上市产品覆盖 11 大系列共 21 款车型。奇瑞以"安全、节能、环保"为产品发展目标，先后通过 ISO 9001、德国莱茵公司 ISO/TS 16949 等国际质量体系认证。2013 年，奇瑞累计销量突破 400 万辆，产品远销 80 余个国家和地区，累计出口已超过 80 万辆，并连续 11 年成为中国最大的乘用车出口企业。

奇瑞是汽车界的奇迹，也是中国民族品牌的骄傲。奇瑞人一如既往地大胆探索，不断深化管理，朝着以人为本、永续经营的目标进发。奇瑞以"更好的产品、更好的质量、更好的服务"来构建未来的市场架构，秉承"大营销"理念，全面升级"品牌、品质、服务"三大平台，不断提升品牌形象和企业形象，给客户和社会更多的回馈。奇瑞凭借富有朝气的创新文化，实现了跨越式发展。

思考题：发展是企业经营与管理的永恒主题。奇瑞公司为什么能不断发展？

1.1 企业的概念与类型

1.1.1 企业的概念与特征

1. 企业的概念

企业是指以营利为目的，运用生产要素，从事商品生产、流通和服务活动，为满足社会需要和盈利，自主经营、自负盈亏、自我发展，并依法设立的经济组织。

企业作为组织单元的多种模式之一，是按照一定的组织规律，有机构成的经济实体，一般以营利为目的，以实现投资人、客户、员工、社会大众的利益最大化为使命，通过提供产品或服务换取收入。它是社会发展的产物，因社会分工的发展而成长壮大，是随着商品生产的发展而发展的。企业是一个经济性组织，同时又是一个社会性组织。

2. 企业的特征

企业作为国民经济的重要组成部分，具有一些共同的基本特征，具体表现在以下四个方面。

（1）经济性。经济性是指企业必须通过商品生产流通或相关的服务，为商品消费者提供使用价值，借以实现自己的价值的活动。所以一切不具备经济性的组织不能称为企业。

（2）营利性。营利性是指企业必须以营利为目的来从事经济活动。企业必然追求经济效益，其存在和发展的前提是能够赚钱，即能够创造利润。盈利、追求利润最大化是企业的动力源泉。

（3）独立性。独立性是指企业在生产经营活动中必须独立核算、自负盈亏、自主经营和自我发展。独立核算是指企业必须具有独立的财产，在银行开有独立的户头，可以对外办理结算，进行独立、完整的会计核算，能独立计算并考核经济效益；自负盈亏是指企业作为商品生产经营者，要按照价值规律和客观要求，遵照等价交换的原则来进行生产经营，以收抵支，并独立承担盈亏责任；自主经营是指企业根据市场情况和企业实际，自主进行生产经营，从而取得最佳的经济效益和社会效益，因此，自主经营是企业独立性的基本要求；自我发展是指企业在激烈的市场竞争中，要依靠自己的力量，运用各种竞争手段和策略，求生存、促发展，使企业不断发展壮大。

（4）法人性。法人是指具有一定组织机构和独立财产，能以自己的名义享有民事权利和承担民事义务，依照法定程序成立的组织。法人必须正式在国家政府有关部门注册备案，完成登记手续；应有专门的名称、固定的地点和组织章程；应有一定的组织机构和独立的财产,实行独立核算;能独立承担民事责任。也就是说,在法律上赋予企业以独立的人格,使其具有权利能力和行为能力,有资格享受权利和承担义务,以便同其他单位和消费者发生各种法律关系。企业的法人性也是区别现代企业和传统企业的重要标志。一般情况下,把个体企业、独资企业和合伙企业等自然人企业称为传统企业,而把具有法人资格的公司制企业称为现代企业。

相关链接 1-1

法人及企业法人

法人是具有民事权利能力和民事行为能力,依法独立享有民事权利和承担民事义务的组织。法人与自然人不同,是一种无生命的社会组织体,法人的实质是一定社会组织在法律上的人格化。

企业法人是具有国家规定的独立财产,有健全的组织机构、组织章程和固定场所,能够独立承担民事责任、享有民事权利和承担民事义务的经济组织。确立企业法人制度的好处,在于使具备法人条件的企业取得独立的民事主体资格,真正成为自主经营、自负盈亏的商品生产者和经营者,在法律上拥有独立的人格,像自然人一样有完全的权利能力和行为能力。企业法人的这种独立资格的意义在于:一是独立于自己的主管部门,企业和主管部门之间是两个完全平等的主体,不是隶属关系,双方只能按照等价、有偿、自愿、互利的原则形成民事法律关系;二是独立于企业成员,即企业法人与组成企业法人的成员互相分离,各自以自己的名义独立参与民事活动,享受权利和承担义务;三是有独立的财产权利,从而使企业法人能独立地享有民事权利和承担民事义务;四是有独立的财产责任,即企业法人的民事责任以企业自有的财产独立承担,同组成企业法人的成员的财产无关。

教学互动 1-1

现代经济学理论认为,企业本质上是"一种资源配置的机制",能够实现整个社会经济资源的优化配置,降低整个社会的"交易成本"。你对企业的本质是如何理解的?

1.1.2 企业类型

1. 企业类型的划分

(1)按社会分工划分,可以分为工业企业、农业企业、商业企业、物流企业、建筑安装企业、交通运输企业、金融企业、电信企业等类型。

(2)按企业规模划分,可以分为大型企业、中型企业、小型企业、微小企业四类。

(3)根据企业生产力各要素所占比例不同划分,可以分为劳动密集型企业、资金密集型企业及技术密集型企业三类。

（4）按企业所有制性质不同划分，可以分为国有企业、集体企业、私营企业、外商投资企业等类型。

（5）按资产的构成和所承担的法律责任的不同划分，可以分为个人独资企业、合伙制企业和公司制企业三种常见类型。

2. 常见的企业类型

（1）个人独资企业。个人独资企业是指由一个自然人投资，财产为投资人个人所有，投资人以其个人财产对企业债务承担无限责任的经营实体，所以又称独资企业。业主享有企业的全部经营所得，同时对企业的债务负有完全责任，如果经营失败，出现资不抵债的情况，业主要用自己的家产来抵偿。这种企业在法律上为自然人，不具有法人资格，是最古老、最简单的企业形式。

个人独资企业一般规模较小，内部管理机构简单。它的优点是建立和歇业的程序十分简单易行；产权能够比较自由地转让；经营者与所有者合一，经营方式灵活，决策迅速，具有较强的自主性；利润归个人所得，保密性强。它的缺点在于受个人出资的限制，多数个体企业本身财力有限，而且受到偿债能力的限制，取得贷款的能力较差，难以从事需要大量投资的大规模工商企业活动；企业生命力弱、寿命有限，企业的存在完全取决于企业主；最主要的是由于经营者必须承担无限责任，经营风险较大。

在我国，个人独资企业的设立要按照《私营企业暂行条例》的有关法律规定及国家工商行政管理总局颁布的《关于划分企业登记注册类型的规定》进行登记，但它不能领取《企业法人营业执照》。

（2）合伙制企业。合伙制企业是指自然人、法人和其他组织设立的普通合伙企业和有限合伙企业。普通合伙企业由两个以上普通合伙人组成，合伙人对合伙企业债务承担无限连带责任。法律对普通合伙人承担责任的形式有特别规定的，从其规定。合伙人按照协议共同出资、合伙经营、共同分享企业所得，并对营业亏损共同承担完全责任。它可以由部分合伙人经营，其他合伙人仅出资并共担盈亏，也可以由所有合伙人共同经营。

有限合伙企业由普通合伙人和有限合伙人组成，普通合伙人对合伙企业债务承担无限连带责任，有限合伙人以其认缴的出资额为限对合伙企业债务承担责任。有限合伙企业由2个以上50个以下合伙人设立，但是法律另有规定的除外。有限合伙企业至少应当有一个普通合伙人。国有独资公司、国有企业、上市公司及公益性的事业单位、社会团体不得成为普通合伙人。

普通合伙企业与个体企业相比较有很多优点，主要是企业的资本来源和信用能力有所提高，可以从众多的合伙人处筹集资本，合伙人共同承担偿还责任，减少了银行风险，所以说企业的筹资能力得到改善，可以提高竞争力，扩大经营领域；同时，合伙人对企业盈亏负有完全责任，这意味着所有合伙人都以自己的全部家产为企业担保，因而有助于提高企业的信誉。在一定程度上，合伙制企业弥补了个体企业在资本、知识、能力等方面的缺陷，合伙制企业的产生有其必要性。合伙制企业的缺点在于合伙制企业是根据合伙人之间的契约建立的，每当合伙人发生变化时，都有可能重新确立一种新的合伙关系，从而造成法律上的复杂性；由于所有合伙人都有权代表企业从事经济活动，重大决策都需要得到所有合伙人的一致同意，因而很容易造成决策上的延误和差错，使企业管理协调增加了难度；所有合伙人对企业债务都负有无限连带清偿责任，这就使那些并不能控制企业的合伙人面临很大的债务风险。由于合伙制企业的这些特点，一般来说规模较小、资本需要量较少，而合伙人个人信誉有明显重要性的企业，如律师事务所、会计师事务所、诊疗所等，常常采取普通合伙企业形式。

2007年6月1日起施行的修订后的《中华人民共和国合伙企业法》，新增的"有限合伙"在一定程度弥补了上述不足。有限合伙的积极意义主要体现在两个方面：首先拓宽并增加了合伙人的投资渠道和投资对象，这对活跃和扩大投融资市场大有好处；其次对合伙企业本身也意义巨大，它改变了对合伙企业"小作坊"的传统认识，有利于合伙企业做大做强。

合伙企业与个人独资企业一样，都不能领取《企业法人营业执照》。

（3）公司制企业。公司制企业又称公司，是指依法由股东出资组成，或者由两个以上企业出资联合而成的企业。公司是法人，在法律上具有独立人格，这是公司企业与个人独资企业、合伙企业的重要区别。

公司按集资方式和股东承担责任的不同可分为以下形式。

1）无限责任公司。无限责任公司是指由两个以上股东组成，对公司债务负无限连带责任的公司，即无限责任公司是指由无限责任股东组成的公司。

2）有限责任公司。有限责任公司是指由50个以下股东共同出资，每个股东以其出资额对公司承担有限责任，公司以其全部资产对其债务人承担责任的法人。其基本特点是：公司的全部资产不分为等额股份，公司向股东签发出资证明书，不发行股票；公司股份的转让有严格限制；股东人数在法律上有上下限；股东按出资额享受权利，承担义务。

3）两合公司。两合公司是指由无限责任股东和有限责任股东混合而成的公司。其中，无限责任股东对公司债务负无限连带责任，有限责任股东对公司债务以其出资额为限负有限责任。

4）国有独资公司。国有独资公司是指国家单独出资，由国务院或地方政府授权本级人民政府国有资产监督管理机构履行出资人职责的有限责任公司。国有独资公司章程由国有资产监督管理机构制定，或者由董事会制定，报国有资产监督管理机构批准。国有独资公司不设股东大会，由国有资产监督管理机构行使股东大会职权。国有资产监督管理机构可以授权公司董事会行使股东大会的部分职权，决定公司的重大事项，但公司的合并、分立、解散、增加或减少注册资本和发行公司债券，必须由国有资产监督管理机构决定；其中，重要的国有独资公司合并、分立、解散、申请破产的，应当由国有资产监督管理机构审核后，报本级人民政府批准。

5）一人有限责任公司。一人有限责任公司是指只有一个自然人股东或一个法人股东的有限责任公司。《中华人民共和国公司法》（以下简称《公司法》）中对一人有限责任公司的特别规定是：一人有限责任公司应当在公司登记中注明自然人独资或法人独资，并在公司营业执照中载明；一人有限责任公司章程由股东制定；一人有限责任公司不设股东大会；股东所做的公司经营方针和投资决定，应当采用书面形式，并由股东签名后置备于公司；一人有限责任公司应当在每一会计年度终了时编制财务会计报告，并经会计师事务所审计；一人有限责任公司的股东不能证明公司财产独立于股东自己财产的，应当对公司债务承担连带责任。

6）股份有限公司。股份有限公司是指注册资本分成等额股份，并通过发行股票或股权证筹集资本，股东以其所认购的股份对公司承担有限责任，公司以全部资产对公司债务承担责任的企业法人。其基本特点是：股份有限公司的股票可以自由交易、转让；股东人数必须达到法定人数；每一股有一票表决权；股东以其持有股份数，享有相应的权利，承担相应的义务；公司应将注册会计师审查验证的财务报告公开。

可见，不同的公司具有不同特点。目前，我国现代企业制度的组织形式主要有限责任公司和股份有限公司两种。

实例 1-1

第十二届全国人大常委会第六次会议于 2013 年 12 月 28 日决定对《公司法》做出修改，并自 2014 年 3 月 1 日起施行。本次修改主要涉及以下三个方面。

首先，将注册资本实缴登记制改为认缴登记制。也就是说，除法律、行政法规及国务院决定对公司注册资本实缴有另行规定的以外，取消了关于公司股东（发起人）应自公司成立之日起 2 年内缴足出资，投资公司在 5 年内缴足出资的规定和一人有限责任公司股东应一次足额缴纳出资的规定，转而采取公司股东（发起人）自主约定认缴出资额、出资方式、出资期限等，并记载于公司章程的方式。

其次，放宽注册资本登记条件。除对公司注册资本最低限额有另行规定的以外，取消了有限责任公司、一人有限责任公司、股份有限公司最低注册资本分别应达 3 万元、10 万元、500 万元的限制；不再限制公司设立时股东（发起人）的首次出资比例及货币出资比例。

最后，简化登记事项和登记文件。有限责任公司股东认缴出资额、公司实收资本不再作为登记事项。公司登记时，不需要提交验资报告。

提示：从人大常委会对《公司法》进行以上修改的意义角度来理解。

相关链接 1-2

《中小企业划型标准规定》（工信部联企业［2011］300号）

行业名称	指标名称	单位	中型	小型	微小
工业	从业人员数	人	300～1 000	20～300	<20
	营业收入	万元	2 000～40 000	300～2 000	<300
建筑业	营业收入	万元	6 000～80 000	300～6 000	<300
	资产总额	万元	5 000～80 000	300～5 000	<300
批发业	从业人员数	人	20～200	5～20	<5
	营业收入	万元	5 000～40 000	1 000～5 000	<1 000
零售业	从业人员数	人	50～300	10～50	<10
	营业收入	万元	500～20 000	100～500	<100
交通运输	从业人员数	人	300～1 000	20～300	<20
	营业收入	万元	3 000～30 000	200～3 000	<200
邮政业	从业人员数	人	300～1 000	20～300	<20
	营业收入	万元	2 000～30 000	100～2 000	<100
住宿餐饮	从业人员数	人	100～300	10～100	<10
	营业收入	万元	2 000～10 000	100～2 000	<100
农林牧渔	营业收入	万元	500～20 000	50～500	<50
仓储	从业人员数	人	100～200	20～100	<20
	营业收入	万元	1 000～30 000	100～1 000	<100
房地产开发经营	资产总额	亿元	0.5～1	0.2<0.5	<0.2
	营业收入	亿元	0.1～20	0.01<0.1	<0.01
信息传输	从业人员数	人	100～200	10～100	<10
	营业收入	亿元	0.1～10	0.01～0.1	<0.01
租赁和商务服务	从业人员数	人	100～300	10～100	<10
	资产总额	亿元	0.8～12	0.01～0.8	<0.01
物业管理	从业人员数	人	300～1 000	100～300	<100
	营业收入	万元	1 000～5 000	500～1 000	<500
其他	从业人员数	人	100～300	10～100	<10

注：中型企业须同时满足两项指标下限，其余为小型企业。

1.2 企业的设立与年度报告

1.2.1 企业设立的条件

1．设立个人独资企业（一人公司按《公司法》办理）应具备的条件

（1）投资人为一个自然人。

（2）有合法的企业名称。个人独资企业名称中不能使用"有限""有限责任"或"公司"字样。

（3）有投资人申报的出资。个人独资企业的出资额和出资方式由出资人自行决定。

（4）有固定的生产经营场所和必要的生产经营条件。临时经营性的、流动的场所不能作为设立个人独资企业的条件。

（5）有必要的从业人员。

2．设立合伙制企业应具备的条件

（1）普通合伙企业有两个以上合伙人，并且都是依法承担无限责任者。有限合伙企业中的普通合伙人对合伙企业债务承担无限连带责任，有限合伙人以其认缴的出资额为限对合伙企业债务承担责任。有限合伙企业由2个以上50个以下合伙人设立；但是，法律另有规定的除外。有限合伙企业至少有一个普通合伙人。

（2）有书面合伙协议。合伙协议是指两个以上自然人签订的以各自提供资金、实物、技术等，共同经营、共同劳动等为内容的合同。按照《中华人民共和国合伙企业法》的规定，合伙协议必须载明下列事项：合伙企业的名称和主要经营场所的地点，合伙目的和合伙企业的经营范围，合伙人的姓名及其住所，合伙人的出资方式、数额和交付出资的期限，利润分配和亏损分担办法，合伙企业事务的执行，入伙与退伙，合伙企业的解散与清算，违约责任。

合伙协议必须采用书面形式，采用口头协议是不能设立合伙企业的。

（3）有合伙人的出资。合伙人可以用货币、实物、土地使用权、知识产权或其他财产权利出资，上述出资应当是合伙人的合法财产及财产权利。有限合伙人可以用货币、实物、知识产权、土地使用权或其他财产权利作价出资，不得以劳务出资。

对货币以外的出资需要评估作价的，可以由全体合伙人协商确定，也可以由全体合伙人委托法定评估机构进行评估。

经全体合伙人协商一致，除有限合伙人外，合伙人也可以用劳务出资，其评估办法由全体合伙人协商确定。

（4）有合伙企业的名称。合伙企业作为一个市场经济组织，同自然人和其他组织一样，应有一个称谓，以区别于他人。普通合伙企业在合伙企业名称中应当标明"普通合伙"字样；有限合伙企业名称中应当标明"有限合伙"字样。

（5）有经营场所和从事合伙经营的必要条件。

3. 设立有限责任公司应具备的条件

（1）股东符合法定人数，有限责任公司由 50 个以下股东出资设立。

（2）股东出资注册资本认缴登记制。除法律、行政法规及国务院决定对公司注册资本实缴有另行规定的以外，公司股东（发起人）自主约定认缴出资额、出资方式、出资期限等，并记载于公司章程。但股东不得以劳务、信用、自然人姓名、商誉、特许经营权或设定担保的财产等作价出资。

（3）股东共同制定公司章程。制定有限责任公司章程是设立公司的重要环节。公司章程由全体出资者在自愿的基础上制定，经全体出资者同意，股东应当在公司章程上签名、盖章。

（4）有公司名称，建立符合有限责任公司要求的组织机构。依法设立的有限责任公司必须在公司名称中标明"有限责任公司"或"有限公司"字样。公司名称应符合法律规定，名称一经登记，就产生法律效力，公司即取得名称权。有限责任公司要设立符合要求的组织机构，主要是指为了正常的生产经营活动而设立的股东大会、董事会、监事会和经营管理机构。

（5）有固定的生产经营场所和必要的生产经营条件。

4. 设立股份有限公司应具备的条件

（1）发起人符合法定资格和法定人数。设立股份有限公司，应当有 2 人以上 200 人以下的发起人，其中须有半数以上的发起人在中国境内有住所。

（2）有符合公司章程规定的全体发起人认购的股本总额或募集的实收资本总额。法律、行政法规及国务院决定对股份有限公司注册资本实额、注册资本最低限额另有规定的，从其规定。

（3）股份发行、筹办事项符合法律规定。

（4）发起人制定的公司章程，采用募集方式设立的经创立大会通过。

（5）有公司名称，建立符合股份有限公司要求的组织机构。

（6）有公司住所。

1.2.2 企业的登记

1. 企业名称登记

我国《企业名称登记管理规定》及其实施办法对企业名称登记有以下规定。

（1）企业只准使用一个名称，在登记管理辖区内不得与已登记注册的同行业企业名称相同或近似。

（2）企业名称应当由以下部分依次组成：字号（或者商号，下同）、行业或经营特点、组织形式。

企业名称应当冠以企业所在地省（包括自治区、直辖市，下同）或者市（包括州，下同）或者县（包括市辖区，下同）行政区划名称。

经国家工商行政管理总局核准，下列企业名称可以不冠以企业所在地行政区划名称。

1）在名称中使用"中国""中华"或冠以"国际"字样的企业。

2）历史悠久、字号驰名的企业。

3）外商投资企业。

（3）企业名称应当使用汉字，民族自治地方的企业名称可以同时使用民族自治地方通用的民族文字；企业使用外文名称的，其外文名称应当与中文名称一致。

（4）企业名称不得含有下列内容和文字。

1）有损于国家、社会公共利益的。

2）可能对公众造成欺骗或误解的。

3）外国国家（地区）名称、国际组织名称。

4）政党名称、党政军机关名称、群众组织名称、社会团体名称及部队番号。

5）汉语拼音字母（外文名称中使用的除外）、数字。

6）其他法律、行政法规所禁止的。

（5）企业可以选择字号。字号应当由两个以上的字组成。企业有正当理由可以使用本地或异地地名做字号，但不得使用县以上行政区划名称做字号，私营企业可以使用投资人姓名做字号。

（6）除国务院决定设立的企业外，企业名称不得冠以"中国""中华""全国""国家""国际"等字样。在企业名称中间使用"中国""中华""全国""国家""国际"等字样的，该字样应是行业的限定语。使用外国（地区）出资企业字号的外商独资企业，可以在名称中间使用"中国"字样。

（7）具备下列条件的企业法人，可以将名称中的行政区划放在字号之后，组织形式之前：使用控股企业名称中的字号，该控股企业的名称不含行政区划。

（8）经国家工商行政管理总局核准，符合下列条件之一的企业法人，可以使用不含行政区划的企业名称。

1）国务院批准的、国家工商行政管理总局登记注册的。

2）注册资本（或注册资金）不少于5 000万元人民币的。

3）国家工商行政管理总局另有规定的。

（9）企业名称中不得使用国民经济行业类别用语表述企业所从事行业的，应当符合以下条件。

1）企业的经济活动性质分别属于国民经济行业五个大类。

2）企业注册资本（或注册资金）在1亿元人民币以上或是企业集团的母公司。

3）与同一工商行政管理机关核准或登记注册的企业名称中字号不相同。

（10）企业的印章、银行账户、牌匾、信笺所用的名称应当与登记注册的企业名称相同。从事商业、公共饮食、服务等行业的企业名称牌匾可适当简化，但应当报登记主管机关备案。

2．工商企业名称的登记注册

（1）企业营业执照上只准标明一个企业名称。

（2）设立公司应当申请名称预先核准。法律、行政法规规定设立企业必须报经审批或企业经营范围中有法律、行政法规规定必须报经审批项目的，应当在报送审批前办理企业名称预先核准，并以工商行政管理机关核准的企业名称报送审批。设立其他企业可以申请名称预先核准。

（3）申请企业名称预先核准，应当由全体出资人、合伙人、合作者（以下统称投资人）指定的代表或委托的代理人，向有名称核准管辖权的工商行政管理机关提交下列文件。

1）全体投资人签署的企业名称预先核准申请书（见表1-1）。申请书应当载明拟设立企业的名称（可以载明备选名称）、住所、经营范围、注册资本（或注册资金）、投资人名称或签名等内容。

表1-1　公司名称预先核准申请书（申请人填写）

申请公司名称			
备用名称			
拟设公司的类型		拟设公司的注册资本	
拟设公司的住所			
拟设公司的经营范围			
全体股东（投资人）签名			

序　号	提交文件、证件名称	有关说明	页　数

申请人姓名：　　　　　　　　　　电话：

2）全体投资人签署的指定代表或委托代理人的证明。

3）代表或代理人的资格证明。

4）全体投资人的资格证明。

5）工商行政管理机关要求提交的其他文件。

（4）工商行政管理机关应当自受理之日起10日内，对申请预先核准的企业名称做出核准或驳回的决定（见表1-2）。核准的，发给《企业名称预先核准通知书》；驳回的，发给《企业名称驳回通知书》。

表1-2 公司名称预先核定情况表（登记机关填写）

收齐应提交的文件日期		收件人	
对申请名称的查询情况	查询人		年 月 日
核定公司名称			
审查意见	签字		年 月 日
核定结果	签字		年 月 日
企业名称预先核准通知书文号（　　　）		名称预核［　　］第　号	
保留期自	年 月 日至		年 月 日

（5）申请企业设立登记，已办理企业名称预先核准的，应当提交《企业名称预先核准通知书》。企业名称预先核准与企业登记注册不在同一工商行政管理机关办理的，登记机关应当自企业登记注册之日起30日内，将有关登记情况送核准企业名称的工商行政管理机关备案。其流程如图1-1所示。

（6）企业变更名称，应当向其登记机关申请变更登记。企业申请变更名称，属登记机关管辖的，由登记机关直接办理变更登记。如果企业原名称是经其他工商行政管理机关核准的，登记机关应当在核准变更登记之日起30日内，将有关登记情况送核准原名称的工商行政管理机关备案。

（7）企业申请变更名称的，不属于登记机关管辖时，按以下规定办理。

1）企业向登记机关申请变更登记，并提交下列文件：企业变更名称的书面申请；企业章程、营业执照复印件；其他有关文件。

2）登记机关向有名称管辖权的工商行政管理机关报送下列文件：本机关对企业拟变更名称的审查意见；上款所列文件，其中营业执照复印件应当加盖登记机关印章。

3）工商行政管理机关应当在收到申报材料之日起10日内，对申请的企业名称做出核准或驳回的决定。核准的，发给《企业名称变更核准通知书》；驳回的，发给《企业名称变更驳回通知书》。

4）登记机关收到《企业名称变更核准通知书》或《企业名称变更驳回通知书》后，在法律规定的时限内，对企业名称变更登记做出核准或驳回的决定。

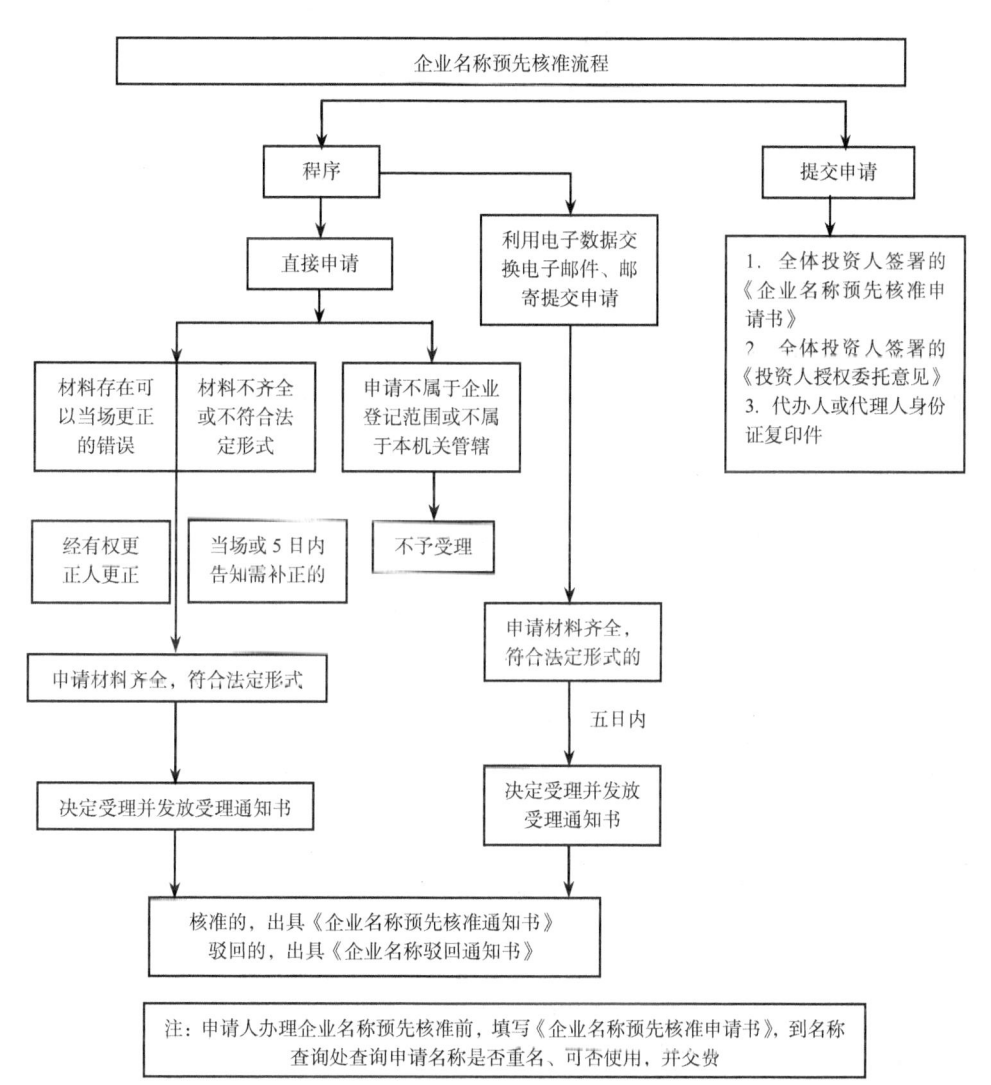

```
                          企业名称预先核准流程
                                  │
              ┌───────────────────┴───────────────────┐
              │                                       │
             程序                                   提交申请
              │                                       │
       ┌──────┴──────┐                    ┌──────────────────────┐
       │             │                    │ 1. 全体投资人签署的    │
     直接申请      利用电子数据              │ 《企业名称预先核准申   │
       │          交换电子邮件、              │ 请书》                │
       │          邮寄提交申请                │ 2. 全体投资人签署的   │
       │             │                    │ 《投资人授权委托意见》 │
       │             │                    │ 3. 代办人或代理人身份  │
       │             │                    │ 证复印件              │
   ┌───┴───┐         │                    └──────────────────────┘
 材料存在可  材料不齐全  申请不属于企业
 以当场更正  或不符合法  登记范围或不属
 的错误     定形式     于本机关管辖
   │        │           │
经有权更   当场或5日内    不予受理
正人更正   告知需补正的
   │        │
   └───┬────┘
       │
 申请材料齐全，符合法定形式
       │                申请材料齐全，
       │                符合法定形式的
       │                     │
       │                   五日内
       │                     │
 决定受理并发放受理通知书    决定受理并发放
                            受理通知书
       │                     │
       └──────────┬──────────┘
                  │
       核准的，出具《企业名称预先核准通知书》
       驳回的，出具《企业名称驳回通知书》

注：申请人办理企业名称预先核准前，填写《企业名称预先核准申请书》，到名称
    查询处查询申请名称是否重名、可否使用，并交费
```

图1-1　企业名称预先申请流程

1.2.3　企业年度报告公示

1. 企业年度报告公示的目的和意义

（1）企业年度报告公示的目的。企业年度报告公示是企业的一项法定义务。企业每年在规定期限内通过市场主体信用信息公示系统向工商行政管理机关报送年度报告，并向社会公示，供社会公众查询，企业对年度报告的真实性、合法性负责，这为政府相关部门有

效采集和社会公众查询企业真实状况奠定基础。工商行政管理机关通过抽查的方式对企业年度报告公示的内容进行监管，将未按规定报送公示年度报告的企业载入经营异常名录，以信用监管方式取代行政处罚方式，达到引导企业规范经营的目的。同时，也有利于避免市场主体因疏忽大意而陷入不可逆转的退市境地，彰显政府服务功能。对于经检查发现企业年度报告隐瞒真实情况、弄虚作假的，和对未按规定报送公示年度报告而被载入经营异常名录或"黑名单"的企业，工商行政管理机关将企业法定代表人、负责人等信息通报公安、财政、海关、税务等有关部门，各有关部门采取相关信用约束措施，从而更有效地监管企业，促进其诚信守法经营。

（2）企业年度报告公示的意义。企业年度报告公示制度，一方面，充分借助信息化技术手段，采取网上申报的方式，便于企业按时申报；另一方面，强化企业的义务，要求其向社会公示年报信息，供社会公众查询。与现行的企业年度检验制度相比较，这个制度对企业的监管会更加有效。这个改革把市场主体通过年检的方式向监管部门负责，改为市场主体通过有关信息的公示向社会负责，突出了信息公示的服务功能。任何单位和个人都可以在市场主体信用信息公示系统上查询企业的有关信息。对企业来说，也不用每年年检都要跑工商部门，减轻了企业的负担。同时，增强了企业披露信息的主动性，也就增强了企业对社会负责的意识。这会使社会公众便于了解企业的情况，促进企业自律和社会共治，维护良好的市场秩序。

2. 企业年度报告公示的内容

国务院《企业信息公示暂行条例》明确规定，企业应当于每年1月1日至6月30日，通过企业信用信息公示系统向公司登记机关报送上一年度年度报告，并向社会公示。当年设立登记的企业，自下一年起报送并公示年度报告。

企业年度报告内容包括：企业通信地址、邮政编码、联系电话、电子邮箱等信息；企业开业、歇业、清算等存续状态信息；企业投资设立企业、购买股权信息；企业为有限责任公司或股份有限公司的，其股东或发起人认缴和实缴的出资额、出资时间、出资方式等信息；有限责任公司股东股权转让等股权变更信息；企业网站及从事网络经营的网店的名称、网址等信息；企业从业人数、资产总额、负债总额、对外提供保证担保、所有者权益合计、营业总收入、主营业务收入、利润总额、净利润、纳税总额信息。第一项至第六项规定的信息应当向社会公示，第七项规定的信息由企业选择是否向社会公示。

企业发现其公示的信息不准确的，应当及时更正；但是，企业年度报告公示信息的更正应当在每年6月30日之前完成。更正前后的信息应当同时公示。

企业应当自下列信息形成之日起20个工作日内通过企业信用信息公示系统向社会公示：有限责任公司股东或股份有限公司发起人认缴和实缴的出资额、出资时间、出资方式等信息；有限责任公司股东股权转让等股权变更信息；行政许可取得、变更、延续信息；知识产权出质登记信息；受到行政处罚的信息；其他依法应当公示的信息。

3. 企业年度报告公示的规定

企业对年度报告的真实性、合法性负责，工商行政管理机关可以对企业年度报告公示内容进行抽查。工商行政管理部门抽查企业公示的信息，可以采取书面检查、实地核查、网络监测等方式；可以委托会计师事务所、税务师事务所、律师事务所等专业机构开展相关工作，并依法利用其他政府部门做出的检查、核查结果或专业机构做出的专业结论。抽查结果由工商行政管理部门通过企业信用信息公示系统向社会公布。

若企业未按照规定的期限公示年度报告或未按照工商行政管理部门责令的期限公示有关企业信息；企业公示信息隐瞒真实情况、弄虚作假。有上述情形之一的，由县级以上工商行政管理部门列入经营异常名录，通过企业信用信息公示系统向社会公示，提醒其履行公示义务；情节严重的，由有关主管部门依照有关法律、行政法规规定给予行政处罚；造成他人损失的，依法承担赔偿责任；构成犯罪的，依法追究刑事责任。被列入经营异常名录的企业依照《企业信息公示暂行条例》规定履行公示义务的，由县级以上工商行政管理部门移出经营异常名录；满 3 年未依照《企业信息公示暂行条例》规定履行公示义务的，由国务院工商行政管理部门或省、自治区、直辖市人民政府工商行政管理部门列入严重违法企业名单，并通过企业信用信息公示系统向社会公示。被列入严重违法企业名单的企业的法定代表人、负责人，3 年内不得担任其他企业的法定代表人、负责人。企业自被列入严重违法企业名单之日起满 5 年未再发生前述违规情形的，由国务院工商行政管理部门或省、自治区、直辖市人民政府工商行政管理部门移出严重违法企业名单。

教学互动 1-2

为什么说"企业年度报告公示制度"是完善信用约束机制，促进社会诚信建设的有效手段？

1.3 现代企业制度和组织

1.3.1 现代企业制度

1. 现代企业制度的概念

现代企业制度是以企业法人制度为基础，企业产权制度为核心，以产权清晰、权责明确、政企分开、管理科学为条件而展开的各项具体制度所组成的用来处理企业基本经济关系的企业软件系统。公司制是现代企业制度的典型形式。

现代企业制度是企业制度的现代形态，是由若干个具体制度相互联系而构成的系统；产权制度是现代企业制度的核心，企业法人制度是现代企业制度的基础。

2. 现代企业制度的特征

（1）产权清晰。企业设立必须有明确的出资者，必须有法定的资本金。企业拥有包括国家在内的一切出资者投资形式的全部法人财产权，企业法人财产权是其进行生产的保障，企业只能在一定权限内占有和使用。财产的所有权及增值部分都属于出资者，企业破产清算时，其剩余财产也属于出资者所有。产权关系明晰化，所有权和法人权的界定，既有利于保证出资者资产的保值增值，又赋予企业独立的法人地位，使其成为享有民事权利、承担民事责任的法人实体。

（2）权责明确。出资者一旦投资于企业，其投资额就成为企业法人财产，企业法人财产权随之确定。企业以全部法人财产依法自主经营、自负盈亏、照章纳税，同时对出资者承担资产保值增值的责任，这就解决了传统的企业制度下企业权小责大、权责脱节的问题，从而形成了法人权责的统一。

（3）政企分开。政企分开有两层含义：一是政资职能分开，即政府的行政管理职能与资产管理职能分开；二是政企职责分开，政府不直接干预企业的生产经营活动，而是通过宏观调控来影响和引导企业的经营活动。实行政企分开后，政府与企业的关系体现为法律关系，政府依法管理企业，企业依法经营，不受政府部门直接干预。

（4）管理科学。现代企业制度确立了一套科学、完整的组织管理制度。首先是通过规范的组织制度，使企业的权力机构、监督机构、决策机构和执行机构之间职责分明、相互制约。公司制企业实行董事会领导下的经理负责制，所有者通过股东大会选出董事会、监事会，董事会再聘任经营者，这样就形成了一套权责明确的组织体制和约束机制。其次是建立科学的企业管理制度，包括企业机构的设置、用工制度、工资制度和财务会计制度等，各部门之间相互协作，为完成企业目标服务。建立这些科学的领导体制和组织管理制度，调节所有者、经营者和员工之间的关系，形成激励和约束相结合的经营机制。

3. 现代企业制度的基本内容

（1）现代企业产权制度。现代企业产权制度是对财产权在经济活动中表现出来的各种权责加以分解和规范的法律制度，它以产权为依托，对各种经济主体在产权关系中的权利、责任和义务进行合理、有效的组合、调节的制度安排。产权制度的核心是通过对所有者和使用者的产权分割和权益界定，使产权明晰化，以实现社会资源的优化配置。所以，现代企业产权制度的实质是所有者终极所有权与企业法人财产权的分离，现代企业使法人享有独立的法人财产权。

（2）现代企业组织制度。在市场经济的发展中，公司已经形成了一套完整的组织制度，其基本特征是：所有者、经营者和生产者之间，通过公司的决策机构、执行机构、监督机构，形成各自独立、权责分明、相互制约的关系，再以法律和公司章程的形式加以确立和实现。

公司组织制度坚持决策权、执行权和监督权三权分立的原则，由此形成股东大会、董事会和监事会并存的组织框架（见图1-2）。

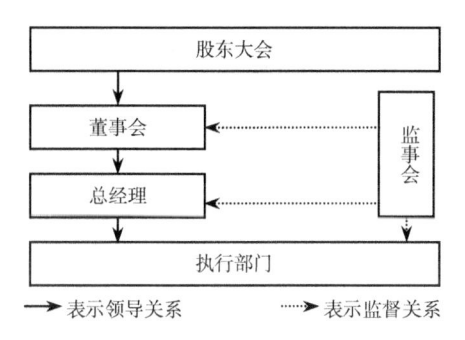

图 1-2　现代企业组织制度

公司的组织制度通常包括股东大会、董事会、监事会及经理人员（包括总经理和其他经理人员）四大部分，按其职能分别形成决策机构、监督机构和执行机构。决策机构——股东大会及其选出的董事会是公司的决策机构，股东大会是公司的最高权力机构，董事会是股东大会闭会期间的最高权力机构；监督机构——监事会是由股东大会选举产生的，对董事会及经理人员的活动进行监督的机构；执行机构——经理人员是董事会领导下的公司管理和执行机构。公司领导体制的具体说明如表 1-3 所示。

表 1-3　公司领导体制一览

组织机构	产　生	性　质	相互关系	主要职权
股东大会	由全体股东组成	公司的最高权力机构	由董事会召集	1. 决定公司的经营方针和投资计划；2. 选举和更换董事并决定其报酬事项；3. 选举和更换监事并决定其报酬事项；4. 审议批准董事会的报告；5. 审议批准监事会的报告；6. 审议批准公司年度财务预决算方案；7. 审议批准利润方案和弥补亏损方案；8. 对公司增减注册资本做出决定；9. 对发行公司债券做出决议；10. 对公司合并、分立、解散和清算等事项做出决议；11. 修改公司章程
董事会	由股东大会或职代会选出董事，由全体董事组成并选出董事长	公司的决策机构	由股东大会选举产生并对股东大会负责，聘任总经理并决定其报酬。受监事会的监督	1. 召集股东大会，并向股东大会报告工作；2. 执行股东大会的决议；3. 决定公司的经营计划与投资方案；4. 制订公司的年度预算、决算方案；5. 制订公司的利润分配方案和弥补亏损方案；6. 制订公司增减注册资本的方案及发行公司债券的方案；7. 拟订公司合并、分立、解散的方案；8. 决定公司内部管理机构的设置；9. 聘任或解聘公司总经理、财务负责人，决定其报酬事项；10. 制定公司的基本管理制度

续表

组织机构	产　生	性　质	相互关系	主要职权
总经理	由董事会聘任的总经理组成	公司日常经营管理业务的最高管理者	由董事会聘任并对董事会负责。受监事会的监督。可以列席董事会会议	1. 主持公司的生产经营管理工作,组织实施董事会决议;2. 组织实施公司年度经营计划和投资方案;3. 拟订公司内部管理机构设置方案;4. 拟订公司的基本管理制度;5. 制定公司的具体规章制度;6. 提请聘任或解聘公司副总经理、财务负责人;7. 聘任或解聘除应由董事会聘任或解聘以外的管理负责人员;8. 公司章程和董事会授予的其他职权
监事会	由股东大会或职代会选出的监事组成。由全体监事在其组成人员中推选召集人	对公司事务进行监督的法定机构	受股东大会或职代会的委托对董事会、总经理的工作进行监督。可以列席董事会	1. 检查公司的财务;2. 对董事、经理执行公司职务时违反法律、法规或公司章程的行为进行监督;3. 当董事和经理的行为损害公司利益时,要求董事或经理予以纠正;4. 提议召开临时股东大会;5. 公司章程规定的其他职权

　　这种组织制度既赋予经营者充分的自主权,又切实保障所有者的权益,同时又能调动生产者的积极性,因此,它是现代企业制度中不可缺少的内容之一。

　　(3)现代企业管理制度。

　　1)现代企业领导制度。现代企业领导制度的核心是对关于企业内部领导权的归属、划分及如何行使等所做的规定。建立科学、完善的企业领导制度,是搞好企业管理的一项最根本的工作。现代企业领导制度应该体现领导专家化、领导集团化和领导民主化的原则。

　　2)现代企业劳动人事制度。在市场经济条件下,企业实行市场化用工,即实行企业与员工双向选择的企业自主用工、劳动者自主择业的用工制度,并打破身份界限,实行能者上、庸者下的管理人员聘任制度。

　　现代企业根据劳动就业供求状况和国家有关政策规定,由董事会自主确定企业的工资水平和内部分配方式,实行个人收入货币化和规范化。员工收入依岗位、技能和实际贡献确定;高层管理人员的报酬由董事会决定;董事、监事的报酬由股东大会决定;兼职董事和监事实行津贴制度。

　　3)现代企业财会制度。现代企业财会制度应充分体现产权关系清晰、财会政策公平、企业自主理财并与国际惯例一致的原则。现代企业有充分的理财自主权,包括自主的市场取向筹资、自主投资、资产处置、折旧选择、科技开发费提取,以及留用资金支配等权力。现代企业有健全的内部财会制度,并配备合格的财会人员,其财务报告须经注册会计师签字,上市公司要严格执行向公众披露财务信息的制度。

4）现代企业破产制度。破产制度是用来处理企业在生产经营过程中形成的各种债权债务关系，维护经济运行秩序的法律制度。它不是以行政命令的方式来决定企业的存亡，而是以法律保障的经济运行方式"自动"筛选和淘汰一些落后企业，为整个经济运行提供一种优胜劣汰的途径。

实例1-2

上班未抹口红，女秘书被开除

近日，昆明一旅游公司的女秘书因上班时没有化妆，未抹口红，被公司开除。该公司老总说："我们辞退她主要考虑到公司形象问题。"该女员工对此表示愤慨。你对这个事件是怎样认识的？

提示： 从现代企业管理制度来思考。

1.3.2 现代企业组织

现代企业的生产经营是有组织的生产经营，企业必须通过组织工作，对企业的生产经营过程进行科学的分析，并按照责、权、利相结合的原则，确定管理层次，划分管理部门，配备管理人员，并规定其间的相互关系和行为准则，使之协调一致地完成企业发展目标。

1. 组织的概念

（1）组织的含义。所谓组织，是指人们为了达成一项共同目标建立的机构，是综合发挥人力、物力、财力等各种资源效用的载体。它包括对组织机构中的全体成员指定职位、明确责任、交流信息、协调其工作等。这个定义有三层含义：组织作为一个整体，具有共同的目标；完成组织目标的业务活动和主要责任是决定各级组织权责范围的基础；决定组织效率的两个主要因素是组织内的信息交流和协调配合。

（2）组织的要素。组织的要素主要包括以下四个方面。

1）共同的目标。有了共同的目标，才能统一指挥、统一意志、统一行动。这种共同目标应该既为宏观所要求，又能被各个成员所接受。应尽量消除组织中成员的个人目标和组织目标之间的背离。

2）人员与职责。为了实现共同目标，就必须建立组织机构，并对机构中全体人员指定职位、明确职责。

3）协调关系。就是把组织成员中愿意合作、为共同目标做出贡献的意志进行统一。否则，共同目标再好也无法实现。

4）交流信息。就是将组织的共同目标和各成员的协作意愿联系起来，它是进行协调关系的必要途径。

（3）组织的实质。组织的实质在于它是进行协作的人的集合体。管理组织职能主要是设计、形成、保持一种良好的、和谐的集体环境，使人们能够互相配合、协调行动，以获得最优化的群体效应。管理组织的实质,最明显的表现是组织成员为实现共同的目标而有效地工作,表现在组织机构运行的高效化上。组织高效化有以下四个衡量标准。

1)管理效率高,层次简明合理。

2)信息传输迅速而准确,使组织的领导者能及时掌握新情况,做出相应决策。

3)人员任用合理,人人都必须能在自己的岗位上充分发挥作用,人与人之间关系和谐、协调。

4)整体组织的目标和计划已被组织工作分解,使得目标和计划的完成有了切实保障。

2. 现代企业组织结构的设计

现代企业组织结构是指企业各构成部分及它们之间的相互关系。设计时,可以从分析组织职能、划分企业的管理职权、确定职权划分的原则和现代企业的组织形式四个方面着手。

(1)分析组织职能。企业的组织职能对外而言,是为了使企业在不断变动的环境中,保持正常的运转,以保证企业的生产和发展;对内而言,是对企业管理的具体业务活动给予组织和人事的保证,使企业高效地完成生产经营任务。对企业组织职能的分析,主要根据企业的行业特点、企业所处的环境、企业的技术特点、企业的规模等方面来进行。

(2)划分企业的管理职权。

1)确定职权结构。企业职权结构包括纵向结构和横向结构两个方面。纵向结构指的是企业组织结构的不同层次承担不同的职能。职权的纵向结构一般由高层的经营决策权、中层的专业管理权和基层的作业管理权组成,各个层次在各自的职责范围内解决各种问题,做出相应的决定。高层经营者的决策权是通过逐级指挥,也就是逐级决策、逐级执行来实现的。横向结构指的是同一管理层次的各部门的职权配置及其之间的关系,它必须同职能结构与部门结构相适应。其内容包括按专业分工,各个部门享有相应的、不同的职权;按在各项具体工作中同级部门之间的协作关系,各自享有不同的职权,如决策权、建议权、确认权、协商权等;按有关部门之间的横向制约关系确定监督控制权。

2)选择集权程度。企业集权程度的高低如何选择,没有普遍适用的标准,要根据企业的具体情况来确定。一般要考虑到企业产品结构及生产技术特点、环境条件及经营战略、企业规模、企业管理水平和干部条件等重要因素。

(3)确定职权划分的原则。一般来说,职权划分必须遵守责权一致原则,分工协作原则,精干高效原则,统一指挥、分级管理原则,有效管理幅度原则,执行和监督机构分设原则等。

(4)现代企业的组织形式。企业组织结构及其表现形式经历了一个由简单到复杂的演变过程,其间出现了直线制、职能制、直线职能制、事业部制、超事业部制、模拟分权结构、矩阵结构等多种形式。在现代企业中,主要有职能部门型、事业部型和控股公司型三大类。

1）职能部门型。职能部门型是指企业内部划分为若干个职能部门，企业总部对这些部门进行策划和运筹，直接指挥各部门的运行。其优点是有利于各部门的集中统一，直接协调各部门的工作；其缺点是各职能部门之间横向联系差，容易发生脱节和矛盾，并且随着企业规模的日益扩大，总部的负担会越来越重。

2）事业部型。事业部型是指企业按产品、部门、地区和顾客划分为若干个事业部，由企业总部授权，使其拥有很大的自主权限，在一定条件下，可按市场情况决定经营活动。每个事业部相对于公司总部来说都是自主经营、自负盈亏的，且可设置职能部门。其优点是有利于企业总部领导层摆脱日常的行政管理工作，专心致力于企业的战略决策和长远规划；有利于发挥各事业部生产经营的主动性和积极性，根据市场变化灵活地组织生产经营活动。其缺点是职能机构重复设置，容易造成人、财、物的浪费；职权下放过多、容易失控，并且容易使各事业部产生本位主义，忽视企业整体利益和长远发展。

3）控股公司型。控股公司型是指总部下设若干个子公司，公司总部作为母公司存在，对子公司进行控股，承担有限责任，从而使经营风险得到限制。其优点是有利于规模巨大的公司分散财产风险和经营风险，缺点是母公司对子公司有时缺乏必要的协调和联系。

实例 1-3

某房地产企业（以下称为 B 企业）是一家中外合资的大型房地产开发企业，员工近 300 人，它的组织结构如图 1-3 所示。房地产企业是典型的项目运作企业。从 B 企业的组织结构图可以看出，它目前采用的是项目单列式结构，每个项目部内都有招标预算部（负责工程预决算、招投标和采购）和工程管理部（负责施工管理），有一套完整的项目管理队伍，项目经理对项目内的资源和人员具有控制和支配权；总部由于"天高皇帝远"，对项目的监控成了走形式；冗长的审批花费大量时间，成了项目部进度控制不力的借口。最终结果是，项目部成了"独立王国"，而总部经常进退两难、处境尴尬。在这种情况下，B 企业领导寻求咨询公司的协助，希望通过改变现有组织结构，引入矩阵制，将项目部权力上收，加强对项目部的控制。

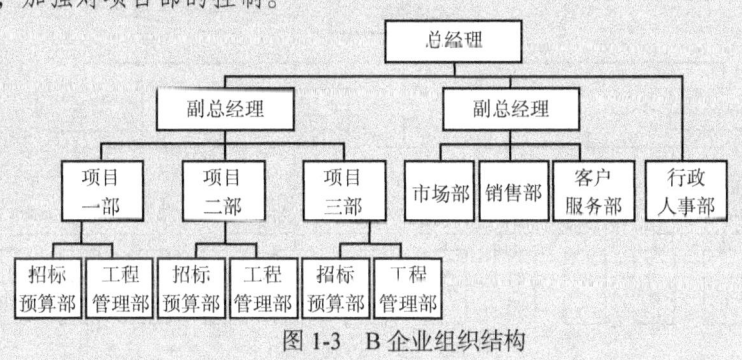

图 1-3　B 企业组织结构

提示：从现代企业组织结构的设计角度来讨论。

3. 现代企业组织内部的部门设置

部门设置的根本目的在于分工，通过部门设置而建立的许多单元，联合成组织的总体结构，在本质上是以工作为中心的。部门设置一般依据职能、产品、地区、顾客和矩阵组织的原则来确定。

（1）按职能设置部门。企业组织按职能设置内部的部门，就是按工作的相似性来划分部门，如图 1-4 所示。例如，制造业企业的营销部、工程部、生产部、财务部等，每个部门的工作性质相似，因此，部门的划分实际上就是各个职务共同特性的组合，如营销部门可以进一步划分为市场调研、销售管理和广告等。企业划分主要职能部门之后，是否需要设置次要职能部门，取决于企业的类型、规模、管理水平及其他有关条件。

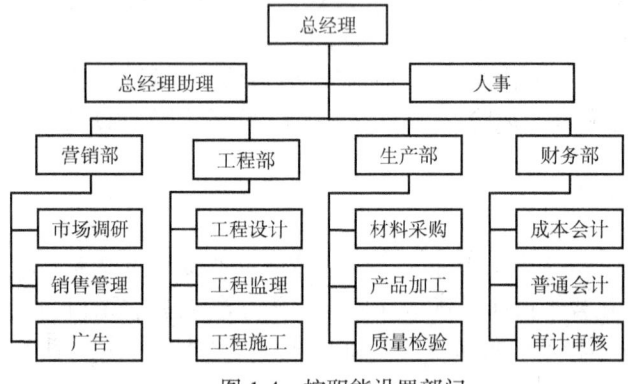

图 1-4 按职能设置部门

（2）按产品设置部门。企业组织依据产品设置内部的部门，就是把与某种产品有关的各项业务工作组成一个部门，如图 1-5 所示。拥有不同产品系列的企业往往根据产品建立管理单位，按产品设置部门的做法正在广泛应用，并日益受到重视。按产品设置部门较适用于大型、复杂、多品种经营的企业。

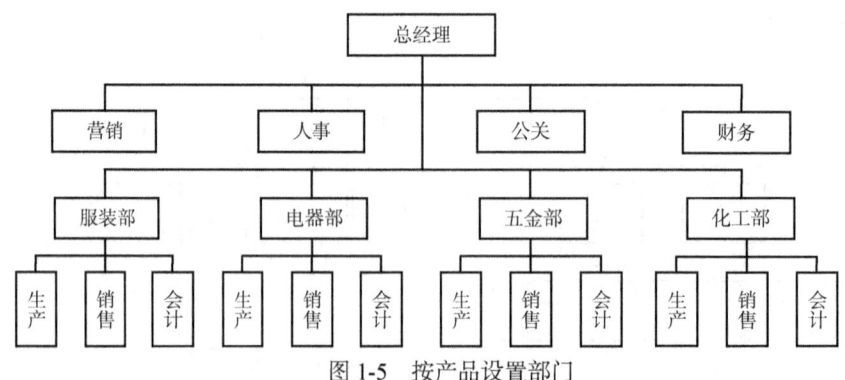

图 1-5 按产品设置部门

（3）按地区设置部门。企业组织按地区设置内部的部门，就是把企业分布在某些地区的各项业务工作组成一个部门，如图 1-6 所示。这种类型特别适用于大规模的企业，或者业务工作在地理位置上分散的某些企业。跨国公司常采用这种方法来设置部门。

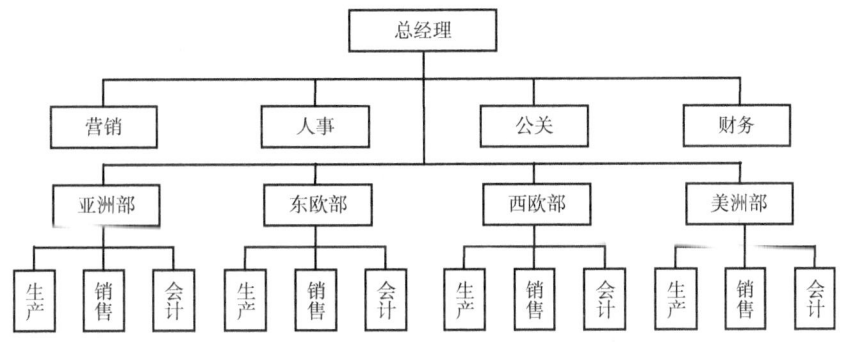

图 1-6 按地区设置部门

（4）按顾客设置部门。企业组织按顾客设置内部的部门，就是根据用户的不同类型来划分部门，如图 1-7 所示。实质上是把用户类型相同的业务工作交由一个部门来经营，以便更好地满足不同类型顾客的需求，使顾客感到方便和满意。

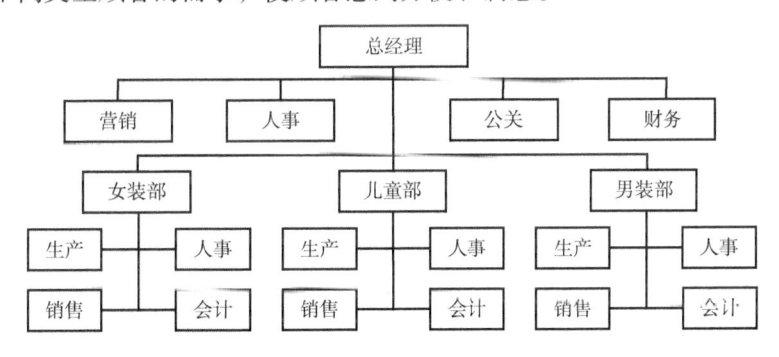

图 1-7 按顾客设置部门

（5）按矩阵组织的原则设置部门。按矩阵组织的原则来设置企业内部的部门，就是按职能划分部门与按产品划分部门的一种综合方式，如图 1-8 所示。在一般情况下，企业按职能划分部门，但需要完成某项产品任务时，又设置专项工作部门。产品专项工作部门是由各个职能部门派出的人员共同组成的，一旦产品专项任务完成后，就撤销该专项工作部门，有关人员又回到原来的职能部门。

4．组织的协调与变革

（1）组织协调。

1）组织协调的概念。组织协调是指解决组织的各种矛盾，使组织平衡、有效地运行和稳定发展的工作过程。组织的不平衡现象及其矛盾的产生是必然的。而只有解决这些矛盾，实现平衡与协调，组织才能有效运行，才能实现组织的功能。所以，组织协调是保证组织运行，发挥组织功能的关键环节。

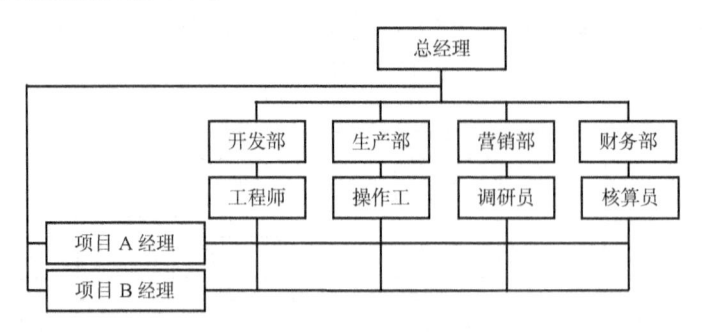

图 1-8 按矩阵组织的原则设置部门

2）组织协调的类型。造成组织不平衡的因素极其复杂，但大致可以分为组织结构的纵向协调和横向协调两大类。

- 纵向协调。纵向协调是指对组织内不同管理层次之间的职权、职能所进行的协调。由于纵向协调是在上下级之间进行的，可以借助权威进行，协调较为容易。纵向协调的要领是：维护统一指挥、保证权责一致、保证职权的稳定性和确定性、保证参谋机构的参与性。
- 横向协调。横向协调是指组织结构中相同管理层次、不同业务部门之间的职权、职能所进行的协调。

影响组织横向协调的因素有三种：组织结构因素，即组织结构不完善，机构设置、职权关系等存在缺陷，妨碍了正常的横向关系；组织运行因素，即组织的动态工作过程有缺陷，如工作流程不科学、管理标准不合理等；人际关系不和谐，如互相存在成见和误解等。

针对以上影响横向协调的三类因素，加强横向协调的方式也有三种。

- 制度方式。制度方式是指通过改变、完善组织运行的规则与形式，实现各种管理的科学化与合理化，包括管理工作标准化制度、例会制度、工序服从制度、跨部门直接沟通、联合办公和现场调度。
- 结构性方式。结构性方式是指在组织结构的设置出现缺陷时采取的协调方法，主要有设置联络员、组织临时性的任务小组或委员会、建立永久性的任务小组或委员会、设立专职协调部门、建立职能部门。
- 人际关系方式。人际关系方式是指针对人际关系存在的问题和矛盾导致的协调问题而采取的办法，主要有合署办公制、员工联谊组织、建立基层管理运营组织、建立走访制。

（2）组织变革。

1）组织变革的概念。组织变革是指运用行为科学和相关管理方法，对组织的权利结构、组织规模、沟通渠道、角色设定、组织与其他组织之间的关系，以及对组织成员的观念、态度和行为，成员之间的合作精神等进行有目的、系统的调整和革新，以适应组织所处的内外环境、技术特征和组织任务等方面的变化，提高组织效能。一般来说，引起组织变革的主要因素可以归纳为组织外部经营环境的改变、组织本身成长的需要、组织内部条件的变化。组织变革管理，最重要的是在组织高管层面有完善的计划与实施步骤，以及对可能出现的障碍与阻力有清醒认识。

2）组织变革的程序。变革必须有科学的程序。组织的变革是一个过程，为了科学地、有步骤地进行变革，需要遵守一定的合理程序和步骤。组织变革程序主要包括以下步骤。

- 确定问题。找出组织结构存在且需要变革的问题。
- 组织诊断。召集有关管理人员和管理专家收集各方面的资料和情况，对组织结构进行全面分析，以便查出问题原因。
- 确定变革方针。确定变革的指导原则、方式和策略。
- 提出变革方案。拟出几个可行的变革方案，供管理者做出抉择。
- 制定变革计划。确定改革目标、内容、步骤，配置相关资源，编制完整计划。
- 实施变革计划。按照变革计划的目标和任务组织各部门和负责人具体实施。
- 评价变革效果。要边改革边评价，及时调整、完善变革计划和方案，防止出现大的偏差。
- 反馈变革信息，以保证变革的顺利进行。

3）组织变革的方式。从变革的时间和方式来说，有三种基本方式。

- 改良式变革。改良式变革方式一般属于修修补补、小改小革。例如，为了协调某几个职能部门的关系，而新成立一个委员会；为了加强对国际市场的营销工作，从销售部中独立出一个涉外经营科等。这是企业中经常采用的一种方式。它的优点是能够根据企业当前的实际需要，局部地进行变革，阻力较小。缺点主要是缺乏总体规划，头痛医头，脚痛医脚，带有权宜性。
- 爆破式变革。爆破式变革方式是指公司组织结构重大的、根本性的变革，而且宣布改革在较短时间内完成。这是一种特殊的方式，如两家公司合并，上层领导机构重新改组等。必须十分谨慎地使用这种爆破式的变革方式。这不仅因为仓促改革常常会导致考虑不周，还会使许多员工丧失安全感，造成士气低落，影响生产和经营，甚至引起对变革的强烈反对。
- 计划式变革。计划式变革方式就是通过对企业组织结构的系统研究，制订较理想的改革方案，然后结合各个时间的工作重点，有计划、有步骤地加以实施。这种方式的特点是：有战略目光，适合组织长期发展要求；组织结构的变革可以同人员培训、管理方法改进同步进行；员工有较长时间的准备，阻力较小。因此，这种方式是比较理想的方式。企业要进行较大的组织变革，应当尽量采用这种方式，避免采用爆破式变革。

4）组织变革的保证措施。
- 专家诊断。在改革前，聘请企业外部的管理咨询人员或企业内部的专家，对企业组织存在的主要问题及改革方向进行专题调查、研究和论证，提出最佳的改革方案。
- 全面规划。制定组织发展规划是综合治理的需要。不仅如此，由于企业组织的较大变革往往需要较长的时间（如2年或3年），实行计划式变革就必须事先制订好组织发展的全面规划，以保证改革能有计划、有步骤地进行。
- 员工参与。广泛吸收有关员工参与现状的调查研究，以及改革方案和实施步骤的讨论。这样做，既有利于吸收有益的意见，使改革方案更加符合实际和具有广泛的群众基础；也可以制造舆论，以利于减少改革的阻力。要克服组织结构变革的神秘观点，防止由少数几个领导者讨论决定的做法。

5. 组织结构的变化趋势

当前，组织面临的环境日益动态化和复杂化，传统的层级制组织结构已经无法适应环境要求，这就使得组织的管理者必须依据灵活性、创造性的原则来重新构建和安排组织结构。具体来说，组织结构主要呈现出下列变化趋势。

（1）团队结构组织。团队结构是指整个组织由执行各项任务的工作小组或团队组成，不存在从高层到基层的管理职权链，通过对员工进行充分授权，使员工团队可以自由地以其认为最好的方式安排工作，并对工作结果负责。同时，在一些大型组织中，为了既保持总体的稳定性，又获得一定的灵活性，还可以根据组织任务的需要，将团队结构与原有的职能制或事业部制组织结构相结合。例如，摩托罗拉公司设立了自我管理团队，惠普公司则采用了跨职能团队。

（2）无边界组织。无边界组织这一概念最早由通用电气公司前总裁杰克·韦尔奇提出，其基本内涵是在构建组织结构时，不是按照某种预先设定的结构来限定组织的横向、纵向和外部边界，而是力求打破和取消组织边界，以保持组织的灵活性和有效运营。其中，横向边界是由专业分工和部门划分形成的，纵向边界是将员工划归不同组织层次的结果，外部边界则是指将组织与顾客、供应商及其他利益相关者分离开来的隔墙。通过运用跨层级的团队和参与式决策等结构性手段，可以取消组织内部的纵向边界，使组织结构趋向扁平化；通过跨职能团队及围绕工作流程而不是职能部门组织相关的工作活动等方式，可以取消组织内部的横向边界；通过与供应商建立战略联盟及体现价值链管理思想的顾客联系手段等方式，可以削弱或取消组织的外部边界。

（3）网络组织。以互联网为基础的电子商务正以深刻的方式改变企业管理组织各相关方面之间的关系，促进企业管理组织创新。其主要表现在以下两个方面。

一方面，与信息传递方式紧密相依的企业管理组织结构，由原来从上至下的垂直结构（金字塔形）向水平型的开放式结构（矩阵形）转变；高层决策者可以与基层执行者直接联系，基层执行者也可以根据实际情况及时进行决策，中层组织原来意义上的上传下达作用的重要性逐渐消失。

另一方面，一种因信息技术的进步给全球经营活动带来迅速变化而形成的新型企业管理组织形式——电子商务公司应运而生。电子商务公司把互联网和企业经营有机地结合起来，利用互联网改变它进入市场和接触客户的方法，实现安全、准确、高效的企业管理。电子商务公司的产生和发展将对企业管理组织的改革产生深刻影响，它在业务经营管理中可以实时获取商情动态，与客户进行实时双向沟通，并据此形成新的企业管理形态，提高企业管理效率。

（4）学习型组织。同无边界组织的概念一样，学习型组织不仅涉及某种特定的结构设计，更重要的是提供了一种组织理念和组织哲学。所谓学习型组织，是指由于所有组织成员都积极参与到与工作有关问题的识别与解决中，从而使组织形成了持续适应和变革能力的一种组织。其提出依据是当前组织环境日益动荡，过去的许多管理原则和指南不再适用，因此，21世纪的组织要获得成功，必须具有快速学习和响应的能力。组织的学习对组织的发展至关重要，一些管理学家把组织的这种学习能力称为组织的"可持续竞争优势"。例如，世界知名的会计公司安永公司通过信息共享来实现组织的学习。

主要概念

企业　有限责任公司　现代企业制度　组织

课堂讨论题

1. 企业的常见类型有哪些？各有何特点？
2. 谈谈你对组织结构的变化趋势的看法。

自测题

1. 判断题

（1）现代企业法人也是自然人。　　　　　　　　　　　　　　　　（　　）
（2）现代公司最基本的组织形式是有限责任公司和股份有限公司。　（　　）
（3）设立有限责任公司，法定的股东人数是2人以上。　　　　　　（　　）
（4）公司总经理由董事会聘任，他是公司的法定代表人。　　　　　（　　）
（5）组织的实质在于它是进行协作工作的集合体。　　　　　　　　（　　）

2．填空题

（1）企业具有的共同特征是_____、_____、经济性和独立性。

（2）设立有限责任公司应具备的条件是股东符合法定人数、_____、_____、_____、_____等。

（3）企业为有限责任公司或股份有限公司的，企业年度报告内容应包括其股东或者发起人认缴和实缴的出资额、_____、_____等信息。

（4）现代企业组织结构设计时，可以从划分企业的管理职权、_____、确定职权划分的原则和现代企业组织形式四个方面着手。

3．选择题

（1）具有独立法人资格的企业是（　　）。
　　A．个人独资企业　　　　B．合伙制企业　　　　C．无限责任公司
　　D．有限责任公司　　　　E．股份有限公司

（2）股份有限公司的股票可以（　　）。
　　A．自由交易　　　　　　B．自由交易但不能转让
　　C．转让　　　　　　　　D．转让但不能自由交易
　　E．自由交易或转让

（3）企业对年度报告的（　　）负责。
　　A．合法性　　　　　　　B．有效性　　　　　　　C．真实性
　　D．负债性　　　　　　　E．损益性

（4）现代公司领导体制的组成是（　　）。
　　A．股东大会　　　　　　B．独立董事　　　　　　C．董事会
　　D．监事会　　　　　　　E．总经理

4．简答题

（1）企业的基本特征有哪些？

（2）设立有限责任公司应具备哪些条件？

（3）现代企业制度的特征和基本内容有哪些？

（4）企业组织形式有哪些？各有何优缺点？

实 训 题

1．技能题

调研某中小企业现代企业制度，运用所学知识，进行分析并提出相关建议。

训练建议：

（1）同学们3～5人一组，实地调研或网上收集某中小企业现代企业制度。

（2）运用所学知识，对实地调研或网上收集的某中小企业现代企业制度进行分析，并写出书面意见。

（3）各组在班级进行交流、讨论，教师点评。

2．案例分析

某有限公司是个大型零售企业，地处市中心，拥有五层楼，3万平方米营业面积，资金2亿元，在职员工人数为1500人。主营业务为食品、日用百货、化妆品、服装、家电、电信器材、鞋帽、钟表、针纺织品和工艺品等商品的零售，兼营餐饮。

问题： 请你根据上述资料和市场情况设计出该企业的组织结构图，并做简要说明。

3．模拟实训

同学们3~5人一组，共同完成一份《公司名称预先核准申请书》及相关材料（公司情况同学可自拟，也可由教师设定）。

实训建议：

（1）明确公司类型、规模等，确立公司名称。

（2）完成《公司名称预先核准申请书》及相关材料。

（3）在班级进行交流、讨论，教师点评。

第 2 章

企业经营管理概述

> ◇ **本章学习目标** ◇
>
> **知识目标**：掌握经营与管理的概念及两者之间的关系、经营创新和管理创新的内容。
> **技能目标**：熟悉经营与管理的职能；掌握经营创新的方式和管理创新的方法，树立创新意识。
> **能力目标**：树立创新意识，培养经营创新、管理创新的能力。

引导案例

苹果公司的创新之路

从苹果公司的发展历程来看，其每次飞跃发展都由创新带动。

1. 产品和技术创新。苹果最早以计算机起家，但在其后的发展过程中，不断推出创新产品才是让苹果公司屹立不倒的重要原因。从 iPod、iMac、iPhone 到 iPad，苹果公司不断推陈出新，引领潮流。苹果公司也从最初单一的计算机公司，逐步转型成为高端电子消费品和服务企业。更重要的是，在微软 Windows 操作系统和 Intel 处理器独霸市场的时候，苹果依然坚持推出了自己独立开发的系统和处理器。

2. 营销创新。苹果的"饥饿营销"策略让很多消费者被它牵着鼻子走，同时也聚集了一大批忠实粉丝。从 2010 年 iPhone 4 发布开始，到 iPad 2，再到 iPhone 4s，苹果产品全球上市呈现独特的传播路径：发布会——上市日期公布——等待——上市新闻报道——通宵排队——正式开卖——全线缺货——黄牛涨价。与此同时，苹果一直采用"捆绑式营销"的方式，带动销售量。从 iTunes 对 iPod、iPhone、iPad 和 iMac 的一系列捆绑，让用户对其产品形成很强的依赖性。

3. 商业模式创新。最初苹果公司就通过"iPod+iTunes"的组合开创了一个新的商业模式，将硬件、软件和服务融为一体。在"iPod+iTunes"模式的成功中，苹果公司看到了基于终端的内容服务市场的巨大潜力。此后推出 App Store 是苹果公司战略转型的重要举措之一。"iPhone+App Store"的商业模式创新适应了手机用户对个性化软件的需求,让手机软件业务开始进入一个高速发展空间。

思考题：创新是企业发展的永恒主题。苹果公司的成功对我国手机制造商有何启示?

2.1 企业经营的概念与职能

经营是现代企业最基本的活动,直接关系到企业的生存与发展。企业在经营活动中受到很多因素的影响与制约,与多方面产生联系。应正确认识并处理好经营与管理、市场、竞争、政策等方面的关系。

2.1.1 企业经营的概念

企业经营是指企业以市场为对象,以商品生产和商品交换为手段,为了实现企业的目标,使企业的投资、生产、技术和销售等经济活动与企业的外部环境保持动态均衡的一系列有组织的活动。具体表现在以下几个方面。

(1) 企业是个经济系统。企业系统是由车间(经营部)、科室组成的具有特定功能的有机整体,它不断与外部环境进行物质、能量和信息交换,成为"投入"转化为"产出"的转化器。企业系统这样将投入转化为产出的过程,也就是企业的生产经营过程。

(2) 企业经营要充分利用外部环境提供的机会和条件。企业系统是一个开放的经济系统,其经营活动受到外部环境的影响和制约。企业外部环境是客观存在的,并不断发生变化。对企业经营来说,这既是一种约束,又是一种机会。认真进行环境分析,就可以发现有利因素和机会,避开威胁,有效地实现经营目标。

(3) 企业经营要发挥自身的优势和特长。企业在采取措施适应外部环境时,还要与自身条件相结合,充分发挥其自身优势。在激烈的市场竞争中,企业只有不断发展,创造具有独特客户价值的专门技能或技术,才能构建自己的竞争优势,提高自己的竞争能力。

(4) 企业经营是为实现经营目标而开展的一系列活动。企业经营目标是指一定时期内企业生产经营活动最终要达到的目的,它为企业经营指明了方向,指导了企业经营资源的配置。企业目标是多方面的,既有利益目标,又有贡献目标和发展目标。企业经营目标要通过各部门、各环节的生产经营活动去实现。

实例 2-1

借鸡生蛋

目前,联合利华在全球有 400 多个品牌,其中大部分是收购并推广到世界各地的。联合利华"借鸡生蛋",在中国市场发展了 12 个知名品牌,并且全部都占有相当的市场份额。这其中一个最重要的因素,就是他们坚持收购本地品牌的策略：在推广传统的优势产品力士香皂等个人清洁护理品之外，又将中国市场内已经有一定知名度的品牌产品，如中华牙膏、老蔡酱油、京华茶叶收入旗下，并不断地提升这些品牌的国际知名度，使之与原有的品牌地位形成互补优势。

提示：品牌是企业经营的重要内容。

2.1.2 企业经营职能

企业经营职能是指企业的经营活动或经营活动的某一项活动从开始到结束所经历的各个阶段或环节。企业经营职能主要有决策职能、开发职能、监督职能、改善职能。

1. 决策职能

决策职能是指企业经营者根据企业经营的目的，运用企业经营权中的决策权对企业的经营方向、经营目标、经营方针及方案进行选择和调整的过程。不难看出，决策职能在一定程度上掌管着企业的生死大权，尤其是那些事关企业长远发展的远景规划。决策职能主要是通过环境预测、制订决策方案并进行方案优化、方案实施等过程来完成的。

2. 开发职能

有效的经营必须善于有效地开发和利用各种资源，企业经营职能的发挥在很大程度上取决于开发职能的作用。

开发职能重点在于产品的开发、市场的开发、技术的开发及能力的开发。优秀企业的制胜法宝就是一流的人才、一流的技术、一流的产品和一流的市场竞争力。一个企业要在市场竞争中超越对手，取决于人才、技术、产品、资金四方面的综合力量。只有技压群雄，才能开拓并占有市场。因此，人才或能力开发、技术开发、产品开发、市场开发，四位一体构成了开发职能的主体。

3. 监督职能

监督职能是指企业经营者和所有者为了保证决策得到完整的贯彻执行或实施及正确地进行决策，分别监察约束企业的管理者和企业的经营者、最高管理者按照企业管理者的计划方案和企业经营者乃至所有者的决策方案实施管理行为、经营行为的过程。简单地讲，监督职能其实就是两个层面的内容。

（1）企业经营者对企业管理者的监督，即企业董事会对企业经理或经理委员会及他们的管理行为进行监督，一般称为工作监督。

（2）企业所有者对企业经营者、管理者和经营管理行为的监督，即企业所有者包括股东、所有者权力机构即股东大会、所有者专门的监督机构即监事会及所有者的其他机构对企业经营者、管理者及整个经营管理行为进行监督，一般称为所有者监督或产权监督。

4. 改善职能

改善职能是指企业全体成员为了企业的发展和进步，以及为了企业适应组织内外的变化，通过科学的方法主动地去发现企业存在的各种问题，然后对其进行分析，找出解决问题的方案，最后以改善提案的方式分别向企业管理者及经营者提出，从而为企业的管理和决策提供依据和可行性方案的过程。

这项职能是企业经营职能中的承上启下环节，通过改善职能，可以将企业的前一个经营过程和后一个经营过程有机地衔接起来，从而使企业的经营活动在不断循环的运行中得到不断提高。

上述四项经营职能既有联系又有区别。决策职能、开发职能、监督职能和改善职能的区别主要体现在其内涵和各自的主体上。内涵上的不同我们已经从它们各自的含义中得到解释，这里主要区分一下主体上的不同。

（1）决策职能。决策职能的主体一般是企业的经营者，对于一些特别重大的决策，还需要经过企业的最高权力机构——股东大会的表决才能奏效。

（2）开发职能。开发职能的主体是企业的职能经营管理者。

（3）监督职能。监督职能的主体是企业的所有者——股东、股东大会、监事会及其他监督机构。

（4）改善职能。改善职能的主体是企业的全体成员——企业的所有董事会成员、管理者及企业员工。

决策职能、开发职能、监督职能和改善职能在具体执行的过程中又是密切相关的，并且相互作用、相互依赖、相互衔接，形成了一个紧密联系的循环动态系统。在这个循环系统中，联系具体表现为：决策职能是企业经营职能的首要职能，决策为其他经营活动制定行为方向和目标；开发职能是决策职能的具体体现；监督职能是企业经营职能中的保证职能，它为企业的经营者正确进行决策、管理者完整地执行决策提供保障；改善职能是企业经营职能中的承上启下环节，这个环节将企业的经营过程完整地联结起来，使企业的经营呈现出不断循环、不断提高的状态。

2.2 企业经营创新

2.2.1 经营创新的定义

经营创新就是对企业经营管理的各个方面和各个环节进行变革，运用创造性思维，探索和开发新产品、新技术，寻求和采用新制度、新方法的过程。经营创新也可以表述为创新经营，它具有以下几个特征。

（1）经营创新依赖企业中人的能力与素质。

（2）它所强调的并不只是改变内容，如新产品、新制度等，还包括对创新精神和变革精神的实践，是促成实现新事物的过程。

（3）经营创新是企业管理能力的综合体现。

（4）经营创新包括企业经营活动的各个方面的创新与变革。

2.2.2 经营创新的方式

1. 嫁接式创新

嫁接式创新又称移植式创新，是一种建立在学习基础上的创新方式。这种方式的特点是企业学习、吸收国内外企业先进的经营方式、组织形式、管理方法和产品技术，结合本企业实际进行移植或嫁接式改造，创造出具有本企业特点的新产品或新的经营管理方式。

嫁接式创新不是仿制现有产品、引进技术或全盘照搬其他企业的经营方式，而是对他人经营成果的借鉴和扬弃，是一种加快企业变革速度、实现企业跳跃式发展的积极的创新方式。这种方式不走弯路、成功率高，是企业经营创新经常采用的方式。

2. 综合式创新

综合式创新又称聚变式创新，是一种建立在研究、分析现有结构缺陷基础上的创新方式。这种方式的特点是企业为适应市场需求的变化，对现有产品、技术或经营战略、经营方法进行结构分析，找出其不足之处，然后通过综合、重新组合等方式创造出新产品、新技术、新战略、新方法等。

综合式创新被广泛应用于技术创新领域，近年来产生的新产品、新技术、新材料等，大多数是对原有技术综合而创造出来的，如航天技术、光纤通信、机电一体化技术等。在经营领域，综合式创新也是普遍应用的创新手段，如日本式的管理方式。在现有的科学技术和经营管理原理没有突破的条件下，创新的主要方式就是综合。

实例 2-2

综合就是创新

有七个人，中国人、俄国人、英国人、法国人、德国人、意大利人、美国人。各国人都要宣传自己国家有什么好酒。中国人把茅台拿出来了，瓶盖一启，香气扑鼻，在座的各位都说茅台了不起。俄国人拿出了伏特加，英国人拿出了威士忌，法国人拿出了 XO，德国人拿出了黑啤，意大利人拿出了红葡萄酒，都很了不起。到了美国人，美国人找了一个空杯子，把茅台等几种酒都倒了一点，晃了晃，什么酒？鸡尾酒。

提示：从创新的方式角度来理解。

3. 突破式创新

突破式创新又称替代式创新，是一种建立在新的科学技术和社会经济知识基础上的创新。这种创新的特点是企业在科技、社会各方面新的理论指导下，运用各种形式进行突破性研究开发，创造出替代现有经营管理和技术体系的新方式、新战略、新产品、新方法等。与前两种方式相比，突破式创新更具有时代特征。在新的科学知识和技术发明大规模产生，经济、社会结构、市场需求和人们的社会认识都在相应变化的历史时期，这种方式可能会成为企业创新的主流，为经营管理的各个领域带来一场革命性的变革。

> **教学互动 2-1**
> 互联网时代，企业应如何进行经营创新？

2.2.3 经营创新的内容

1. 经营理念创新

美国著名经营战略大师加里·哈默尔曾指出，在当今时代，经营理念的创新将是独特的竞争优势，它为客户创造新的价值，令竞争者措手不及，并能给投资者带来新的财富。

随着知识经济时代的到来，越来越多的经营者认识到持续的理念创新是企业健康、稳定、持续发展的要诀，是企业各项创新的导向和关键。现代企业应树立以下经营理念。

（1）战略资源理念。作为一个企业，要想在强手如林、竞争激烈的市场上站稳脚跟、谋求发展，首先必须要清楚企业赖以生存的核心能力是什么。核心能力是企业宝贵的战略资源、无价之宝。要培养和建立自己的核心能力，具有把核心能力当作宝贵的战略资源的理念，这一点对现代企业至关重要。

（2）全球化理念。企业的生存和发展必须站在全球竞争的高度，必须具有全球化意识，把自己放在全球范围的大市场中，制定全球化的经营战略和经营计划，实施全球化的生存、发展及竞争战略。

（3）品牌、形象理念。经营产品不如经营品牌和企业形象。品牌和企业形象是企业中最有价值的知识资本和知识产权，也是高附加值的关键所在。将企业从产品经营转入品牌经营的轨道，就等于投资于只赚不赔、一本万利的产业。

（4）信息化理念。随着企业经营管理方式的转变，计算机技术、信息技术的飞速发展，互联网的地位和作用日益突出，企业各项工作的效率高低越来越取决于企业是否具有快速、先进、智能化的信息传输和处理网络。建立功能多样、资源共享、网络沟通、系统兼容的智能化企业网络，已成为信息时代对企业的基本要求。

（5）人本理念。整个社会经济的信息化使产业结构、生产技术的调整和升级加速，知识经济时代来临，因而迫切需要大量掌握新知识、新技术的人才。员工素质作为企业素质的关键，其高低和智力水平的发挥程度，将决定企业的生存发展能力。人才将成为企业最重要的资本。因此，企业应首先确立人在管理过程中的主导地位，继而围绕调动企业中人的主动性、积极性和创造性去展开企业的一切管理活动。

（6）现代营销理念。现代营销理念与传统推销理念的区别在于以下几个方面。

1）推销重在产品，营销重在服务与需求。

2）推销重在卖方自己，营销重在买方需要。

3）推销是先开工厂后做市场，营销是先做市场后开工厂。

4）推销通过销售获得利润，营销通过顾客的满意获得利润。

5）推销想的是今天，营销想的是明天。
6）推销想的是战术，营销考虑的是战略。
7）推销追求的是利润率，营销讲的是顾客的满意度。

2. 战略创新

战略创新的目的是应对内部条件或外部环境的重大变化。任何企业战略都是针对外部环境与内部条件制定的。当外部环境或内部条件发生重大变化时，毫无疑问就应该调整或重新制定战略。我们所处的时代是变化速度空前加快的时代，中国"入世"又使中国企业融入了变化多端的大世界，这就使企业战略创新显得格外重要。在经营过程中，企业内部条件发生原来意想不到的重大变化也是常有的事，如果发生了这种变化，就要调整或更新原有的战略。

3. 产品创新

产品创新是为更好地满足顾客需求而推出具有新功能、新结构、新外观的产品。以计算机为例，英特尔公司运算速度更高的芯片属于功能创新，东芝公司产出笔记本电脑属于结构创新，苹果公司推出彩色外壳及富有个性的 PC 属于外观创新。产品创新是一个全方位、多层次的概念。由于产品可以从三个层次为消费者或用户提供满足，因此产品创新相应地分为三个层次：核心产品层次的创新；形式产品层次的创新；延伸产品层次的创新。

产品创新的关键在于确立产品的创新意识。产品创新应着眼于开发具有特定销售目标的产品。例如，我国海尔集团，其主体冰箱事业部近几年不断地开发新产品，如"大王子"冰箱适合中国北方市场，而"小王子"冰箱适合中国南方需要，市场占有率始终名列前茅，正是这种新产品开发思想的体现。

产品创新应致力于追求品质标准——全球化的品质标准，以及建立并维持良好的品质形象，这是产品创新所必须遵循的原则。要不断保持产品创新，就必须保持产品开发速度的领先。在知识经济时代，企业最佳策略之一就是要抢在别人前面淘汰自己的产品。发达国家就特别注重进行产品的更新换代。

4. 技术创新

技术创新是国际社会通用的一种经济学概念，其基本含义是指将一种新产品、新工艺、新服务引入市场的过程。技术创新可以建立在一个新的科学发现的基础之上，采用新工序、新工艺或各种要素的组合；技术创新也可以是企业以获利为目的创造性地经营某种商品的新方法，或者进行创造性的综合。

技术创新的基本思路是以市场为导向，以企业为主体，以产品为龙头，以新技术开发应用为手段，以提高企业经济效益、增强企业竞争力和培育新的经济增长点为目标，重视市场机会与技术机会的结合，通过新技术的开发应用带动企业或整个行业资本要素的优化配置，以有限的增量带动存量资产的优化配置。

技术创新的模式主要有自主创新、模仿创新和合作创新。

5. 市场创新

市场创新是指在市场经济条件下，作为市场经济主体的企业和企业家，通过引入并实现各种新市场要素的商品化与市场化，以开辟新的市场，促进企业生存与发展的新市场研究、开发、组织与经营管理活动。

市场创新的主要目标是开辟新市场。采用新技术和开发新产品是实现市场创新的主要形式和有效途径，但不是实现市场创新的必要条件和唯一方式。市场创新是一种创造性的市场开发活动。市场化是实现市场创新目标的关键环节。市场创新的成败主要取决于其市场实现的程度。

市场创新是一项整体性的企业系统工程。市场创新能力既反映了企业内部组织自我协调、自我调节、自我更新和自我发展的能力，又反映了企业对外部市场营销环境变化的适应能力。

6. 经营模式创新

经营模式是企业进行市场活动的行为的标准样式。经营模式创新就是企业进行市场活动的行为的标准样式不同于传统的标准样式。

研究世界上知名的大公司，我们会发现他们的成功与经营模式创新息息相关。当别的厂家需要店铺来卖产品时，安利却开创了无店铺、人际传播的产品销售形式，实行直销的经营模式；传统的超市卖给大众，麦德龙却只卖给会员，实行会员制经营模式；当别的计算机公司运用代理制来销售计算机时，戴尔却将互联网作为分销渠道来销售计算机；苹果公司依靠其出色的设计使电子产品复活了，等等。

经营模式创新的路径包括以下几种。

（1）企业内部价值链各环节的创新。当前兴起的"企业再造""流程再造"运动就属于这类创新的范畴。它有两种基本形式：重组和分立。重组就是调整企业内各职能活动间的联系方式，同时去掉多余的活动，如丰田公司的"准时制"经营模式创新。分立则是将企业中的部分职能活动外包出去，如耐克公司。营销大师菲利普·科特勒非常赞赏后一种方式，他认为外包将是21世纪的发展趋势。

（2）纵向创新。它是围绕供应链进行的创新。根据在供应链上与企业发生关系的单位不同，它又可分为三种创新方式。

1）改变与供应商的联系方式。沃尔玛公司通过信息系统加强自己与供应商的联系，就是这种经营模式创新。

2）改变与分销渠道的联系方式。戴尔公司就是通过在分销渠道上创新而成功的。

3）改变与用户的关系。一般企业与用户之间是一种交易关系，若能进一步将这种简单关系培养为结构型关系，也是一种经营模式创新。结构型关系是使消费者在知识上、对某类消费品的使用上形成对企业的一种依赖。柯达公司通过低价出售相机就做到了这一点。

（3）横向创新。它也有两种基本形式。

1) 改变与同行的关系，如与其他企业共用同一部门或建立比较密切的关系等。当前进行的企业集团建设、战略联盟建设就是在这一方面对传统经营模式的创新。

2) 改变与非同行的关系。这类创新很容易被忽视，但默克公司对麦迪科公司兼并的成功案例表明，它也是竞争优势的重要来源之一。

实例 2-3

奥妮公司：以市场细分策略挑战宝洁

重庆奥妮化妆品公司通过巧妙的市场细分，采用避实就虚策略，在洗发护发品市场上向宝洁发起了挑战。该公司于 1986 年推出新产品"奥妮首乌洗发露"，该产品以"头发需要护理"作为策略定位。这一定位满足了宝洁掀起的"漂亮头发"时尚之外的消费群体的需求。1997 年，奥妮又推出新品"百年润发植物洗发露"。这次，奥妮不仅把洗发水分为化学和植物两类，而且根据消费者年龄把产品划分为青年、中年和老年三类。同时，奥妮一改过去低价位的老路，将价位定在与宝洁同等水平上，誓与宝洁一比高低。1998 年 3 月，奥妮再次推出重新包装的"新奥妮皂角洗发浸膏"，强调"不燥不腻、爽洁自然"的纯天然价值，顺应了近几年市场上风行的"绿色"和"回归自然"的消费时尚，获得了消费者的认同。

提示：从市场创新角度来思考。

相关链接 2-1

李嘉诚成功"玩转"屈臣氏四大魔方

屈臣氏，一个 1828 年成立于广州的小药房，于 1841 年将业务拓展到中国香港。到了 20 世纪初期，屈臣氏已经在中国香港、中国内地与菲律宾奠定了雄厚的业务根基，旗下有 100 多家零售店。它于 1981 年被李嘉诚名下的和记黄埔收购。通过李氏团队出神入化的打造，屈臣氏变成了全球首屈一指的个人护理用品、美容、护肤商业业态的巨擘！发展到今天，屈臣氏全球门店已超 5 000 家，销售额逾百亿港元，业务遍及亚、欧等地区的 40 多个国家。李嘉诚到底通过什么神奇的魔法，在短短的 30 年间玩转了屈臣氏成功裂变的魔方？

魔方一：展开强大的资本商业收购计划，最大化地扩大重点发展区域的门店规模及企业规模。李氏团队通过资本的并购力量迅速在亚欧重点发展区域全面扩大了企业规模，资本的魔杖是屈臣氏企业成功魔方的第一成功密码。

魔方二：以特殊的连锁经营模式最大化地推动企业规模成长及企业营业规模成长。连锁经营是一种成功的企业经营方式，快餐业的麦当劳、肯德基，零售业的沃尔玛、家乐福，酒店业的香格里拉、希尔顿都是以优秀的连锁经营模式来壮大发展的！连锁经营模式的魔杖是屈臣氏企业成功魔方的第二成功密码。

魔方三：精准的目标消费群定位及成功的品牌经营结构是屈臣氏成功的不二法门。在屈臣氏销售的产品中，药品占15%，化妆品及护肤用品占35%，个人护理品占30%，剩余的20%是食品、美容产品及衣饰等。精准的目标消费群定位及成功的品牌经营结构两类组合的营销魔杖是屈臣氏企业成功魔方的第三成功密码。

魔方四：成功的经营策略。屈臣氏拥有一支强大的健康顾问队伍，包括全职药剂师和"健康活力大使"。专业队伍均受过专业的培训，为顾客免费提供保持健康生活的咨询和建议。屈臣氏在店内陈列信息快递《护肤易》等各种个人护理资料手册，免费提供各种皮肤护理咨询；药品柜台的"健康知己"资料展架提供各种保健营养和疾病预防、治疗方法；积极推行计算机化计划，采用先进的零售业管理系统，提高了订货与发货的效率。种种经营策略，可以让顾客看到，屈臣氏关心的不仅是商品的销售，更注重对顾客体贴细致的关怀，充分展现了其"个人护理"用品商店的特色服务。这就是屈臣氏企业成功魔方的第四成功密码。

2.3 管理的概念及职能

2.3.1 管理的概念

管理就是一个组织通过计划、组织、领导和控制及贯穿始终的创新等工作，协调以人为中心的组织资源与职能活动，以有效地实现组织预定目标的社会活动。

（1）管理的目的是实现预期目标。世界上既不存在无目标的管理，又不可能实现无管理的目标。

（2）管理是一个过程，是实施计划、组织、领导和控制的过程。

（3）管理的本质是协调。协调是使个人的努力与集体的预期目标一致。每项管理职能、每次管理决策都要进行协调，都是为了协调。

（4）管理的对象是以人为中心的组织资源与职能活动。一方面指出管理对象是各种组织资源与各种实现组织目标的职能活动；另一方面强调人是管理的核心要素，所有的资源与活动都是以人为中心的。管理，最重要的是对人的管理。

2.3.2 管理职能

管理职能是管理者实施管理的功能或程序。它是管理系统功能的体现，是管理系统运行的表现形式。管理职能可以总结为计划、组织、领导、控制和创新。

1. 计划职能

计划职能是管理者为实现组织目标对工作进行的筹划活动，一般包括调查与预测、制定目标、选择活动方式等一系列活动。计划职能的核心在于决策。

计划职能是管理的首要职能,任何管理都需要计划职能。计划能够预先对未来的组织活动进行认真研究,从而消除不必要的活动所带来的浪费,选择最有效的方案来达到组织的目标。同时,计划是管理者进行控制的标准,计划中的目标和指标可以作为控制职能中的标准。

2. 组织职能

组织职能就是管理者为实现组织目标而建立和协调组织结构的工作过程,一般包括设计与建立组织结构,合理分配职权与职责,选拔与配置人员,推进组织的协调与变革等。

组织职能实施的目的是发挥整体大于部分和的优势,使有限的人力资源形成最佳的综合效果。组织职能和计划职能之间有着相互联系。首先,组织职能在很大程度上决定着计划目标的实现和管理活动的成败。任何一项计划的实施,都需要做大量的组织工作,因此组织职能是管理活动的根本保证。其次,计划目标对组织结构的形式又起着一定的决定作用。计划目标不同,组织结构的形式也不同。

3. 领导职能

领导职能是指管理者指挥、激励下级,以有效实现组织目标的行为。领导职能一般包括:选择正确的领导方式;运用权威,实施指挥;激励下级,调动其积极性,以及进行有效沟通等。领导职能是管理过程中最经常、最关键的职能。

领导实质是一种对他人的影响力。领导的基础是下属的追随与服从。领导作为一种影响力,其施加作用的方式或手段主要有指挥、激励和协调。指挥是管理者最基本、最经常使用的领导手段;激励是管理者调动下属积极性,增强群体凝聚力的主要手段;协调包括对内协调和对外协调两方面。对内协调的目的是形成良好的人际关系,对外协调的目的是帮助企业树立良好的企业形象。

实例2-4

日本领导者的实践活动

日本的领导者被视为具有社交能力的联系人,是小组的一部分。通过家长式的领导方法,领导者体现出对其下属福利的极大关心。领导者的作用是营造一个具有"团队精神"的工作环境,而且他们也愿意帮助下属完成他们的工作。为了最大限度地保持和睦,管理人员避免面对面的对抗,领导者希望他的下属们将他们个人的利益与公司或组织的利益联系起来。实际上,这种亲密的人际关系的建立不仅因为员工们一起工作,而且因为员工和外界直接联系。日本公司的领导者花费了大量的时间与其下属交流,强调面对面的交流胜过便函。

提示:从领导艺术角度来理解。

4．控制职能

控制职能是指管理者为保证实际工作与目标一致而进行的活动。控制职能包括制定标准、衡量工作、纠正出现的偏差等一系列工作过程。

控制职能与计划职能是密不可分的。计划是控制的前提，为控制职能提供目标和标准，管理者必须及时取得计划执行情况的信息，并将有关信息与决策目标与计划进行比较，发现实践活动中存在的问题，分析原因并采取措施。因此，没有决策及在决策基础上制订的计划就不存在控制，同时控制又是实现决策目标和计划的手段。从管理活动的纵向看，各级管理层都要重视控制职能；从管理活动的横向看，各项管理活动、各个管理对象都要进行控制。没有控制工作，决策目标和预先制订的计划就不可能实现。

5．创新职能

从管理的角度来看，创新是指组织管理者对组织要素的重新组合，其目的是改变组织资源的产出量或提高消费者的满意程度。从这个意义上讲，创新就是指将发明创造引入经济活动之中，形成具有创造性的思想并将之转换为有用的产品或服务的过程。

创新职能与上述管理职能不同，它本身没有某种特有的表现形式，总是在其他管理职能的所有活动中来表现自身的存在与价值。

6．正确处理各管理职能之间的关系

（1）正确理解各管理职能之间的关系。各项管理职能的相互关系如图 2-1 所示。每项管理工作一般都从计划开始，经过组织、领导，到控制结束。各职能之间同时相互交叉渗透，控制的结果可能又导致新的计划，开始又一轮新的管理循环。如此循环不息，把工作不断推向前进。创新在这一管理循环之中处于轴心地位，成为推动管理循环的原动力。

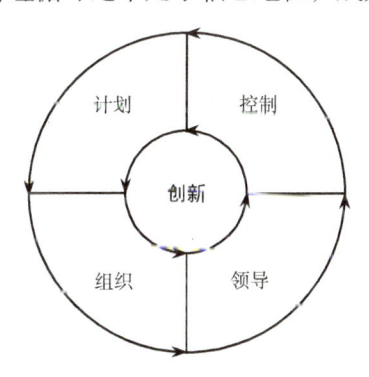

图 2-1 各项管理职能的相互关系

（2）正确处理管理职能的普遍性与差异性。这些职能是一切管理者，即不论何种组织、所处何种层次、属于何种管理类型的管理者都要履行的。但同时也必须认识到，不同组织、不同管理层次、不同管理类型的管理者，在具体履行管理职能时，又存在很大差异性。例如，高层管理者更关注计划和组织职能，而基层管理者则更重视领导和控制职能。即使对

同一管理职能，不同层次的管理者关注的重点也不同。例如，对计划职能，高层管理者更重视长远、战略性计划；而基层管理者则只安排短期作业计划。

2.3.3 经营与管理的关系

经营与管理毕竟是两个不同范畴，具有一定的区别，主要有以下几点。

（1）范畴不同。经营属于商品经济范畴；管理属于人类共同劳动范畴。

（2）侧重点不同。经营侧重于处理人与物（资金）的关系；管理侧重于处理人与人的关系。

（3）直接目的不同。管理的直接目的是提高效率；经营的直接目的是提高效益。

（4）形态不同。经营多属于实体形态（如时、物等）；管理多属于非实体形态。

（5）趋向不同。经营是面向市场、外向的；管理是组织协调、内向的。

（6）成果不同。经营的成果是有形的，便于衡量、计量；管理成果多是无形的，难于定量、计量。

经营与管理虽属于两个不同的范畴，具有一定的区别，但在企业活动中，经营与管理却是互相渗透、互相作用、密不可分的。

经营与管理是密不可分的。经营与管理，好比企业中的阳与阴，必须共生共存，在相互矛盾中寻求相互统一；经营与管理也相互依赖、互相作用。一方面，忽视管理的经营是不能长久、不能持续的。另一方面，忽视经营的管理是没有活力的，是僵化的。经营是龙头，管理是基础，管理必须为经营服务。

对于企业中的具体部门或个人，经营与管理的确应有所侧重，并根据实际情况及时调整。企业中的各类部门、各级组织应该有一个大方向的分工，有的侧重于经营，有的侧重于管理。特别在组织的迅猛扩张期，经营与管理的分工尤为必要。但是，当组织度过了迅猛扩张期后，往往是经营管理一体化、综合化。

2.4 企业管理创新

1. 管理创新的概念

管理创新是指根据市场经济条件下企业生产经营的客观规律和现代科学技术的发展势态，对传统的管理模式及相应的管理方法进行改进、改革和改造，创建新的管理模式、方式和方法。检验它的唯一标准是看它在实践中是否提高了工作效率和经济效益，是否增强了企业的市场竞争力，增加了市场份额。

2. 管理创新的方法

（1）头脑风暴法。头脑风暴法是美国创造工程学家 A·F·奥斯本在 1939 年发明的一种创新方法。这种创新方法是通过一种别开生面的小组畅谈会，在较短的时间内充分发挥群体的创造力，从而获得较多的创新设想。当一个与会者提出一个新的设想时，这种设想就会激发小组内其他成员的联想。当人们卷入"头脑风暴"的洪流之后，各种各样的构想就像燃放鞭炮一样，点燃1个，引爆一串。这种方法的规则有以下几个方面。

1）不允许对别人的意见进行批评和反驳，任何人不做判断性结论。

2）鼓励每个人独立思考，广开思路，提出的改进设想越多越好，越新越好。允许相互之间出现矛盾。

3）集中注意力，针对目标，不私下交谈，不干扰别人的思维活动。

4）可以补充和发表相同的意见，使某种意见更具说服力。

5）参加会议的人员不分上下级，平等相待。

6）不允许以集体意见来阻碍个人的创造性意见。

7）参加会议的人数不超过10人，时间限制在20分钟到1小时。

这种方法的目的在于创造一种自由奔放的思考环境，诱发创造性思维的共振和连锁反应，产生更多的创造性思维。讨论1小时能产生数十个乃至几百个创造性设想，适用于问题比较单纯，目标比较明确的决策。这种方法在应用中又发展出"反头脑风暴法"，做法与头脑风暴法一样，对一种方案不提肯定意见，而是专门挑毛病、找矛盾。它与头脑风暴法一反一正，正好可以相互补充。

（2）综摄法。综摄法是由美国麻省理工学院教授戈登在1952年发明的一种开发潜在创造力的方法。它以已知的东西为媒介，把毫不相关、互不相同的知识要素结合起来创造出新的设想，也就是吸取各种产品和知识精华，综合在一起创造出新产品或新知识。这样可以帮助人们发挥潜在的创造力，打开未知世界的窗口。综摄法有两个基本原则。

1）异质同化，即"变陌生为熟悉"。这实际上是综摄法的准备阶段，是指对待不熟悉的事物，要根据熟悉的事物、方法、原理和已有的知识去分析它，从而提出新设想。

2）同质异化，即"变熟悉为陌生"。这是综摄法的核心，是对熟悉的事物、方法、原理和知识从新的角度或运用新知识去观察分析，从而启发新的创造性设想。

（3）逆向思维法。逆向思维是顺向思维的对立面。逆向思维是一种反常规、反传统的思维。顺向思维的常规性、传统性往往导致人们形成思维定式，是一种从众心理的反映，因而往往使人形成一种思维"框框"，阻碍着人们创造力的发挥。这时如果转换一下思路，用逆向法来考点，就可能突破这些"框框"，取得出乎意料的成功。逆向思维法由于是反常规、反传统的，因而具有与一般思维不同的特点。

1）突破性。这种方法的成果往往冲破传统观念和常规，常带有质变或部分质变的性质，因而往往能取得突破性的成就。

2）新奇性。由于思维的逆向性，改革的幅度较大，因而必然是新奇、新颖的。

3）普遍性。逆向思维法适用的范围很广，几乎适用于一切领域。

（4）检核表法。检核表法几乎适用于任何类型与场合的创造活动，因此又被称作"创造方法之母"。它用一张一览表对需要解决的问题逐项进行核对，从各个角度诱发多种创造性设想，以促进创造发明、革新或解决工作中的问题。实践证明，这是一种能够大量开发创造性设想的方法。检核表法是一种多渠道的思考方法，包括以下一些创造技法：迁移法、引入法、改变法、添加法、替代法、缩减法、扩大法、组合法和颠倒法。它启发人们缜密地、多渠道地思考和解决问题，广泛运用于创造、发明、革新和企业管理。它的要害是一个"变"字，不把视线凝聚在某一点或某一方向上。

（5）信息交合法。信息交合法通过若干类信息在一定方向上的扩展和交合，来激发创造性思维，提出创新性设想。信息是思维的原材料，大脑是信息的加工厂。不同信息的撞击、重组、叠加、综合、扩散、转换，可以诱发创新性设想。要正确运用信息交合法，必须注意抓好以下三个环节。

1）收集信息。不少企业已设立专门机构来收集信息。例如，日本三菱公司在全世界设置了 115 个海外办事处，约 900 名日本人和 2 000 多名当地职员从事信息收集工作。收集信息的重点在于收集新的信息，只有新的信息才能反映科技、经济活动中的最新动态、最新成果，这些往往与企业有直接的利害关系。

2）拣选信息。包含核对信息、整理信息、积累信息等内容。

3）运用信息。收集、整理信息的目的都是运用信息。

运用信息，一要快，快才能抓住时机；二要交会，即这个信息与那个信息进行交会，这个领域的信息与那个领域的信息进行交会，把信息和所要实现的目标联系起来进行思考，以创造性地实现目标。信息交会可以通过本体交会、功能拓展、杂交、立体动态四种方式进行。总之，信息交会法就像一个魔方，通过各种信息的引入和各个层次的交换引出许多系列的新信息组合，为创新对象提供了千万种可能性。

（6）模仿创新法。人类的发明创造大多是由模仿开始的，然后再进入独创。勤于思考就能通过模仿做出创造发明。当今有许多物品模仿了生物的一些特征，以致形成了仿生学。模仿不仅被用于工程技术、艺术，也被用于管理方面。

实例 2-5

21 世纪我国企业管理创新

当今，我国企业管理创新十分活跃，包括强化企业核心能力，实施业务流程再造，建立学习型组织，投资建设 ERP、SCM、CRM 等信息化系统，探索知识管理的有效方式，进行规模化定制生产，开展服务营销和体验营销，组织虚拟企业与战略联盟等。这些包含新的管理理念、管理组织、管理方法和管理手段等的管理创新，一浪接着一浪。依据近年来国家级管理现代化创新成果，敏捷管理、精细管理、和谐管理、绿色管理、简约管理和透明管理等都是值得注意的管理创新的发展趋势。

提示：从管理创新模式来思考。

3. 管理创新的内容

企业管理创新主要包括管理理念创新、企业制度创新、企业组织创新、企业文化创新、管理理论与方法创新。

（1）管理理念创新。管理理念是指管理者或管理组织在一定的哲学思想支配下，由现实条件决定的经营管理的感性知识和理性知识构成的综合体。特定的管理理念体现或折射在管理的各种活动中，并且还制约着企业的经营战略及其实现方式。

20世纪80年代以来，西方优秀企业家提出了许多新的思想与管理理念，如知识增值理念、全球经济一体化理念、持续学习理念、战略管理理念、知识管理理念等。目前，我国某些企业在经营管理理念上，存在的主要问题在于：一是缺少明确的经营管理理念，其表现就是只顾眼前利益而牺牲长远利益，只顾经济利益而忽视社会利益，企业管理活动局限在狭隘的范围内。二是理念定位不当，引起经营管理的挫折甚至失败。例如，亚细亚、巨人集团、秦池等许多企业的失败，就是由其高层管理者推行"扩张理念"而导致的。三是缺少现代管理意识，缺乏技术创新的自主精神。

（2）企业制度创新。企业制度主要包括产权制度、经营制度（经营机制）和管理制度三个不同层次、不同方面的内容。企业制度创新就是实现企业制度的变革，通过调整和优化企业所有者、经营者和劳动者三者的关系，使各个方面的权利和利益得到充分的体现；不断调整企业的组织结构和修正完善企业内部的各项规章制度，使企业内部各种要素合理配置，并发挥最大限度的效能。

制度创新是企业发展的基础，是企业整体创新的前提，同时也是实现一个企业不断创新的保障。没有创新的企业制度，企业的其他创新活动就不会有效和持久。近年来，西方一些知名企业在建立多元化的企业产权主体、建立多元化的公司（法人）治理结构和建立多元化的管理形式等管理制度上取得的突破性进展值得我们借鉴。

我国企业在经营体制创新过程中，要按照产权主体与经营多元化的思路，改善资本结构，实现体制创新。要紧紧抓住产权结构多元化的发展趋势，对公有制企业进行改造；采取有效的股份制方式，大量吸收外资、私有资本及其他法人企业资本，将国有独资企业改建成以混合型经济为主体的控股、参股企业；要根据每个企业的不同现状，采取不同的产权创新经营方式，以实现创新搞活企业的目的。

（3）企业组织创新。彼得·德鲁克指出："现代组织的组成是为了创新……而且现代组织必须将一切旧有的、习惯的、熟悉的和舒适的东西进行系统化的摒弃，不管它们是一件产品、一种服务、一个过程、一项技术，是人和社会的关系，还是组织本身。简而言之，现代组织必须适应持续不断的变化。"由于现代组织所面临的是巨变的环境，为适应环境持续不断的变化，组织就必须做出反应，其基本对策之一就是要经常推行各种变革，不遗余力地推动创新。

企业组织创新的形式主要有学习型组织、世界型组织、扁平化组织、虚拟企业、为适应计算机集成制造系统（CIMS）而进行的组织结构创新、战略联盟等。

（4）企业文化创新。企业文化是指将文化因素糅进企业管理，以形成新的价值观体系，最终达到增强企业生机活力，提升市场竞争力和市场地位，引导企业走向成功的经营目标。实践证明，成功企业之所以能在竞争风浪中搏击前进、长盛不衰，关键在于它们能够在复杂多变的市场环境中进行文化创新，形成凝聚力和激励员工，并将价值观念、基本信念、最高目标及行为规范化为自觉行为，这对企业的未来发展绝对是必要的。

企业文化具有四个显著的基本特征：企业文化的核心是构建企业价值观；企业文化的中心是形成以人为主体的人本文化；企业文化的主要管理方式是实施柔性管理；企业文化的重要任务是营造和谐的环境氛围，以增强群体的凝聚力。在这四个特征的基础上，企业文化结构相应地可分为三个层次，即物质层、制度层和精神层。这三个层次是在企业的成长过程中形成的，而且不断影响着企业的经营活动。

从企业创新的特征来看，企业文化创新的表现形式主要有以下几个方面。

1）经营观念创新。企业经营观念是指导、支配企业生产经营活动的理念、准则、思想的总称，是企业精神文化的组成部分。经营观念的本质是企业文化的精神文化在企业经营过程中的反映。坚持经营观念创新是企业保持旺盛生命力的出发点。

2）人本价值创新。企业文化的人本价值创新，是企业人的整体价值观的转变。把企业人的价值通过各种表现方式整合为企业的价值体系，使企业的人与企业组织在理想价值观念、卓越价值观念、职责价值观念、服务价值观念、审美价值观念等方面相互认同，并使这些价值观念相互联结、相互作用，构成一套系统的、完整的企业人本价值观体系，通过创新，把象征着企业以人为本的理想、追求、选择和取舍的价值观体系变成企业文化心理结构的深层内容。

3）企业形象创新。今天，企业形象随着企业内外经营环境的变化而不断充实和变革，企业的内涵发生了重大变化。创造企业优势和竞争优势，尤其增强企业在国际市场的生存发展能力和实力，是企业形象创新和经营管理创新的要求。把人的价值、人性、企业个性等精神因素纳入整个企业价值体系，从而形成更高层次的精神理念价值体系，进而塑造出新的企业整体形象的灵魂和内核，这就是企业形象创新的本质。

4）品牌文化创新。品牌是企业产品的质量、特征、性能、用途、等级的概括性象征，凝聚着企业的风格、精神和信誉，使消费者一接触品牌就会想到生产企业。因此，品牌是企业文化的组成部分或外在的代表。

品牌文化创新关键在于寻找自己独特的价值。企业创新决策在思考自己品牌特点时，应该把焦点放在知识、技术层面，放在企业与众不同的思维与服务精神的物化。现在社会文化进步的速度加快，整个社会对物质的认识已从使用价值的重要性转移到创造价值上，真正创造价值的并不是生产活动本身，而是某种知识技术或创意。企业掌握了用智力创造出价值的能力，而不是用体力便可达成的能力，就是企业文化精华在品牌上的有力表现。

真正的品牌是企业内涵在产品上的表现，是企业形象、产品质量、企业核心能力、文化品位、企业家特色等的全面综合的结果，而不是经过一番炒作就能产生的。

（5）管理理论与方法创新。经济全球化、信息技术的日新月异和知识经济的到来，要求人们因时、因地、因事按客观规律，与时俱进，实行创造性管理。近年又诞生了许多新的管理理论与思想，如企业再造理论、学习型组织、创新型组织、价值管理、供应链管理、标杆管理和危机管理等。

在新的管理理论指导下，管理方法也在不断创新。从物本管理到人本管理，从筹资管理到财务资本运营，从采购库存管理到供应链管理，从粗放型生产到精益生产、敏捷制造，从质量检验控制到质量经营，从簿记到战略管理会计等，无不体现了现代管理方法的创新。

教学互动 2-2

我国企业与欧美发达国家相比，在企业管理创新方面有哪些不足？

相关链接 2-2

第七届"中国管理模式杰出奖"隆重揭晓

网易科技讯：2014 年 10 月 31 日，备受瞩目的第七届"中国管理模式杰出奖"颁奖盛典在北京国家会议中心隆重举行，"互联网转型"成为 2014（第七届）中国管理模式杰出奖获奖企业的共同选择。

由来自中欧国际工商学院、清华大学、北京大学、上海交通大学、中央财经大学五大商学院的专家学者组成的专家委员会，历经半年深入调研，评选出 2014 年年度大奖如下。

战略远见奖——万事利集团；研发创新奖——云南白药集团；卓越运营奖——星创视界集团；文化风范奖——天津荣程集团；最具潜力奖——康驰新巴士有限公司；理事长奖——信永中和会计师事务所、广州市妇女儿童医疗中心；行业特别贡献奖——合生创展集团、吉林正业集团、优优祝福科技有限公司。

中国管理模式杰出奖评选活动已成功举办七届，访谈了 40 多个行业、1 000 多家企业、500 多位企业高管，54 家企业成功获选。

中国管理模式杰出奖遴选活动于 2008 年由人大常委会前副委员长成思危、中欧国际工商学院院长朱晓明教授等国内六大著名商学院（管理学院）院长和金蝶国际软件集团有限公司董事局主席徐少春先生等共同发起，旨在奖励中国境内企业中具有杰出管理创新理念和成功实践的企业。该奖项是管理界发起的第一个针对中国境内企业管理实践成就的荣誉奖项。

主要概念

企业经营　　管理　　经营创新　　管理创新

课堂讨论题

1. 为什么企业要不断地进行创新？创新表现在哪些方面？
2. 谈谈我国企业应如何进行管理创新。

自测题

1. 判断题

（1）企业经营活动既要发挥自身的优势和特长，又要充分利用外部环境提供的机会和条件。　　　　　　　　　　　　　　　　　　　　　　　　　（　　）
（2）经营的开发职能的主体是企业所有者。　　　　　　　　　　　　（　　）
（3）嫁接式创新就是仿制现有产品，全盘照搬其他企业的经营方式。　（　　）
（4）持续的理念创新是企业各项创新的导向和关键。　　　　　　　　（　　）
（5）采用新技术和开发新产品是市场开发的必要条件和唯一方式。　　（　　）
（6）管理的本质是协调，管理最重要的是对人的管理。　　　　　　　（　　）
（7）学习型组织具有扁平式结构。　　　　　　　　　　　　　　　　（　　）

2. 填空题

（1）经营创新的方式有＿＿＿＿＿＿、＿＿＿＿＿＿和＿＿＿＿＿＿。
（2）领导的实质是＿＿＿＿＿＿，领导的基础是＿＿＿＿＿＿。
（3）企业制度主要有＿＿＿＿＿＿、＿＿＿＿＿＿和＿＿＿＿＿＿。
（4）企业经营创新主要包括＿＿＿、＿＿＿、＿＿＿、＿＿＿、＿＿＿和＿＿＿。

3. 选择题

（1）（　　）是企业经营职能中的首要职能。
　　A. 决策职能　　　　　B. 监督职能　　　　　C. 开发职能
　　D. 改善职能　　　　　E. 控制职能
（2）管理职能有（　　）。
　　A. 计划职能　　　　　B. 组织职能　　　　　C. 领导职能
　　D. 控制职能　　　　　E. 创新职能
（3）扁平化组织的优势在于（　　）。

A. 降低管理中的协调成本　　B. 加快企业反应速度　　C. 缩减了管理幅度
D. 裁减冗员　　　　　　　　E. 增加管理层次
（4）包装创新属于产品创新的（　　）层次的创新。
A. 核心产品　　　　　　　　B. 形式产品　　　　　　C. 延伸产品
D. 经营创新　　　　　　　　E. 管理创新

4．简答题
（1）现代企业应树立怎样的经营理念？
（2）简述经营与管理的关系。
（3）联系具体案例谈谈企业应如何进行文化创新。

实训题

1．技能题

选择你熟悉的企业提出经营创新的建议。

训练建议：

（1）同学们 3～5 人一组，实地调研或网上收集某企业信息。

（2）运用所学知识，对实地调研或网上收集的某企业经营创新信息进行分析，并写出书面建议。

（3）各组在班级进行交流、讨论，教师点评。

2．案例分析

海尔：创造新动力

创新是企业文化的灵魂，是保持企业持续发展的动力。多年来，海尔不满足于自己的成功经验，不断打破已有的成功经验，追求创新、重塑自我，从五个方面建立了自己独有的创新文化。

（1）战略创新：寻找企业的出路。海尔人认为："没有思路就没有出路。"在这一观念指导下，海尔创造了最有利而且富有远见的发展战略：① 实施品牌战略。② 实施多元化经营战略。海尔将海尔产品从"白色家电"扩展到以电视为代表的"黑色家电"和"灰色家电"领域。③ 实施资本经营战略。利用海尔的文化盘活有形资产，利用海尔的品牌进行低成本扩张。海尔先后兼并了 18 个企业，共盘活包括 5 亿元亏损在内的 18 亿元资产。④ 实施国际化战略。1998 年，海尔开始实施国际化战略。

（2）管理创新：确保战略创新的成功。海尔的管理创新从实际出发，由低要求向高要求推进，创造了"日事日毕，日清日高"管理法，用领导文化推动群众文化。海尔从 1999 年开始创造了模拟市场对企业内部进行管理的方法。

（3）技术创新：企业实力的坚强后盾。① 在指导思想上坚持"市场的难题就是技术开发的课题"的原则。② 在创新定位上坚持国际化，盯住全球行业先进水平搞创新。③ 在创新宣传上还坚持超前性，保持观念、技术、产品结构调整的三个超前。④ 在创新策略上，着眼于利用全球科技资源。

（4）组织创新：一切行动的根基。① 实行事业部制。② 重视物流、资金流与商流。

（5）观念创新：一切创新之源。① 充分理解和认识"观念创新是一切创新之源"。② 观念创新要有有震撼作用的大举动。海尔的观念创新是从1984年"砸冰箱事件"开始的。

问题： 海尔连续高速增长的成功得益于什么？海尔五大创新的内容主要体现在哪些方面？这五大创新的关系又是怎样的？

3．模拟实训

组织全班或分成若干小组，以座谈会或深度面谈形式，调查某一企业的管理创新活动。每位同学撰写访问报告及心得体会，优秀者在全班交流。

实训建议：

（1）选择当地的或熟悉的某一知名公司，这样容易找出创新点。

（2）同学们3~5人一组以团队形式展开调研。

（3）在班级进行交流、讨论，教师点评。

第 3 章

企业经营决策与控制

◇ 本章学习目标 ◇

知识目标：了解企业经营决策与计划的类型，掌握企业经营决策、计划、领导、控制的概念。

技能目标：熟悉企业经营决策的程序和方法，有关科学决策案例、计划的编制与执行、领导方式和控制手段。

能力目标：能够运用所学知识进行初步的科学决策、经营计划编制和领导与控制。

引导案例

舍绿城选恒大？马云回应"奸商"质疑

2014年5月，有传言称马云将收购绿城足球俱乐部。5月16日，绿城集团董事会主席宋卫平向媒体表示，"阿里巴巴将占绿城足球俱乐部49%的股份"。次日，马云出现在绿城中泰足球学校，似乎暗示其将与绿城足球进行合作。但是在6月5日，马云和恒大集团董事局主席许家印共同宣布，阿里巴巴将以12亿元巨资入股恒大足球俱乐部，占股50%。随后，宋卫平声称要率两万名浙江球迷声讨马云，指责其重利忘义；而富鸿集团董事长朱建德在2014年浙商（夏季）论坛上也炮轰马云，称从商业道德上讲，马云是小人。同时他表示"马云若不改变作风，5年内必倒"。

阿里巴巴投资"恒大足球"，抛弃"绿城足球"，马云背负了不少骂名，但"奸商"二字着实很难让马云和他的团队接受。

关于阿里巴巴投资恒大足球而非绿城的种种传言，2014年7月2日，事件主角、阿里巴巴集团主席马云首次对此进行了回应。对于网上所传阿里巴巴选恒大弃绿城的说法，马云表示自己从未向绿城提出要购买足球俱乐部，而绿城方面也从未提出出售俱乐部。当时和绿城之间的商讨仅在与绿城教育、医院等公益性的续力投资方面。而对于此前绿城集团董事会主席宋卫平的声讨以及富鸿集团董事长朱建德的炮轰，马云则回应，投资不能意气用事,更何况用公司的钱。马云强调商业投资不是赌博,要确保对每项投资100%的理性、客观和认真。

思考题:阿里巴巴投资足球舍绿城选恒大的决策,有"奸商"嫌疑吗?

企业经营决策与控制包括企业的经营决策、计划、组织协调和指挥控制等工作,企业管理者就是要根据企业经营状况,社会经济发展情况,运用各种科学方法,做出科学的经营决策。

3.1 企业经营决策

3.1.1 企业经营决策概述

1. 企业经营决策的概念

决策,简单地说,是指人们在行动之前做出决定。企业经营决策是企业在对经营形势进行客观分析和估计的基础上,就企业总体活动及重要经营活动的目标、方针、战略和策略做的选择工作。

从古到今,决策大体经历了主观意愿、经验决策和科学决策三个阶段。现代管理理论认为,管理的重心在经营,而经营的重心在决策,经营决策正确与否是决定企业成败的关键。经营决策也是企业系统的基本行为。

2. 经营决策的类型

由于企业在生产经营中所要解决的问题是多种多样的,因而其相应的经营决策也是多种多样的。这些决策根据不同的分类标准,可以有以下类型。

(1)按决策在企业经营中所处的地位划分,可分为战略决策和战术决策。

1)战略决策。战略决策是指确定企业的经营目标、产品开发、投资方向和生产规模等方面的决策,其重点是解决企业与外部环境的关系问题,属长期决策。

2)战术决策。战术决策是指针对如何实现战略决策所做的具体决策,如生产控制、销售服务、质量和成本控制等方面的决策,其重点是解决企业内部问题,属短期决策。

(2)按决策者所处的管理层次划分,可分为高层决策、中层决策和基层决策。

1)高层决策。高层决策是指企业最高领导层所负责的决策,重点是解决经营战略性问题。

2)中层决策。中层决策是指企业中层领导层负责的决策,重点是解决经营战略性问题,属执行性决策。

3)基层决策。基层决策是指企业基层进行的业务性决策,重点是解决生产、销售过程中常出现的技术性较强、时间紧迫、亟待解决的一些具体问题。

(3)按问题出现的重复程度划分,可分为程序性决策和非程序性决策。

1) 程序性决策。程序性决策是指经常出现的问题,已有了处理经验、方法和程序,可按常规办法来解决的决策。此类决策可由专门机构和人员进行。

2) 非程序性决策。非程序性决策是指不常出现的问题或新问题,且无处理经验,需靠决策者的判断和信念来解决的决策。

(4) 按决策目标与所用方法划分,可分为计量决策和非计量决策。

1) 计量决策。计量决策是指决策目标有准确的数量描述,易采取数学方法做出的决策。

2) 非计量决策。非计量决策是指决策目标难以用准确数量表示,主要依靠决策者的分析判断能力来进行的决策。

(5) 按决策问题所处的条件划分,可分为确定型决策、风险型决策和非确定型决策。

1) 确定型决策。确定型决策是指在稳定条件下做出的一种决策。应用的条件是对几种方案的未来情况有比较肯定的了解,没有不确定因素。

2) 风险型决策。风险型决策是指在不稳定条件下,不论选择哪个方案,都有一定风险性的决策。此类决策存在不可控因素,一种方案会出现几种不同的结果,其结果出现的概率可以计算出来。

3) 非确定型决策。非确定型决策是指在非稳定条件下做出的一种决策。决策时对其中有的条件或未来变动因素尚不能确定,对各方案的结果所出现的概率无法测算,只能根据各种情况下出现的利弊和得失大小进行决策。

相关链接 3-1

大数据决策

1. 大数据的概念

"大数据"是需要新处理模式才能具有更强的决策力、洞察发现力和流程优化能力的海量、高增长率和多样化的信息资产。从数据的类别上看,"大数据"指的是无法使用传统流程或工具处理或分析的信息。它定义了那些超出正常处理范围和大小,迫使用户采用非传统处理方法的数据集。大数据科学家 John Rauser 提到一个简单的定义:大数据就是任何超过了一台计算机处理能力的庞大数据量。大数据同过去的海量数据有所区别,具有数据体量大、数据类型多、价值密度低、处理速度快四个基本特征。

2. 大数据的作用

大数据作为驱动新一轮技术革命的关键力量,可帮助企业快速感知市场,推动业务从供给驱动转变为市场驱动、个性化订单驱动,进而重构企业智慧。

变革经济的力量。消费者是价值的意义所在。有意义的才有价值,消费者不认同的,就卖不出去,就实现不了价值;只有消费者认同的,才卖得出去,才实现得了价值。大数据帮助我们从消费者这个源头识别意义,从而变革经济,帮助生产者实现价值。

变革组织的力量。随着具有语义网特征的数据基础设施和数据资源发展起来,组织的变革就越来越显得不可避免。大数据将推动网络结构产生无组织的组织力量。最先反映这种结构特点的是各种各样去中心化的 Web2.0 应用，如 RSS、维基、博客等。大数据之所以成为时代变革力量，在于它通过追随意义而获得智慧。

3. 大数据在企业决策中的应用

大数据为企业带来了更丰富、更深入和更准确地洞察市场行为的大量机会。大数据对企业决策来说有很多应用。例如，传统模式中，产品设计往往是封闭的。而通过大数据的分析，发现未来一段时间的市场热度和趋势，企业就可以提前布局，准备库存和供应链，也能根据线上销售数据预测未来销量，避免脱销或商品积压。大数据在企业营销环节应用更为广泛，因为可以通过对每个用户"画像"，得到其真实需求和行为特征，实现真正的精准投放和人群购买。

总体来看，大数据预测将颠覆传统的商业模式和规则，能够让企业更精准地把脉市场走向和用户消费需求，对业务模式进行创新和优化。通过寻找不同信息间的关系和匹配度，企业能更精准地找到用户需求，并通过便捷化的渠道满足这种需求。未来将是一个人与服务连接的时代，路径会越来越短。企业抓住这一机遇，创新业务模式，将开启全新的发展和成长空间。

> **教学互动 3-1**
>
> 你所知道的决策案例还有哪些？

3. 企业经营决策的程序

（1）明确经营问题。企业经营问题是指企业在经营活动中已经达到的状况与应当达到或希望达到状况之间的差距。只有将经营问题确定下来，才可能有正确的决策。企业在明确经营问题之前，必须对经营环境进行详细的调查分析；在说明经营问题时，要求全面、定性、定量地分析问题的状况和产生的原因，性质的严重程度和发展趋势，以及解决问题的条件。

（2）确定经营目标。企业经营问题找到后，就可以着手确定企业经营目标。企业的经营决策是十分复杂的，往往会出现多目标问题。处理多目标问题的原则是，尽量减少目标个数，放弃那些根本达不到的目标，把相似的目标、某些次要的目标合并为一个目标。

（3）拟订可行方案。经营目标确定后，根据对信息资料的分析研究，拟订两个或两个以上可供选择的可行方案。这个过程是发现、探索的过程，也是淘汰、修订、选取的反复进行过程，是一个复杂的创新过程。在拟订方案时，要求具备以下三个条件。

1）整体的详尽性。整体的详尽性是指所拟订的方案应当包括所有可能的方案，即不能漏掉某些可能的方案。

2）相互排斥性。不同方案之间必须是相互排斥的，便于比较、选优。

3）内容的确切性。拟订方案时，要求每个方案以确切的数据反映其效果，如利润、产量、时间等。指出各种方案的优缺点时，要求做到条理化和直观化。

（4）选择方案。选择方案这一环节包括对各种方案进行评价，并从中选出一个较优的方案。评价方案要根据标准和指标进行。由于在实际工作中，经营决策问题往往比较复杂，用最优标准来衡量每个方案很难做到，只能采用"令人满意"的原则来代替最优化原则，即比较时，从总体上权衡利弊，选出一个较好的方案。

评价与选择经营方案，一般可采用经验判断法、数学分析法和试验法等方法。在选择时，如果提供的全部方案都不理想，则可反馈回去，重新拟订方案，一直到选出满意方案为止。

（5）方案实施。方案选定后，就要贯彻实施。在实施过程中要做大量的组织、计划、协调、调整和控制等工作，才能保证决策方案的实现。还要建立信息反馈制度，在实施过程中将实施结果与预期目标及时进行比较，发现问题，及时查明原因，采取必要措施，保证决策目标的实现（见图3-1）。

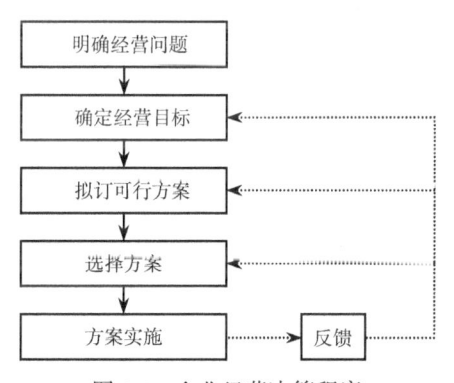

图3-1　企业经营决策程序

3.1.2　企业经营决策的方法

企业经常使用的经营决策方法可分为两大类：定性决策方法和定量决策方法。前者注重决策者本人的经验和思维能力，后者则注重决策问题各因素之间客观存在的数量关系。在具体使用中，两者不能截然分开，必须紧密结合、相辅相成。这里我们主要讨论定量决策，定量决策中常见的有确定型、风险型和不确定型三种。

1. 确定型决策方法

确定型决策的基本特征是事件的各种自然状态是完全肯定而明确的，经过分析计算可以得到各方案的明确结果。企业中多数决策问题是例行的、重复出现的，是程序性的经济技术问题，其条件与结果很容易判断，这些问题可以用"单纯择优方式"解决。例如，企业在筹资决策时有三种方案（见表3-1），在其他条件相同时选择筹资成本最低者即可。

表 3-1 筹资决策方案

方　　案	银行贷款	发行债券	发行股票
综合筹资成本	6%	6.5%	8%

然而在实际工作中，决策者所面临的备选方案，虽然条件明确、结果肯定，但往往不经过计算不能确认。一般来说，对于确定型决策问题，可以采用量本利分析法。量本利分析法又称盈亏平衡分析法，是指根据产品销售量、成本、利润的关系，通过数学模型来分析和选择决策方案的方法。量本利分析法是一种简便有效、使用范围较广的定量决策方法，它广泛应用于生产方案的选择、目标成本预测、利润预测、价格制定等决策问题上。

（1）产量与成本的关系。在学习量本利分析法之前，我们先要明确产量变动与成本变动的关系。企业在生产经营活动中投入的各种费用，与产量之间有着不同的关系。一般来说，我们通常把这些费用（成本）分为两种形式：固定成本与可变成本。所谓固定成本，是指在一定的生产能力范围内，其总额相对固定，不随产量或销售量的变化而变化的成本，如办公费、固定资产折旧费、管理人员的工资等。固定成本的总额不变，而单位产品分摊的固定成本的高低与产量的变化成反比。所谓可变成本，是指在一定条件下，其总额随着产量的变动而变动的成本，如原材料、产品包装费、生产工人的工资等。其总额随着产量的变化而变化，但单位产品的可变成本则保持不变。

（2）量本利分析法的基本原理。量本利分析法的基本原理是边际分析理论。其具体方法是把企业的总成本分为固定成本和可变成本后，观察产品销售单价与单位可变成本的差额，若单价大于单位可变成本，便存在"边际贡献"。当总的边际贡献与固定成本相等时，恰好盈亏平衡。这时每增加一个单位产品，就会增加一个边际贡献的利润。进行量本利分析的关键是找出盈亏平衡点，如图 3-2 所示。

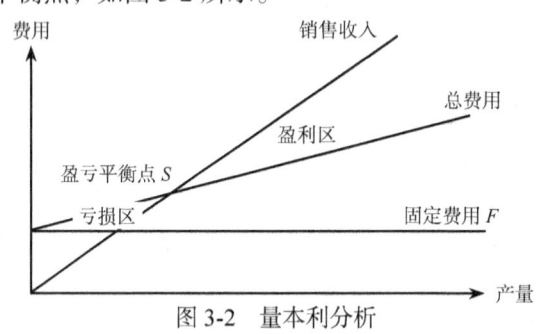

图 3-2 量本利分析

从图 3-2 中可知，当销售收入与总成本相等时，这一点对应的产量（销量）就称为盈亏平衡点。在盈亏平衡点上，企业既不盈利也不亏损，因此盈亏平衡点又称保本点或盈亏临界点。企业的产量若低于平衡点的产量，则会发生亏损，而高于平衡点的产量，则会获得盈利。这一基本原理在企业的经营决策活动中运用相当广泛。企业的经营决策几乎都与产量、成本、利润有关,许多问题都可以通过量本利分析加以解决。例如,企业是否应购置新设备,是否应进行技术改造,某种产品生产多少才能盈利,企业产品的定价水平是否合适等。

由上述可知,在产品的销售价格、固定成本、可变成本都已知的情况下,就可以找出盈亏平衡点。一般来说,寻找盈亏平衡点有以下两种方法。

1)产量(销售量)法。这种方法是根据某一产量(销售量)对应的固定成本和可变成本来确定盈亏平衡点。假设:

X——产量(或销售量); X_0——盈亏平衡点时的产量;
S——总销售额; P——产品销售单价;
C——总成本; C_1——固定成本;
C_2——可变成本; C_V——单位产品可变成本;
L——利润总额。

于是有:$S=P \times X$ $C=C_1+C_2=C_1+C_V \times X$

当企业盈亏平衡时,$S=C$,此时的 X 变为 X_0,即

$$P \times X_0 = C_1 + C_V \times X_0$$

整理后,即得到:$X_0=C_1 \div (P-C_V)$

> **例 3-1** 某企业生产某种产品,销售单价为 10 元,生产该产品的固定成本为 5 000 元,单位产品可变成本为 5 元。求企业经营的盈亏平衡产量。
>
> 解:根据题意,盈亏平衡点产量为:
>
> $$X_0=C_1 \div (P-C_V) = 5000 \div (10-5) = 1000(件)$$

2)销售额法。销售额法是根据某一销售额对应的固定成本和可变成本来确定盈亏平衡点。在企业实行多品种产品生产和销售的情况下,往往不用产量,而是利用销售额来计算盈亏平衡点。

销售额法的公式可由产量法的公式导出。

$$X_0=C_1 \div (P-C_V)$$

两边同时乘以 P,则得到:$X_0 \times P = (C_1 \times P) \div (P-C_V)$

整理后,即得到:$S_0=C_1 \div (1-C_V/P)$

> **例 3-2** 某企业生产某种产品,销售单价为 10 元,生产该产品的固定成本为 5 000 元,单位产品可变成本为 5 元。求企业经营的盈亏平衡销售额。
>
> 解:根据题意,该种产品盈亏平衡销售额为:

$S_0 = C_1 \div (1 - C_V/P) = 5000 \div (1 - 5/10) = 10000$（元）

（3）量本利分析法的应用。量本利分析法的应用，主要是用盈亏平衡点分析的原理，对企业的经营状况、获利水平、是否生产和订货等问题进行研究。

1）求实现一定目标利润时的销售量（额）。目标利润是指企业生产经营某种商品时希望达到的利润额。利用量本利分析法可以求出为实现一定的目标利润必须完成的销售量或销售额。其基本公式如下：

$$Q = \frac{C_1 + P_Z}{P - C_V} \qquad S_Z = \frac{C_1 + P_Z}{1 - \dfrac{C_V}{P}}$$

式中 Q_Z——目标利润销售量； C_1——固定成本；
C_V——单位产品可变成本； P——产品销售单价；
P_Z——目标利润； S_Z——目标利润销售额。

例 3-3 某企业生产某种产品，销售单价为 10 元，生产该产品的固定成本为 5 000 元，单位产品可变成本为 5 元，目标利润为 5 000 元。求企业经营该种产品的目标利润销售量和销售额。

解：目标利润销售量 $= (C_1 + P_Z)/(P - C_V)$
　　　　　　　　　$= (5000 + 5000) \div (10 - 5) = 10000 \div 5 = 2000$（件）
　　目标利润销售额 $= (C_1 + P_Z)/(1 - C_V/P)$
　　　　　　　　　$= (5000 + 5000) \div (1 - 5/10) = 20000$（元）

2）判断企业的经营状况。企业经营状况的好坏可以通过经营安全率来加以判定。经营安全率（L）是指实际或预计产量（或销售额）超过盈亏平衡点产量（或销售额）的差异数与实际或预计销售量（或销售额）的比值。它的计算公式为：

$$L = (Q_Z - Q_0) \div Q_Z$$

式中的 $Q_Z - Q_0$ 为安全余额，即实际销量减去盈亏平衡点的销量。安全余额越大，说明企业的盈利水平越高。

经营安全率是反映企业经营状况的一个重要指标，它可以根据表 3-2 中的数值来判断企业的经营安全状态。

表 3-2 经营安全率标准

经营安全率（%）	>30	25～30	15～25	10～15	<10
经营状态	安全	较安全	不太好	要警惕	危险

例 3-4 某公司生产经营某种产品,销售单价为 250 元,生产经营这种产品的固定成本为 4 万元,单位产品可变成本为 240 元,企业的目标利润为 20 万。求该企业生产经营这种产品的安全程度。

解:根据题意可得:

目标利润销售量 = $(C_1+P_Z)/(P-C_V)$
= $(40000+200000)\div(250-240)$ = 2.4(万辆)

盈亏平衡销售量 = $C_1/(P-C_V)$ = $40000\div(250-240)$ = 0.4(万辆)

经营安全率 = $(Q_Z-Q_0)\div Q_Z$ = $(2.4-0.4)\div2.4\times100\%$ = 83.33%

上述计算结果表明,经营这种产品是很安全的。

企业可以针对一定时期内经营安全率所反映的经营状况,采取相应的措施,如调整品种结构,增加适销产品的产量和销量,减少单位产品可变成本,压缩固定成本,采用合理的促销手段来提高经营安全率,改善经营状况。

3) 确定一定销售量下的利润水平。

例 3-5 某公司销售某种电扇,单位产品可变成本为 85 元,固定成本为 10 万元,销售单价为 100 元。据市场预测,年度销售量为 8 000 台。问企业可以获利多少?

解:根据公式:$Q_Z=(C_1+P_Z)/(P-C_V)$

可得:$Q_Z(P-C_V) = (C_1+P_Z)$

$P_Z = Q_Z(P-C_V) - C_1$
= $8000\times(100-85) - 100000 = 120000 - 100000 = 20000$(元)

答:可获取利润 20000 元。

4) 确定企业的目标成本。

例 3-6 某公司的汽车每辆售价 10 万元,单位产品可变成本为 6 万元,年固定成本为 400 万元。当目标利润确定为 400 万元时,目标成本应控制在什么水平?

解:根据公式:$S=(C_1+P_Z)\div(1-C_V/P)$
= $(400+400)\div(1-6\div10)$ = 2000(万元)

目标成本 = 2000 - 400 = 1600(万元)

答:要保证实现年目标利润 400 万元,目标成本应控制在 1600 万元的水平。

2. 风险型决策方法

风险型决策是指由于存在不可控的因素,一个决策方案可能出现几种不同的结果,但对各种可能的结果可以用客观概率为依据来进行决策。由于客观概率只是代表可能性大小,与未来实际还存在差距,这就使得任何方案的执行都要承担一定的风险,所以称为风险型决策。

风险型决策的主要方法有决策收益表法和决策树法。

(1) 决策收益表法。决策收益表又称决策损益矩阵，该表包括可行方案、自然状态及其概率、各方案的损益值等数据。决策收益表法就是以决策收益表为基础进行决策的方法。这种方法常用于决策变量因素少、决策目标单一的决策情形。它的主要步骤是：① 确定决策目标。② 根据经营环境对企业的影响，预测自然状态，并估计其发生的概率。③ 根据自然状态的情况，充分考虑本企业的实力，拟订可行方案。④ 根据不同自然状态下的资源条件、生产经营状况，运用系统分析方法计算损益值。⑤ 列出决策收益表。⑥ 计算各可行方案的期望值。⑦ 比较各方案的期望值，选择最优方案。下面举例说明。

例 3-7 某商业公司准备在春节期间经营一种新的食品，供应时间预计30天。该食品每箱成本为80元，销售单价为100元，如果当天卖不出去，就会变质而失去使用价值。目前对这种新产品的市场需求情况不很了解，但有去年同期类似产品的日销售量资料可供参考，如表3-3所示。现要确定一个使公司获利最大的日进货量的决策方案。

表3-3 去年春节期间某产品的销售资料

日销售量（箱）	完成天数（天）	概　率
50	3	0.1
51	6	0.2
52	15	0.5
53	6	0.2
总计	30	1.0

解：第一步，决策目标是找到一个商业公司经营该产品获利最大的进货方案。

第二步，根据去年同期类似产品销售资料的分析，可确定今年该产品的市场自然状态情况，并计算出各种自然状态下的概率，绘制决策收益表，如表3-4所示。

第三步，根据去年的销售情况，经过分析可以拟订出新产品销售的可行方案，如表3-4中的日进货量为50箱、51箱、52箱和53箱四个可行方案。

第四步，计算出各个方案在各种自然状态下的损益值，如表3-4所示。

第五步，计算期望值（EMV）。

EMV（50）=1000×0.1+1000×0.2+1000×0.5+1000×0.2=1000（元）

EMV（51）=920×0.1+1020×0.2+1020×0.5+1020×0.2=1010（元）

EMV（52）=840×0.1+940×0.2+1040×0.5+1040×0.2=1000（元）

EMV（53）=760×0.1+860×0.2+960×0.5+1060×0.2=940（元）

第六步，进行最优决策。选择期望值最大的（1 010元）所对应的方案（每天进货51箱）为决策方案。

表 3-4　决策收益表

自然状态 日销售量 方　案	50 箱 0.1	51 箱 0.2	52 箱 0.5	53 箱 0.2	期望值
50 箱	1 000	1 000	1 000	1 000	1 000
51 箱	920	1 020	1 020	1 020	1 010
52 箱	840	940	1 040	1 040	1 000
53 箱	760	860	960	1 060	940

（2）决策树法。在风险型决策中，除了可以用决策收益表来进行决策外，还可以用决策树来进行决策。所不同的是，决策树既可以解决单阶段的决策问题，也可以解决决策收益表无法表达的多阶序列决策问题。它具有思路清晰、一目了然、便于决策者集体讨论等优点。这种方法在经营管理上已被广泛用于较复杂问题的决策。

简单地说，决策树法就是利用树形图进行决策的方法。它是通过图解的方式将决策方案的相关因素分解开，确定并逐项计算其发生的概率和期望值，进而比较和选优的方法。

1）决策树的构成要素。
- 决策点。所要决策的问题，用方框（"□"）表示。
- 方案枝。由决策点引出的直线，每条直线代表一个方案，并由它与状态节点相连。
- 状态节点。反映各种自然状态所能获得的机会，在各个方案枝的末端，用圆圈（"○"）表示。
- 概率枝。从状态节点引出的若干条直线，反映各种自然状态可能出现的概率，每条直线代表一种自然状态。
- 损益值。反映在各种自然状态下可能的收益值或损失值，用三角形（"△"）表示。

图 3-3 为决策树。

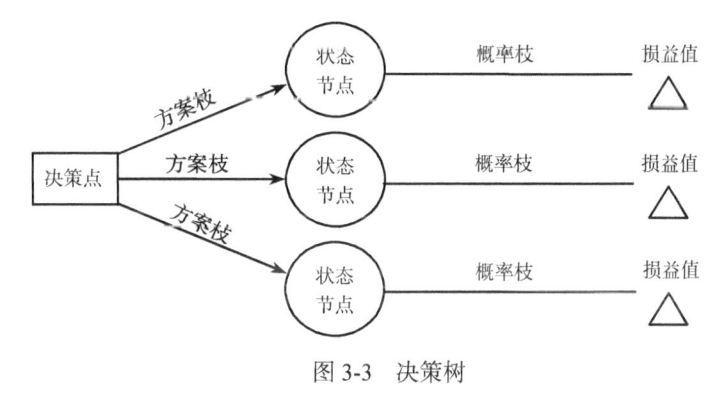

图 3-3　决策树

2）决策树法的步骤。应用决策树法进行决策，主要有三个步骤。

第一步是绘制决策树图。从左至右，首先绘出决策点，引出方案枝，再在方案枝的末端绘出状态节点，引出概率枝，然后将有关部门参数（包括概率、不同自然状态、损益值等）注明于图上。

第二步是计算各方案的期望值。期望值的计算要从右向左依次进行。首先将各种自然状态的收益值分别乘以各自概率枝上的概率，再乘以计算期限，然后将各概率枝的值相加，标于状态节点上。

第三步是剪枝决策。比较各方案的期望值（如方案实施有费用发生，应将状态节点值减去方案的费用后再进行比较）。剪掉期望值小的方案（在落选的方案枝上画上"‖"表示舍弃不用），最终只剩下一条贯穿始终的方案枝，它的期望值最大，是最佳方案，将此最大值标于决策点上。

3）决策树法应用实例。

例 3-8 某企业准备投产一种新产品，现在有新建和改建两个方案，分别需投资 140 万元和 80 万元。未来 5 年的销售情况预测是：畅销的概率为 0.4，销售一般的概率为 0.4，滞销的概率为 0.2。各种自然状态下的年度销售利润如表 3-5 所示。问企业应选择哪个方案？试用决策树法进行决策。

表 3-5 决策方案损益值　　　　　　　　　　　　　单位：万元

方案	畅销	一般	滞销
新建	120	50	-30
改建	100	30	10

解：步骤 1：先绘制决策树图和计算期望值，如图 3-4 所示。

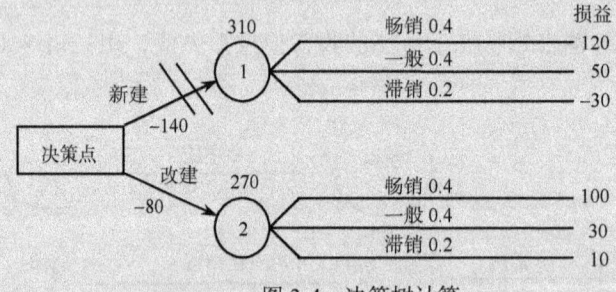

图 3-4 决策树计算

节点① EMV=[120×0.4+50×0.4+（-30）×0.2]×5=310（万元）
节点② EMV=[100×0.4+30×0.4+10×0.2]×5=270（万元）

步骤 2：比较两个方案的净收益。

新建方案的净收益=310-140=170（万元）

改建方案的净收益=270-80=190（万元）

经比较，应选择改建方案，故应将新建方案剪去。

3．不确定型决策方法

不确定型决策是指由于存在不可控制的因素，一个方案可能出现几种不同的结果，而对各种可能结果没有客观概率作为依据的决策。对不确定型决策来说，有一些公认的决策准则，下面结合实例依次说明。

某厂准备开发一种新产品，为此设计了三种生产方案：甲方案，新建车间、大批量生产；乙方案，扩建车间、中批量生产；丙方案，利用原设备、小批量生产。由于缺乏相关资料，对未来市场上的需求状况只能做大致的估计，可能是高需求、中需求、低需求三种状态。每种方案在各种自然状态下的损益值如表3-6所示。

表3-6　决策方案损益值　　　　　　　　　单位：万元

自然状态\方案损益值	甲	乙	丙
高需求	960	720	580
中需求	520	540	320
低需求	-240	10	60

由于决策者的意志、胆识经验等个性素质不同，可能根据不同的标准和原则，选择自己认为满意的方案。根据实践经验的总结，可以有下述选择标准。

（1）乐观决策标准。乐观决策标准又称好中求好标准。这是指决策者对未来非常乐观，从最好的自然状态出发，假设未来是高需求，各方案的收益值都是最大的，从各方案最大的收益值中选出其中最好的方案作为决策方案。

本例中，各方案的最大收益值分别为960万元、720万元、580万元，最大收益值中的最大者为960万元，因此选择甲方案。

显然，这是一个比较冒险的决策。因为"未来是高需求"只是决策者一种乐观的假设，如果确实应验，可获最大收益。而一旦未来销路不好就要受更大的损失。因此，应用这一标准进行决策，要十分慎重，一般只有风险较小，把握较大的问题才可采用。

（2）悲观决策标准。悲观决策标准又称坏中求好标准。决策者从多次决策失误的教训中，认为所选的方案应在最坏的状态下也不至于造成很大损失。因此，决策者从最坏的自然状态出发，假设未来低需求，各方案的收益值都最小，从各方案最小的收益中选择一个最大的作为决策方案。

本例中，各方案的最小收益值分别为-240万元、10万元、60万元。其中最大者为60

万元，因此应选择丙方案。

显然，这是一种保守的决策，属于怕担风险、不求大利的稳妥型决策。应当说，当决策者遇到把握很小、风险较大的决策问题时，采用这一标准是可取的。

（3）后悔遗憾标准。后悔遗憾标准又称最小后悔值原则。这种决策方法是以方案的机会损失大小来判别方案的优劣。机会损失是指由于决策采取了错误的决策方案所造成的损失，如高需求时采取了保守决策，低需求时采取了投资较大的方案。决策者在选定方案后，如果实践证明对自然状态的估计出现失误，无形中企业就遭受了机会损失，决策者就会为此感到后悔，后悔遗憾原则就是要使这种后悔减到最低限度。后悔结果的大小可通过后悔值来表示。每种自然状态下的最大收益值与各方案的收益值之，称为后悔值。

后悔遗憾标准的决策过程是：先确定各方案的最大后悔值，然后选择这些最大后悔值中的最小后悔值所对应的方案为最优方案，即大中取小。现以本例进行分析如下。

第一步，找出对应于各种自然状态的最大收益值。在表3-7中用"*"标出。

表3-7　各种自然状态下的收益值和最大收益值　　　　　单位：万元

自然状态 \ 方案（损益值）	甲	乙	丙
高需求	960*	720	580
中需求	520	540*	320
低需求	−240	10	60*

第二步，将对应于每种自然状态的各项收益值从相应的最大值中减去，求出后悔值（见表3-8）。

表3-8　各种自然状态下的后悔值　　　　　单位：万元

自然状态 \ 方案（损益值）	甲	乙	丙
高需求	0	240	380
中需求	20	0	220
低需求	−300	50	0
最大后悔值	300	240*	380

第三步，找出各个方案的最大后悔值：|300，240，380|。

第四步，从最大后悔值中选择最小值，其所对应的方案为最优方案：min|300，240，380|=240（万元）。所以乙方案是最优的决策方案。

不确定型决策，选择最优方案虽然有不同的评价标准，但实际上都是决策者根据自己的经验、态度及对客观条件的分析进行的。上述各种各样的决策标准，都有其存在的理由，也都有其片面性与适应性。决策者可以根据决策目标、企业环境及对风险的态度决定取舍。实际工作中，很多企业面临某些重要的不确定型决策问题时，往往采用不同的标准分别进行测算，并比较测算的结果，以权衡确定最优方案。

与定性决策方法相比，定量决策方法由于决策过程的数学化、模型化、电算化，使得人们能以科学定量分析为依据，来处理比较复杂的决策问题，这样既节省了时间，又提高了效率，决策者可以拿出更多的时间，集中精力进行一些重大问题的非程序化决策，从而使科学决策的水平大大提高。当然，定量决策方法也有一定的局限性，对于一些关系到企业长远发展的战略性、关键性的非程序化问题决策，特别涉及政治的、社会的、环境的、文化的因素较多的决策课题，由于很难用数学方式来解决，还必须依靠定性决策的各种方法。因此，为保证决策的科学性，决策者在面对各种不同的决策问题时，应根据问题的性质确定决策方法，并注意将定量决策方法与定性决策方法有机地结合起来。

3.2　企业经营计划

3.2.1　企业经营计划的概念与类型

1．企业经营计划的概念

企业经营计划是按照经营决策所确定的方案对企业生产经营活动及其所需各种资源从时间和空间上做出具体统筹安排的工作。

企业经营计划的重要性可归结为决策的基础、应变的提防、统一经营的保障、有效控制的手段。因此，企业对一切的工作管理都必须始于计划和终于计划。

2．企业经营计划的类型

（1）从时间上，可将计划分为长期计划、中期计划和短期计划。

一般把 5 年以上的计划称为长期计划；1 年以上 5 年之内的计划称为中期计划；时间跨度在 1 年及 1 年以内的计划称为短期计划。

1）长期计划。主要回答两个方面的问题，一是企业的长期目标和发展方向是什么；二是怎样达到企业的长远目标。例如，一个企业的长期计划要指出该企业的长远经营目标、经营方针和经营策略等，一般包括企业产品发展方向、企业发展规模、科研方向和技术水平、主要技术经济指标等。

2）中期计划。来自长期计划，只是比长期计划更为具体和详细，主要起协调长期计划和短期计划之间关系的作用。长期计划以问题目标为中心，中期计划则以时间为中心，具体说明各年应达到的目标和应开展的工作。

3）短期计划。比中期计划更为具体和详尽，主要说明计划期内必须达到的目标，以及具体的工作要求，要求能够直接指导各项活动的开展。企业中的年度利润计划、销售计划和生产计划等都是短期计划的例子。

（2）从空间上，根据职能标准，可将计划分为业务计划、财务计划和人事计划。

1）业务计划。业务活动是企业生产经营的主要活动，业务计划也是企业的主要计划。长期业务计划主要涉及业务方面的调整或业务规模的发展，短期业务计划则主要涉及业务活动的具体安排。一般企业业务计划主要有生产计划和营销计划、产品开发计划等。

2）财务计划。研究如何从资金的提供和利用上促进企业的发展。

3）人事计划。分析如何为业务规模的维持和扩展提供人力资源的保证。

（3）按计划内容，可将计划分为综合计划和专业计划。

1）综合计划。综合反映整个企业的生产经营活动的计划，包括经营目标、方针和策略。

2）专业计划。反映某部门某项经营活动的计划，如生产计划、销售计划、新产品计划、利润计划、设备维修计划等。

综合计划与部分专业计划的关系示意如图 3-5 所示。

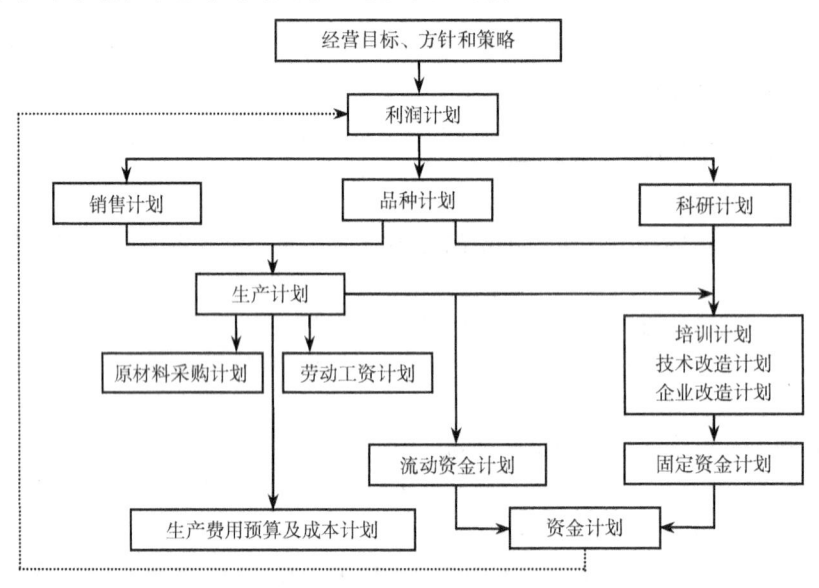

图 3-5　综合计划与专业计划的关系

3.2.2　企业经营计划的编制与控制

一般企业以中期计划为中心，以年度执行计划，因此，企业大多编制的是年度计划。

1. 企业经营计划编制的要求

要认真贯彻国家有关法律政策；通过市场调查和预测，充分考虑企业的优势，发展有特色、有竞争力的产品，若有条件应当积极进入国际市场；衔接长期、中期计划对年度计划提出的任务；分析企业内外各种数据资料，以及它们对企业产生的影响。

2．企业经营计划的内容

一项完整的计划，通常包括做什么、为什么做、何时做、何地做、谁去做和怎样做几方面内容，如表3-9所示。

表3-9　经营计划的内容

项　目	具体内容
做什么	指需要什么样的行动，这是要明确所进行的活动及其要求，如企业生产计划就要明确所生产的品种、数量、进度、费用等，以保证充分利用企业的生产能力，按质、按量、按期完成生产计划，并提供考核依据
为什么做	指为什么需要这项行动。这是要明确计划的目的和原因，使计划执行者了解、接受和支持这项计划，把"要我做"变为"我要做"，以充分发挥下属的积极性、主动性和创造性，实现预期目标
何时做	指何时行动。这是要规定计划中各项工作的开始和结束时间，以便进行有效的控制，并对组织的资源进行平衡
何地做	指在何处采取这项行动。这是要规定计划实施地点或场所，了解计划实施的环境条件及限制因素，以便合理地安排计划实施的空间
谁去做	指谁应该为这项行动负责。这需要划分各部门和组织单位的任务，规定由哪些部门和人员负责实施计划，包括每阶段的责任者、协助者，各阶段交接时由谁鉴定、审核等
怎样做	指如何行动。这需要制定实现计划的措施及相应的政策、规则，对资源进行合理分配和集中使用，对生产能力进行平衡，对各种派生计划进行综合平衡

3．企业经营计划编制程序

一个具有规模的企业可以依据需要来设定总厂计划，包括营销、生产、采购、研究、人力、公关、财务计划等部分；分厂计划，其内容同总厂计划一致；利润成本中心分别以事业部制订计划；职能部门分别制订计划；地区分别制订计划；对产品分别制订计划。以上计划均以企业内部管理为着眼点。如果是股份制企业，除总厂计划应提呈董事会核准外，其他计划皆供总经理以下，负实际盈亏责任者之用，不必经董事会或股东大会核准，因为其投入产出数字都已反映于总公司计划及预算中，所以董事会或股东大会不必过问，以免给经理部门带来不必要的工作障碍。

4．企业经营计划的执行

经营计划的执行，最重要的有两项工作：一是把经营总目标层层落实下去，做到层层有对策计划；二是经常对计划执行进行修订和调整。

经营计划修订和调整一般采用两种方法：一种是滚动式计划法，也叫预测、计划、实际、差异循环法。也就是说，制订计划时采取近细远粗的办法，逐年逐期往前推进，连续编制，并根据执行情况逐年对计划进行修订，使计划既保持严肃性，又有适应性和现实性。

这样既有利于保持后期工作的衔接协调，也可以使经营计划能够适应市场的变化，增强适应外部环境的能力。另一种是应变计划法，是指当客观情况发生重大变化，原有计划失去作用时，企业为适应外部环境变化而采用备用计划的方法。一般企业在编制年度经营计划时都制订备用计划，以便企业内部调整计划时比较主动，从而减少损失（见图3-6）。

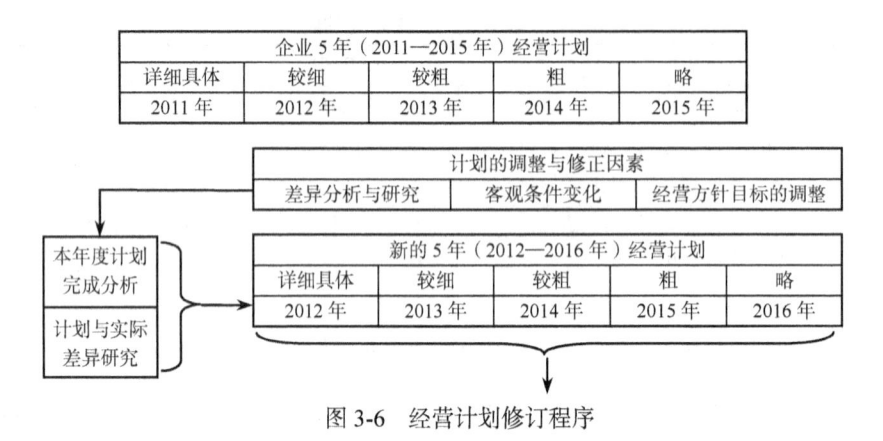

企业5年（2011—2015年）经营计划				
详细具体	较细	较粗	粗	略
2011年	2012年	2013年	2014年	2015年

计划的调整与修正因素		
差异分析与研究	客观条件变化	经营方针目标的调整

本年度计划完成分析
计划与实际差异研究

新的5年（2012—2016年）经营计划				
详细具体	较细	较粗	粗	略
2012年	2013年	2014年	2015年	2016年

图3-6　经营计划修订程序

5. 企业经营计划的控制

要保证经营计划的实施，必须在计划执行过程中加强控制，也就是按预定的目标、标准来控制和检查计划的执行情况，及时发现偏差，迅速予以解决。控制包括事前控制和事后控制。

为此，首先要制定各种科学的标准，如定额、限额、技术标准和计划指标等；其次要健全企业信息反馈系统，加强信息管理。

实例3-1

××公司长期经营计划（营销计划部分）

××公司成立于1993年，2010年开始投资生产电动机。由于产品质量好，在市场上有很强的竞争力，2015年增资为8 000万元。该公司营销计划中的定价策略部分如下所述。

（1）从市场占有率情况分析。从目前电动机市场情况来看，竞争异常激烈，而且也由低水平的价格竞争转变为高水平的品牌、质量、服务竞争。现在市场上主要竞争厂商为A公司和B公司，其中A公司市场占有率高达40%，B公司市场占有率只有20%，所以A公司的一举一动将严重影响到本行业。

（2）定价策略。电动机业是较稳定成熟的行业，电动机为工业的原动力，经济发展景气时订单必将增加。因为电动机业的繁荣在其他各行业的繁荣之后，等各行各业衰退时，电动机业才会衰退，因此应针对这一特点制定定价策略，如表3-10所示。

表 3-10 定价策略

年度（年）	策　略
2016—2018	低于 A 公司，但极力避免恶性竞争
2019	迎接景气时期的到来，采用多重定价方法
2020	主要按成本收益定价，参考 A 公司及 B 公司

由于 A 公司市场占有率高、实力雄厚，因此在 2018 年前市场占有率尚未扩大到相当程度前，只能做市场的追随者。在 2018 年后市场占有率达到某一程度后，即可采用多重定价模式，以提高利润率。

（3）有关折扣。在大宗订购折扣方面，在公司损益平衡点的范围内，尽量以折扣成交；在交易折扣方面，对于竞争较为激烈的Ⅰ、Ⅱ、Ⅲ三个地区，采用"功能性折扣"，所有代理商另外给予 10% 折扣。

（4）实际定价。根据以上各种因素，初期策略是竞争者导向的定价策略，依照 A 公司及 B 公司的产品价格，给予 5.5%~6% 的再折扣，以提高市场占有率。

提示：从企业经营计划编制的要求、内容和控制方面来分析。

3.3 企业领导与控制

3.3.1 企业领导

1. 领导的概念

传统的观念认为，领导是上级组织赋予领导者的一定职位与权力，领导者通过运用这些法定的权力带领下属完成组织的任务，实现组织的目标，其核心是强调领导者的权力因素。而现代管理理论，特别是组织行为学理论则赋予领导一种全新的概念，认为领导是指激励、引导和影响个人或组织，在一定的条件下实现组织目标的行动过程。这一定义包含以下两方面要素。

（1）领导是一个有目标的活动过程，是一种行为。这一活动过程的成效取决于领导者、被领导者和环境三种因素。领导者是领导活动的主体，领导者必须有下属（被领导者）的追随和服从，没有下属的领导者谈不上领导。成功和有效的领导活动还取决于有利的环境因素，领导者必须依据组织内外的环境因素，因地、因时、因人制宜地开展领导活动。

（2）领导者对下属拥有影响力。它包括由上级组织赋予的职位权力（权力影响力）和领导者个人具有的影响力（非权力影响力）。具体来说，领导者影响力的基础可分为以下五种。

1）法定权。法定权来自领导者在组织中担任的职务，来自下级传统的习惯观念，即下级认为领导者拥有的职务权力是合理、合法的，得到了社会公认的，他必须接受领导者的影响。

2）强制权。强制权建立在下级的恐惧感上。下级认识到，如果不按照上级的批示办事，就会受到上级的惩罚。惩罚包括物质处罚、批评、调职，甚至开除等。

3）奖励权。下级认识到，如果按照上级的指示办事，上级会给予一定的奖赏，满足自己的某些需要。奖赏包括物质的和精神的两方面。

4）专长权。由于领导者具有某种专业知识和特殊技能，因而赢得同事和下级的尊敬和服从。

5）模范权。模范权是因为领导者具有好的思想品质、作风等，受到下级的敬佩和赞誉，愿意模仿和跟从他。

在上述五种权力中，法定权、强制权和奖励权属于职位权力，而专长权和模范权则是由个人的才干、素养等决定的。要想成为一个有效的领导者，仅有前三种权力是不够的，还应具有专长权和模范权。而且不管运用哪种权力，都要注意运用权力的艺术。

2. 领导的作用

（1）指挥作用。有人将领导者比作乐队指挥，一个乐队指挥的作用是通过与演奏家的共同努力形成一种和谐的声调和正确的节奏。由于乐队指挥的才能不同，乐队也会做出不同的反应。领导者不是站在群体的后面去推动群体中的人们，而是站在群体的前列去促使人们前进，并鼓舞人们实现目标。

（2）激励作用。领导者为了使组织内的所有人都最大限度地发挥其才能，以实现组织的既定目标，就必须关心下属，激励和鼓舞下属的斗志，发掘、充实和加强人们积极进取的动力。

（3）协调作用。在组织实现其既定目标的过程中，人与人之间、部门与部门之间发生各种矛盾和冲突及在行动上出现偏离目标的情况是不可避免的。因此，领导者的任务之一就是协调各方面的关系和活动，保证这些方面都必须朝着既定的目标前进。

（4）沟通作用。领导者是组织的各级首脑和联络者，在信息传递方面发挥着重要作用；领导者是信息的传播者、监听者、发言人和谈判者，在管理的层次中起到上情下达、下情上达的作用，以保证管理决策和管理活动顺利进行。

3. 管理和领导

管理工作与领导是人们通常容易混淆的概念。事实上，领导职能与管理职能、领导者与管理者是既相互联系，又相互区别的，主要表现在以下几个方面。

（1）领导职能是管理职能的一部分，可以说管理职能要大于领导职能。

（2）领导和管理活动的特点和着眼点有所不同。领导活动侧重于对人的指挥和激励，更强调领导者的影响力、艺术性和非程序化管理，而管理活动更强调管理者的职责及管理工作的科学性和规范性。

（3）如果把组织中的工作人员划分为管理人员和作业人员，则从理论上分析，管理者应当是一名领导者,不管他们处在什么层次,都或多或少地肩负着指挥他人完成组织活动的任务。但是另一方面,一个人可能是领导者,却并非是管理者。这是因为除正式组织外,社会上还存在形形色色的非正式组织,作为非正式组织的领袖,并没有得到上级赋予的职位和职权,也没有义务确立完善的计划、组织和控制职能,但是他们却能对其成员施加影响,起到激励和引导作用,因此他们可以被称为领导者。

4. 人性假设

人性假设是指管理者在管理过程中对人本质属性的基本看法。不同的管理者对人的本性有不同的看法,不同的管理学派对管理中体现出的人性也有不同观点。人性的假设问题是一切管理思想和管理行为的认识基础。

人性假设作为管理思想、管理观念的认识基础,直接决定着管理者的领导方式。有什么样的人性假设,就会形成与之相适应的领导方式。随着管理实践的发展,人们对管理中人性的认识也不断深化,先后经历了"经济人"假设、"社会人"假设、"自我实现人"假设、"复杂人"假设等阶段。

(1)"经济人"假设。在管理早期,人们普遍持有"经济人"观念。"经济人"观念认为,人的一切行为都为了最大限度地满足自己的经济利益。人天生厌恶劳动,不愿负责任,一般人的个人目标与组织目标相矛盾。与这种人性观相适应,管理者采取一种注重物质刺激,并实行严格监督控制的领导方式。

(2)"社会人"假设。以霍桑试验为转折,在管理中,从"经济人"假设转变为"社会人"假设。"社会人"观念认为,人是社会人,调动人工作积极性的最重要因素不是物质利益,而是工作中人的社会心理需要的满足程度。员工的"士气"是提高生产率的最重要因素。因此,要重视人际关系的协调,重视非正式组织的作用,鼓励员工参与管理。与这种人性观相适应,管理上采取一种重视人际关系、鼓励员工参与的领导方式。

(3)"自我实现人"假设。随着管理实践的进一步发展和行为科学的盛行,在管理界出现了"自我实现人"的人性观。"自我实现人"的观点认为,人特别注重自身社会价值,以自我实现为最高需要。与这种人性观相适应,管理者采用一种鼓励贡献、实行自我控制的领导方式。

(4)"复杂人"假设。"经济人""社会人"及"自我实现人"的观念,都从某个角度反映了人的一些本质属性,具有其合理性。但是,任何人都不可能单纯地具有某一方面的属性,而且也会因人、随条件不同而不同。于是,管理界提出了"复杂人"假设。这个观念认为,人是复杂的,其需要是多种多样的,其行为会因时、因地、因条件不同而不同。与这种人性观相适应,管理者采用了因人、因时、因地制宜的权变管理方式。

5. 领导方式

选择什么样的领导方式,对于管理的结果也有很重要的影响。

(1)领导方式的类型。民主的领导方式和独裁的领导方式是两种最基本的领导方式。

这两种领导方式都是极端型的，在它们中间，还存在多种多样的领导方式，常见的有以下几种。

1）批示型领导方式。批示型领导方式指的是一些领导者让员工了解自己对他们的期望，对员工的工作提出具体的指导意见，明确岗位责任，安排工作进度，坚持固定的劳动标准，要求员工严格遵守企业的规章制度等。这些领导者事无巨细，事必躬亲。

2）支持型领导方式。支持型领导方式指的是领导者和蔼可亲，平易近人，了解员工疾苦，关心员工的生活和幸福，理解员工的需要。这些领导经常通过一些小事情使员工觉得工作愉快。他们总是平等对待员工。

3）参与型领导方式。参与型领导方式指的是领导者在做出重大决定之前，习惯于走群众路线，征求员工的意见，同大家商量，认真对待和研究员工的建议与要求，使员工产生一种主人翁责任感。

4）成就导向型领导方式。成就导向型领导方式指的是领导者善于提出带有挑战性的目标，诱导员工最大限度地发挥自身的潜能，不断提高工作的完善程度，并对员工表现出极大的信任感。这类领导者始终强调不断探索工作的高标准，善于激发员工的自豪感和责任心。

（2）领导方式应该是弹性和灵活的。领导方式从实践的要求来看是弹性和灵活的，而不能是僵化的、固定不变的。这就意味着，同一个领导者可以根据不同的情境自由选择领导方式，表现出不同的领导风格。

1）决定领导方式选择的第一个因素是被领导对象的特点。为了实现有效领导，领导者必须能够对下属的动机、工作能力和满意程度施加影响。

2）决定领导方式选择的第二个因素是环境。这里的环境是指要求下属所完成的任务是什么、正式权力系统的运作方式及工作群体的结构。

一般来说，对于难度较高的工作任务，领导者应选择批示型领导方式，对员工的工作提出具体的指导性意见；当领导所面对的是学识丰富、经验较多、自我实现需要强烈的员工时，则最好选择成就导向型领导方式。

（3）最佳领导方式。谁也无法说出一家企业的管理者所选择的最佳领导方式是什么。这是因为，不同的企业具有不同的特点，其性质、组织结构、企业文化都有所不同。而且，企业中的人员素质、特点、需要、结构也有不同。但是，管理者在选择领导方式时，尽管是弹性和灵活的，但也必须保证自己所选择的领导方式是激励性的。激励性是衡量管理者所选择的领导方式优劣的重要标准。也就是说，最佳领导方式必须是激励性的。要想充分发挥领导方式的激励作用，必须满足以下两个条件。

1）以员工的工作业绩作为满足员工需要的重要标准。

2）向员工提供训练、指导、支持和报偿，以形成良好的工作环境，使员工做出成绩。

实例 3-2

有人运用马斯洛五层次需求理论和人性假设理论对管理手段和方法做出如下假设（见图 3-7）。你认为作为一位企业领导者，会怎样看待这个假设？

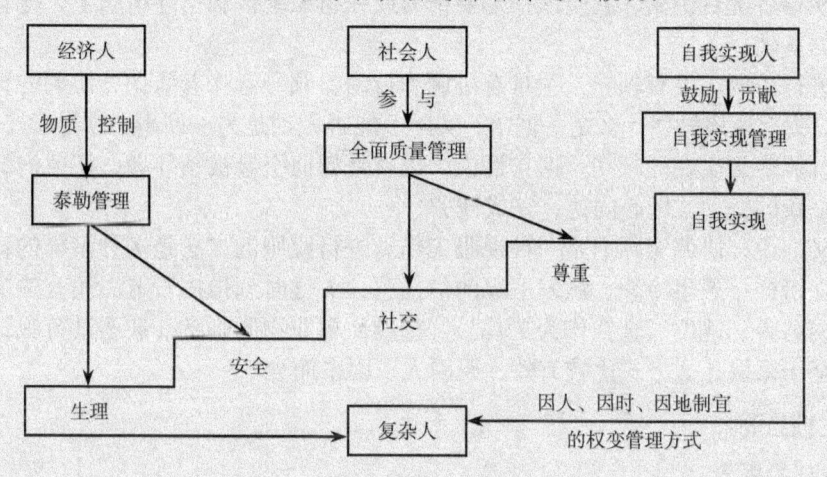

图 3-7 人性假设理论假定管理示意

提示：从人性假设理论和领导的本质与作用等方面来分析。

6．领导的一般工作过程

（1）确定目标。领导者应根据组织的宗旨或总的任务确定自己的行动目标，知道该干什么，不该干什么，向哪里求发展。一个好的领导者不应该是一个唱独角戏的演员，而应该是一个乐队的指挥。他在实行领导时，应该表现得"大智若愚"，善于倾听各方面的意见，从中吸取营养。许多领导者的主意实际上是听来的，而不是他们自己想出来的。但是，一旦确定目标，付诸行动时，他应该"独断专行"，坚持到底。这件事说起来容易做起来难，它不但要求领导者有知人之明，明白相信谁、依靠谁，在听取意见时善于分析，做到去粗取精、去伪存真，而且还要善于在行动中正确选择和把握时机。所以，一个人在某一领域是好的领导者，在另一领域就不一定也是好的领导者。人们不能要求他在任何情况下和在所有的领域都是同样好的领导者。

（2）运用手段。随着科学技术的发展，要求领导懂技术、具有专业知识已成为流行的风尚，其重要性与日俱增。但与此同时，这又带来了新的问题：当大家把注意力放在专业技术和专业知识上面时，往往忽视了为人处世、待人接物、组织领导能力等这样一些领导所必须具备的领导手段。适合担任综合性全面领导工作的人才是一位合格的领导者。

对现代组织管理者来讲，他们必须运用手段来规划目标、制定规范、选才育人、做思想工作、协调下级之间的关系等。这些工作做得如何，直接关系到组织管理工作的成效。而这些工作完成得怎样，又与管理者如何有效地运用管理手段的技巧有直接的关系。

（3）控制组织。对领导者来说，组织是行动的媒介。许多人因重视技术性问题而忽视组织的重要性，把精力放在设备、机构、技术和抽象的规章制度（制定公司章程）问题方面。一个领导者上台伊始，就应该把主要精力放在组织维护和指导组织上，把它作为自己全部活动的基础。

（4）进行协调。没有领导，很难有协调和行动。领导意味着协调，协调的行动构成有效组织。口头上说该做些什么是一回事，实际上能否做到是另一回事，领导者要善于协调，把潜在的可能变为实在的行动。换句话说，也就是如何引导被领导者，把他们的聪明才智变成协调一致的行动，同心同德，完成任务。

从广义上说，协调实际上是一种说服工作。进行说服的方法是多种多样的：领导以身作则，树立榜样；遇事冷静，激发下级的信任感；关键时刻指挥若定。还有热情鼓励，安抚夸奖，用名誉、地位、金钱作为工具，实行物质和非物质刺激，甚至进行威胁，运用强制手段。至于采取什么方式比较有效，要因人、因事而异。

3.3.2 企业控制

1. 控制的概念

（1）控制的定义。控制可定义为监视各项活动以保证它们按计划进行并纠正各种重要偏差的过程。所有的管理者都必须承担控制的职责，即便他的部门是完全按照计划进行的。因为管理者在对已经完成的工作与计划所应达到的标准进行比较之前，并不知道他的部门的工作是否进行得正常。一个有效的控制系统可以保证各项行动的完成是朝着达到组织目标方向进行的。控制系统越完善，管理者实现组织的目标就越容易。

（2）控制的必要性。无论计划制订得如何周密，由于各种各样的原因，人们在执行计划的活动中总是会或多或少地出现与计划不一致的现象。管理控制的必要性主要由以下原因决定。

1）环境的变化。如果企业面对的是一个完全静态的市场，每年都以同样的费用取得同样性质和数量的资源，同时又能以同样的价格向同样的客户销售同样的品种和数量的产品，那么，不仅控制工作，甚至管理的计划职能都将成为完全多余的东西。事实上，外部的一切每时每刻都在发生变化，这些变化必然要求企业对原先制订的计划，进而对企业经营的内容做相应的调整。

2）管理权力的分散。企业经营达到一定规模，企业主管就不可能直接地、面对面地组织和指挥全体员工的劳动。时间与精力的限制要求他委托一些助手代理部分管理事务。由于同样的原因，这些助手也会再委托其他人帮助自己工作，这便是企业管理层次形成的原因。为了使助手们有效地完成受托的部分管理事务，高一级的主管必然要授予他们相应的权限。企业分权程度越高，控制就越有必要；每个层次的主管都必须定期或非定期地检查直接下属的工作,以保证授予他们的权力得到正确的利用,利用这些权力组织的业务活动符合计划与企业目的的要求。

3)工作能力的差异。即使企业制订了全面的计划,经营环境在一定时期内也相对稳定,对经营活动的控制也仍然是必要的。这是由不同组织成员的认识能力和工作能力的差异所造成的。完善计划的实现要求每个部门的工作严格按计划的要求来协调进行。然而,由于组织成员是在不同时空进行工作的,他们的认识能力不同,对计划要求的理解可能发生差异;即使每个员工都能完全正确地理解计划的要求,但由于工作能力的差异,他们的实际工作结果也可能在质量上与计划要求不符。某个环节可能产生的这种偏离计划的现象,会对整个企业活动的进行造成冲击。因此,加强对这些成员的工作控制是非常必要的。

(3)控制的类型。管理中的控制可以在行动开始之前、进行之中或结束之后进行,分别称为前馈控制、同期控制、反馈控制。

1)前馈控制。前馈控制是管理者最渴望采取的控制类型,因为它能避免预期出现的问题。之所以称为前馈控制,是利用所能得到的最新信息,进行认真、反复的预测,把计划所要达到的目标同预测相比较,并采取措施修改计划,以使预测与计划目标相吻合。目前运用的比较先进的前馈控制技术之一是评审法,或称网络分析法。它可以预先知道哪些工序的延时会影响到整个工期,在何时会出现何种资源需求高峰,从而采取有效的预防措施与行之有效的管理办法。前馈控制是期望防止问题发生而不是当出现问题时再补救。这种控制需要及时和准确的信息,但遗憾的是这些工作常常很难办到。因此管理者总是不得不借助于另外两种类型的控制。

2)同期控制。同期控制是发生在活动进行之中的控制。在活动进行之中予以控制,管理者可以在发生重大损失之前及时纠正问题。最常见的同期控制方式是直接视察。当管理者直接视察下属的行为时,管理者可以同时监督员工的实际工作,并在发生问题时马上进行纠正。虽然在实际行动与管理者做出反应之间会有一段延迟时间,但这种延迟是非常短的。技术设备可以设计成具有同期控制功能,如许多计算机系统在程序中就设置了当出现错误时就能采取行动的功能,当你输入一个错误的命令时,程序的同期控制会拒绝你的要求,有时甚至会告诉你为什么错了。

3)反馈控制。最常用的控制类型就是反馈控制,控制作用发生在行动之后。与前馈控制和同期控制相比,反馈控制在两个方面具有优势:首先,反馈控制为管理者提供了关于计划的实际效果的真实信息。如果反馈显示标准与现实之间只有很小的偏差,说明计划的目标达到了;如果偏差很大,管理者就应该利用这一信息使新计划制订得更有效。其次,反馈控制可以增强员工的积极性。因为人们希望获得评价他们绩效的信息,而反馈正好提供了这样的信息。反馈控制的主要缺点在于,管理者获得信息时直接经济损失已经造成了。这与亡羊补牢类似。但是在许多情况下,反馈控制是唯一可用的控制手段。

> **教学互动 3-2**
> 在上述的三种控制类型中,你认为哪种控制最为关键?

2. 控制的过程与要求

(1) 控制的过程。控制是根据计划的要求设立衡量绩效的标准,然后把实际工作结果与标准相比较,以确定组织活动中出现的偏差及其严重程度;在此基础上,有针对性地采取必要的纠正措施,以确保组织资源的有效利用和组织目标的圆满实现。不论控制的对象是新技术的研究与开发,还是物质要素或财务资源,控制的过程都包括三个基本环节的工作:确立标准、衡量成效、纠正偏差。

1) 确立标准。标准是人们检查和衡量工作及其结果(包括阶段结果与最终结果)的规范。制定标准是进行控制的基础。没有一套完整的标准,衡量成效或纠正偏差就失去了客观依据。一般来说,企业建立标准的方法有三种:利用统计方法来确定预期结果;根据经验和判断来估计预期结果;在客观的定量分析的基础上建立工程(工作)标准。

2) 衡量成效。该步骤的内容主要是将实际工作成绩和控制标准相比较,对工作做出客观评价,从中发现二者的偏差,为进一步采取控制措施及时提供全面、准确的信息。

3) 纠正偏差。利用科学的方法,依据客观的标准,对工作绩效进行衡量,可以发现计划执行中出现的偏差。纠正偏差就是在此基础上分析偏差产生的原因,制定并实施必要的纠正措施。

(2) 控制的要求。控制的目的是保证企业活动符合计划的要求,以有效地实现预定目标。为此,有效的控制应符合下述要求。

1) 准确性。一个提供不准确信息的控制系统将会导致管理层在应该采取行动的时候没有行动,没有出现问题时反而采取行动。因此,一个准确的控制系统是可靠的,并且能提供正确的数据。

2) 适时性。控制系统应该能及时地改变管理层的注意力,使之防止某一部门出现对组织造成严重伤害的行为。再好的信息,如果过时了,也将是毫无用处的。因此,一个有效的控制系统必须能够提供及时的信息。

3) 经济性。一个控制系统在应用过程中,从经济角度上看必须是合理的。任何控制系统产生的效益都必须与其成本进行比较。为了使成本最低,管理层应该尝试使用能实现期望结果的最少量的控制。

4) 灵活性。控制系统应该具有足够的灵活性以适应各种不利的变化,或者利用各种新的机会。几乎没有处于稳定的环境而不需要适应性的组织,即使是高度机械式的结构,也需要时间和条件的变化调整其控制方式。

5) 强调例外。由于管理层不可能控制所有的活动,因此他们的控制手段应该顾及例外情况的发生。一种例外系统可以保证当出现偏差时管理层不至于不知所措。

6）多重标准。如果管理者真的采用一个单一的衡量标准，如单件利润，那么员工就会在这方面下工夫并使之看起来很好，而多重标准则会减少这种狭隘的工作方式。多重标准具有双重效果。由于多重标准比单一标准更难于把握，因此，它可以防止工作中出现做表面文章的现象。此外，实际工作是很难用单一指标进行客观评价的，所以多重标准能够更准确地衡量实际工作。

3. 控制的手段

企业控制工作的内容包括生产过程的控制、企业质量管理与控制、企业物质消耗的控制、企业财务控制等方面，这些将在以后的章节中讨论，这里主要讨论内部组织的控制。

管理活动依靠的内部组织控制手段包括人员配备控制、实施评价控制、正式组织结构控制、财务控制。这些手段是紧密相关的，在许多情况下，可能同时需要几种控制手段，以保证控制工作的有效性。

（1）人员配备控制。人员配备控制主要包括以下两方面的内容。第一，人员选择。人员选择主要针对用什么人、提升什么人和调动什么人的问题。这是一种非常重要的控制手段。如果人员选择不当，可能给组织带来重大损失；反之，选择出合适的人员，尤其是高级管理人员，将会给组织带来巨大收益，因此，在高级管理人员的配备上，更应严格控制。第二，人员培训。人员培训既包括岗位需要的技术和业务方面的培训，又包括对员工进行文化方面的培训。如果只注重对员工进行业务和技术方面的培训而忽略了对他们进行教育并灌输组织的目的和文化，使他们在行动和态度上始终与组织保持一致，并献身于组织的事业，那么这种培训无疑是一种浪费。例如，有的员工并不安心在企业长期服务，而企业却花大量的人力、物力对其进行培训，就是一种浪费。

（2）实施评价控制。通过对组织内部员工工作绩效的评价，制定一系列的奖励和惩罚措施，根据评价结果实施奖惩，起到鼓励先进、鞭策后进的作用。例如，通过实施评价，组织可采用奖金、工资、工作保障等手段来强化员工的良好行为，也可以采用降低奖金、批评、处分，甚至解雇等惩罚措施来否定和更正组织所不期望的行为。

（3）正式组织结构控制。首先，在组织当中都有明文规定的组织结构、岗位责任及各种规章制度。它标明了组织中每个职位拥有的权力和责任，如何合理地建立这种正式的权力结构对管理控制有很大影响。权力和责任划分合理，人们就能够有效地工作并互相合作，否则，可能导致管理失控。其次，正式组织结构有助于通过正式信息沟通渠道来进行控制。

（4）财务控制。财务控制的目的包括防止错误地分配资源和及时提供经济信息反馈，以便更正错误的行为两方面。财务控制的历史最长，它已发展出一整套控制技术或方法。整个组织活动过程都在这种控制技术或方法、程序的控制之下，如预算方法、财务报表分析法、损益平衡分析等。财务控制是企业控制的核心。

相关链接 3-2

管理方格法

管理方格法是研究企业的领导方式及其有效性的理论，是由美国得克萨斯大学的行为科学家罗伯特·布莱克和简·莫顿在1964年出版的《管理方格》一书中提出的。他们将管理工作归结为工作和人事两方面，在图上用一条纵轴表示对人的关心程度，用横轴表示对工作（生产）的关心程度，并将纵轴和横轴各划分成1~9格，作为关心人和关心工作的尺度，共81个小方格。这种平面方格表示五种具体的领导方式，称为管理方格，如图3-8所示。

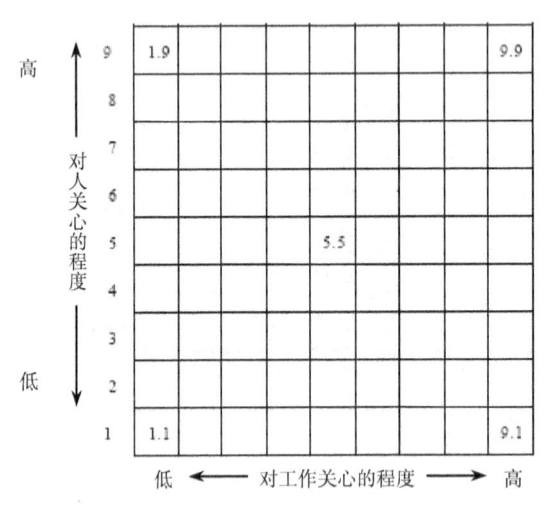

图 3-8　管理方格

在图3-8中，"1.1"方格表示对人和工作都很少关心，这种领导必然失败。"9.1"方格表示重点放在工作上，而对人很少关心。领导者员的权力很大，指挥和控制下属的活动，而下属只能奉命行事，不能发挥积极性和创造性。"1.9"方格表示重点放在满足员工的需要上，而对指挥监督、规章制度却重视不够。"5.5"方格表示领导者对人的关心和对工作的关心保持中间状态，只求维持一般的工作效率与士气，不积极促使下属发扬创造革新的精神。只有"9.9"方格表示对人和工作都很关心，能使员工和生产两个方面最理想、最有效地结合起来。这种领导方式要求创造出这样一种管理状况：员工能了解组织的目标并关心其结果，从而自我控制，自我指挥，充分发挥生产积极性，为实现组织的目标而努力工作。

布莱克和莫顿认为，领导者应该客观地分析组织内外的各种情况，把自己的领导方式改造成"9.9"型的方式，以求得到最高效率。

管理方格法问世后便受到了管理学家的高度重视。它启示我们在实际管理工作中，一方面要高度重视手中的工作，要布置足够的工作任务，向下属提出严格的要求，并且要有规章制度做保障；另一方面又要十分关心下属个人，包括关心他们的利益，创造良好的工作条件和工作环境，给予适度的物质和精神鼓励等。从而使下属及其他工作人员在责、权、利等方面高度统一起来，以提高下属的积极性和工作效率。

主要概念

决策　　量本利分析法　　经营计划　　领导　　前馈控制

课堂讨论题

1. 常见的企业经营决策类型有哪些？各有何特点？
2. 你对人性假设理论与管理的关系是如何理解的？

自 测 题

1. 判断题
（1）决策也可以简单理解为人们在行动之前做出决定。　　　　　　（　　）
（2）确定性决策中的量本利分析法又称销售量分析法。　　　　　　（　　）
（3）企业对一切工作的管理都必须始于计划和终于计划。　　　　　（　　）
（4）领导者与管理者是既相互联系，又相互区别的。　　　　　　　（　　）
（5）企业经营管理工作中最常用的控制类型就是同期控制。　　　　（　　）

2. 填空题
（1）企业经营定量决策常见的方法有确定型决策、_____、_____三种。
（2）企业经营计划，按时间可分为长期计划、_____、_____三种。
（3）领导的作用主要有指挥作用、_____、_____和协调作用。
（4）控制就是监视各项活动以保证它们按_____并纠正各种_____的过程。

3. 选择题
（1）属于不确定型决策方法的有（　　）。
　　A. 乐观决策标准　　　　B. 坏中求好标准　　　C. 价值分析标准
　　D. 决策树标准　　　　　E. 最小后悔值标准
（2）企业经营计划修订和调整常用的方法是（　　）。
　　A. 信息反馈法　　　　　B. 滚动式计划法　　　C. 综合计划法

D. 应变计划法　　　　　　E. 专业计划法
（3）属于职位权力的有（　　）。
　　A. 法定权　　　　B. 专长权　　　　C. 模范权
　　D. 强制权　　　　E. 奖励权
（4）控制的过程包括（　　）。
　　A. 确立标准　　　B. 纠正偏差　　　C. 强调例外
　　D. 衡量成效　　　E. 多重标准

4. 简答题
（1）试举例说明企业经营决策的基本程序。
（2）试举例说明如何编制企业经营计划。
（3）领导的关键作用有哪些？
（4）简述在管理活动中如何依靠内部组织控制的手段来实现组织的目标。

实训题

1. 技能题
（1）某企业生产某产品，年固定费用为 20 万元，单位产品可变成本为 30 元，单位产品的价格为 50 元，企业欲实现年利润 5 万元。试计算决策企业生产该产品的产量。
（2）某公司生产经营某种煤气灶，单位售价 200 元，生产经营该种产品的固定成本是 4 万元，单位产品可受成本为 160 元，企业目标利润为 18 万元。求企业经营该种产品的目标利润销售额和经营安全程度。

2. 案例分析
（1）某公司经营一种鲜嫩易烂水果，每箱进价 30 元，售价 40 元，但如果当天进货不能售完，每剩余一箱就要造成损失 5 元。现市场情况不清楚，但有去年同期（季度）的日销量资料。问每天按何种销量进货才能取得最好经济效益？

资　料　表

日销售量（箱）	完成日销售天数（天）
100	18
110	36
120	27
130	9
合　计	90

（2）互联网思维，是在（移动）互联网、大数据、云计算等科技不断发展的背景下，对市场、用户、产品、企业价值链乃至对整个商业生态进行重新审视的思考方式。互联网

思维是一种全新的价值观，利用线上线下、数据平台实现产品创新、营销创新和商业模式创新，是互联网+新经济形态的跨界、跨业态思维。

互联网思维就是要对传统的工业思维进行颠覆，消费者已经反客为主，拥有了消费主权。过去 2 000 多年作为人类文明基石的思想体系将面临新的挑战，我们正要迎来消费平等、消费民主和消费自由的消费者主权时代，整个供应链上的各个角色，如品牌商、分销商和零售商的权力在稀释、衰退甚至终结。在消费者主权的大时代下，消费信息越来越对称，价值链上的传统利益集团越来越难巩固自身的利益壁垒，传统的品牌霸权和零售霸权逐渐丧失发号施令的能力。话语权从零售商转移到了消费者，这是一个划时代的事件，未来全球消费者共同参与、共同分享的开放架构正在形成。这一权力重心的变化，赋予每个消费者改变世界的力量，我们必须主动邀请我们的顾客参与到从创意、设计、生产到销售的整个价值链创造中来。

问题：就互联网思维而言，你对公司的决策者有哪些意见和建议？

3. 模拟实训

试编制一份简要的企业经营计划书。

实训建议：

（1）确定所编制的企业经营计划书的类型。

（2）实地调研或网上收集相关的企业经营计划书案例，并对所收集的案例进行分析。

（3）运用所学知识，参照所收集的案例，编制一份新的企业经营计划书。

第 4 章

企业经营战略

> ◇ **本章学习目标** ◇
>
> 知识目标：了解企业的经营环境分析和经营战略的应用，掌握企业经营战略的概念、内容和类型。
>
> 技能目标：熟悉企业的战略选择，掌握企业经营战略的制定和实施。
>
> 能力目标：能够运用所学的知识和方法，制定和实施企业经营战略。

引导案例

中国联合航空成国内首家国有廉价航空公司

新华社电：中国首家国有经济型航空公司 2014 年 7 月 2 日"起航"。中国东方航空集团（以下简称东航）宣布，东航旗下的中国联合航空有限公司（以下简称中联航）正式转型为低成本航空公司。东航集团公司总经理、股份公司董事长表示，中联航作为独立承运人充分享有自主经营权。到 2014 年年底，中联航运营的波音 B 737 飞机将达到 31 架，将继续巩固和发展北京南苑机场、佛山沙堤机场全流程服务的独特优势，积极开辟更多的航线。

"今后中联航将适时引入战略投资者，在 3~5 年时间内，随着新机场的建设，达到 80~100 架飞机的规模。"中国经济的持续增长带动了消费升级、大众化和自助旅游的兴起。中国民航正式提出，从提高高端型消费向满足大众经济型消费扩展，提高民航服务的覆盖能力。这些因素推动了东航对发展低成本航空的战略选择。在中国全面深化改革之际，这一重大战略决策体现了航空运输业中央企业快速适应世界航空业变革，推进资源配置市场化，加快打造现代航空服务集成商、世界一流航空企业。中联航转型起航，标志着东航战略转型迈出新的一步，成为中央企业中首家集"传统的全服务经营模式"和"低成本经营模式"于一体的"混合经营制"大型航空运输集团。

作为独立承运人充分享有自主经营权，中联航将按照低成本运营理念和现代航空企业运营框架，全面引入市场化管理机制，建立起全新的运营系统。"预计到 2019 年，将达到

80架飞机规模。中联航致力于发展成为中国最大、具有国际一流水平的低成本航空公司，承担起中国低成本航空发展的历史使命，引领航空业的大众化、经济型消费，促进社会经济结构的转型升级。"

思考题：中联航做出转型为低成本航空公司战略选择的依据有哪些？

4.1 企业经营战略概述

4.1.1 企业经营环境

1. 企业经营环境的概念

企业经营环境是指对企业经营活动产生影响的各种因素的总和（见图4-1），它包括企业的外部环境和内部环境。外部环境可分为一般环境和直接环境，是企业生存的基础，它既为企业活动提供条件，同时也必然对企业活动起约束作用。内部环境是由企业内部的物质环境和文化环境构成的。内部物质环境是要分析企业内部各种资源的拥有状况和利用能力；内部文化环境研究企业文化建设的过程和特点。

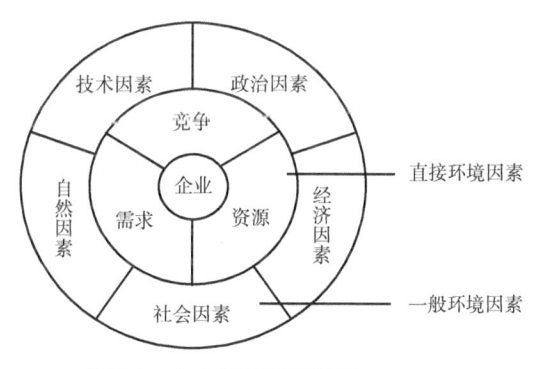

图4-1 企业经营环境示意

2. 一般环境

（1）政治环境。主要有国家政治体制、政治的稳定性、国际关系、法制体系等。

（2）经济环境。

1）经济软环境。国家经济的总体状况，主要包括：① 整个国家经济的发展状况和发展速度，主要用国民生产总值及其增长速度来衡量。② 市场规模，也就是指一个国家或地区的市场总容量。③要素市场的完善程度。④经济政策。⑤国家的货币和物价总水平的稳定状况。

2）经济硬环境。企业从事生产经营活动所必需的各种城市服务设施和工业基础设施。经济硬环境决定着企业能否保证生产所需和非生产性投资的大小，以及与外界交往的难易程度，与企业生产、员工生活密切相关，企业不能忽视。

（3）社会环境。主要有教育水平和人口素质、语言、文化传统、宗教信仰、社会心理等。

（4）技术环境。

1）企业生产技术。主要指企业生产设备、生产工具和生产工艺等。企业生产技术的提高会引起企业生产效率提高，生产要素耗费减少，产品生产过程简化，生产周期缩短及产品质量提高。

2）产品技术。由于技术进步可以设计并生产出高技术产品，这些高技术产品不仅可以增加附加价值，而且其高性能可以满足人们不断提高的需要，使企业的市场面扩大，市场占有率提高，在竞争中处于有利地位。

3）原材料、能源技术。高新技术的应用，可以使企业开发出新型的原材料和能源，不仅可以改善原材料和能源的供应状况，更重要的是新型原材料和能源能导致生产和经营的变革，对企业经营影响巨大。

4）人员技术。技术进步对企业人员提出了更高的技术要求，企业人员需要不断提高技术水平才能符合时代的要求；反过来，人员技术水平的提高又决定着企业整体技术水平的提高。

（5）自然环境。主要有自然资源、气候、地形、地质、地理位置等。

实例 4-1

20 世纪 70 年代以来，日本的许多轿车生产厂家发现世界能源供应日趋紧张和人们环保意识日益提高，于是及时调整了经营决策，大量开发系列新型节能和低污染轿车，并大力向国际市场推广。几年下来就迅速抢占了美、德等国的高能耗、高污染轿车市场。

提示：从环境因素与企业经营战略的关系角度分析。

3. 直接环境

（1）同行竞争。同行是指生产和经营与本企业相同或替代产品（或服务）的同类企业。企业在对同行的竞争对手进行评估时，主要从同行业企业的数量及其分布、主要竞争对手、新进入者的威胁和退出障碍、面临替代品的压力四个方面来考虑。具体的行业竞争结构如图 4-2 所示。

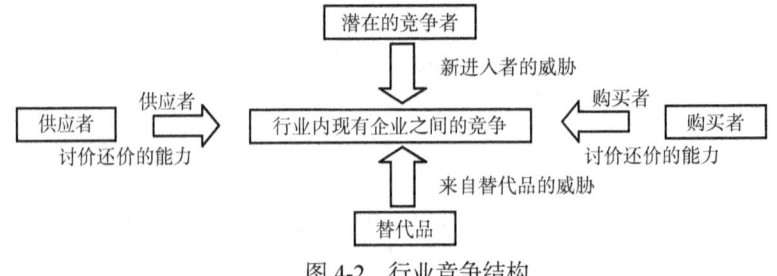

图 4-2 行业竞争结构

> **实例 4-2**
>
> **中国女鞋之都的"一都两园"战略**
>
> 2006年,在成都市"统筹推进三个集中"理念的指导下,武侯区将鞋业产业结构调整与城乡一体化战略部署相结合,积极与崇州、金堂合作,提出了"武侯建都、周边建园"的"一都两园"产业发展战略,即以武侯为"都"、为鞋业产业发展的"大脑",建成品牌女鞋研发基地,贸易、信息、展示和培训中心;以崇州、金堂为"园"、为鞋业产业发展的"身子",建成制鞋基地。脑体分离不是脑体分割,分离是为了更好地整合、发展、升级。业内人士分析,以武侯区为都、为龙头,辐射带动"身子"的成都鞋业产业发展战略的实施,将加速成都鞋业的集群发展,将有望实现成都鞋业产业的"千亿、百万工程"梦想,即实现成都鞋业1 000亿元年产值、解决100万人就业。
>
> **提示:** 从企业经营环境对企业经营战略选择的影响分析。

(2)需求。需求是指消费者在一定的价格水平上对某种商品的购买欲望。企业生产经营的目的是满足消费者的需求,所以消费者需求是企业生存的前提。企业在分析需求时,主要分析消费者的需求量,消费者的需求量主要取决于消费者的购买力、购买行为、需求者数量三方面因素。

(3)资源。资源是指企业生产经营所需要的资源因素,主要包括原材料、燃料、动力资源、资金资源和劳动力资源等。这些资源能否获得并满足企业需要对企业经营活动影响极大,直接决定着企业的生产经营能否正常进行。

4. 内部环境

(1)人力资源。人是生产力中最积极的因素,人力资本是促进企业发展的重要资源。人力资源包括生产经营人员数量、人员素质、人员结构、人员安排使用、人事制度、人事机制、人员培训等。

(2)物力资源。物力资源研究就是要分析在企业经营活动过程中需要运用的物质条件的拥有数量和利用程度。

(3)财力资源。财力资源是指企业生产经营中所需的各类资源,包括资产结构、负债和所有者权益结构、盈利状况、销售成本、现金流量、融资渠道、投资风险等。

(4)技术资源。技术是企业发展的动力,同人员和机器设备等资源有着密切联系。技术资源主要包括企业的专利和技术诀窍、新产品、技术储备、环保措施、技术改造和引进等。

(5)销售能力。销售能力包括销售机构的设置、销售渠道、促销活动分析等。

(6)管理能力。企业的管理水平直接对企业的经济效益产生影响,一般可以从企业管理体制和组织结构状况,企业经营思想和企业文化,企业战略管理状况、基础管理状况和创新管理状况等方面来分析。

（7）信息处理能力。在现代社会，信息资源的重要性日益突出，客观及时的信息不仅有助于企业了解市场，抓住稍纵即逝的市场机会，更有助于企业认清未来市场走向，是企业经营决策的依据。企业的信息处理能力主要包括企业获取信息、传输信息、分析信息和运用信息的综合能力。

4.1.2 企业经营战略的概念与实施

1. 企业经营战略的概念

企业经营战略是指企业在市场经济激烈竞争的环境中，在总结历史经验、调查现状、预测未来的基础上，为谋求生存和发展而做出的带有长远性、全局性的谋划和方案。

具体来说，企业经营战略在符合和保证实现企业使命的条件下，在充分利用环境中存在的各种机会和创造新机会的基础上，确定企业同环境的关系，规定企业从事的业务范围、成长方向和竞争对策，合理地调整企业结构和分配企业的全部资源。企业经营战略具有全局性、长远性、纲领性、竞争性和稳定性五大基本特征。

2. 企业经营战略的内容与类型

（1）企业经营战略的内容。企业经营战略的内容一般包括四个部分：经营领域、判别优势、战略行动、目标成果。要了解企业的主要经营领域，一般来说，经营领域由行业和市场两部分组成；确定了经营领域之后，需要考虑企业在该领域的优势和劣势是什么，以及如何保持企业的这种优势；在分析经营领域和企业优势之后，找出差距，制订方案，以便采取相应的战略行动；战略的目标成果，即期望的目标结果，可能是公司效益的提高和规模的扩大，也可能是公司在市场上所处的地位等。

（2）企业经营战略的类型。企业经营战略可分为总体战略和职能战略两大类型。总体战略是企业战略体系的主体，它奠定了企业战略体系的基础，起着统率全局的作用；职能战略是总体战略按专门职能的落实和具体化，它服务于总体战略，并且受总体战略的制约。

3. 企业经营战略的制定

（1）确定战略指导思想。战略指导思想是关于企业长远发展方向的指导思想，它是企业制定和实施经营战略的基本思路和观念，是确定战略目标、战略重点、战略部署和战略对策的指导性纲领。企业在制定经营战略时，应注意树立市场思想、竞争思想、系统思想、信息思想、时效思想、创新思想六大思想。

（2）建立战略规划组织。制定战略是一项复杂的系统工程，须有相应的组织和人员保证，所以企业应设置专门从事战略规划的部门负责这项工作。战略规划部门的任务是：预测和研究企业经营环境的变化，以及各种环境因素对企业经营的影响；研究企业经营目标，发现各种战略问题，并拟出经营战略；评价企业提出的各项战略，研究和评估各种可替代的战略方案，并根据环境的变化，适时进行经营战略的实现和完善。

（3）科学制订战略规划。正确的战略规划依赖科学的规划程序，战略规划的制订程序是：树立正确的战略思想、进行战略环境分析、确定战略宗旨、规定战略目标、划分战略阶段、明确战略重点、制定战略对策、战略规划平衡、规划的评价。在实际制订过程中，各个程序之间要不断进行反馈（见图 4-3）。

4．企业经营战略的实施

（1）建立战略实施组织机构。经营战略是通过一定的组织机构来实施的，经营战略的组织机构必须具备三个基本条件：一是目标明确，只有明确了战略目标，并且能够为实现该目标而努力的组织机构，才能高效工作；二是相互协调，各组织层次应该相互协调、相互信任，以保障在战略实施过程中的行动一致性；三是合理授权，以保证各部门的积极性。

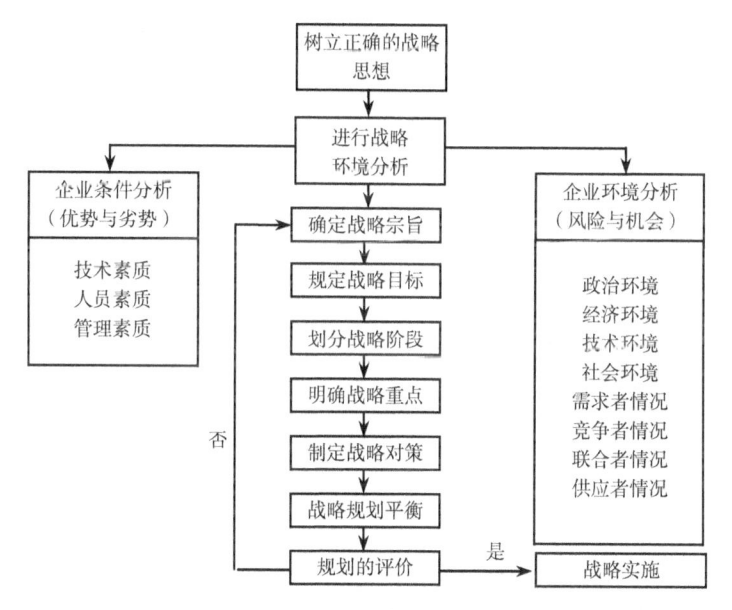

图 4-3　战略规划制订程序

（2）经营战略的实施。首先将战略的内容层层分解，分解可从两个方面进行：一是进行空间上的分解，即将战略方案按层次进行分解，制定出一系列实施性分战略；二是进行时间上的分解，即将企业战略规划的总目标按时间分解为各阶段目标。空间上的分解有三个层次：第一层次是分解到高层管理人员；第二层次是分解到中层管理人员；第三层次是分解到基层岗位和个人。其次要以战略目标为中心建立企业内部经济责任制，它遵循责、权、利相结合的基本原则，将各项管理工作围绕战略目标组织起来，并形成一个整体。这项工作从两方面着手，即以企业战略为目标，形成责任制的动态责任系统和静态责任系统。动态责任就是随着时间变化而变化的责任，如各种指标、措施等组成的体系，并通过分解，层层落实到部门、岗位和个人，成为各单位和个人行动的目标，即空间分解和时间分解落到实处。静态责任就是按照战略要求来设计和改革各项综合管理和专业管理，并通过业务分解法，层层分解到部门、岗位和个人，形成保证战略实现的、完善的管理系统。

（3）经营战略的控制。在组织实施战略的过程中，还必须进行战略控制。所谓控制，是指管理者将预定的目标或标准与反馈回来的实现成效进行比较，以检查偏差的程度，并采取措施进行纠正。控制过程可分为三个步骤：一是确定标准，评价标准是工作成果的规范，用来确定是否达到战略目标和怎样达到战略目标；二是衡量成效，就是将实施成果与预定的目标或标准进行比较，找出两者之间的差距及其产生的原因；三是纠正偏差，对通过衡量成效发现的问题，必须能对其产生的原因采取纠正措施，才能真正达到战略控制的目的。纠正的措施可能是改变战略实施过程中的活动、行为，也可能是改变战略规划本身。

教学互动 4-1

企业经营环境对企业经营战略有何影响？

相关链接 4-1

淘宝网

淘宝网成立于 2003 年 5 月 10 日，由阿里巴巴集团投资创办。淘宝网目前拥有近 5 亿注册用户，每天有超过 6 000 万人次的固定访客，同时每天的在线商品数已经超过了 8 亿件，平均每分钟售出 4.8 万件商品。2012 年淘宝网网商数量已经达到 8 300 万个，淘宝和天猫的年交易额突破 1 万亿元，2013 年 11 月 11 日"双 11"天猫及淘宝的总成交额达 350.19 亿元。2013 年 10 月，淘宝网拿到了证监会颁发的基金第三方电子商务平台经营资质，2013 年 11 月淘宝基金理财频道上线，2013 年 12 月淘宝网宣布正式推出移动餐饮服务平台——淘点点。随着规模的扩大和用户数量的增加，淘宝网也从单一的 C2C 网络集市变成了包括 C2C、团购、分销、拍卖等多种电子商务模式在内的综合性零售商圈，目前已经成为世界范围的电子商务交易平台之一。

淘宝网致力于推动"货真价实、物美价廉、按需定制"网货的普及，帮助更多的消费者享用海量且丰富的网货，获得更高的生活品质；通过提供网络销售平台等基础性服务，帮助更多的企业开拓市场、建立品牌，实现产业升级；帮助更多胸怀梦想的人通过网络实现创业就业。淘宝大学 7 年助 500 万个网商成长，共建电商生态圈，创造的直接、间接就业人员超过 1 000 万人。

淘宝网不仅是中国深受欢迎的网络零售平台，也是中国的消费者交流社区和全球创意商品的集中地。淘宝网在很大程度上改变了传统的生产方式，也改变了人们的生活消费方式。不做冤大头，崇尚时尚和个性，开放、擅长交流的心态以及理性的思维，成为淘宝网上崛起的"淘一代"的重要特征。淘宝网多样化的消费体验，让淘一代们乐在其中：团设计、玩定制、赶时髦、爱传统。

> 淘宝，从"牙牙学语"的稚嫩懵懂到"青春少年"的活力潮流，用一种特殊的气质影响并改变着淘宝上的消费者、商家的流行态度和风尚趋势。从淘便宜、淘方便到淘个性，潮流的气质影响潮流的行为，潮流的平台揭示潮流的趋势——淘宝网引领的淘潮流时代已然来临。

4.2 企业总体战略

4.2.1 发展型战略

发展型战略又称进攻型战略，是指在企业现有的战略基础上向更高方面发展。其主要特点是：不断增加投资，不断开发新产品和新市场，不断提高产品的市场占有率。发展型战略从各个职能领域来看，面临不同的选择，其中最重要的是竞争战略的选择。企业面临竞争战略的选择时，主要考虑两个问题：一是为企业寻找或创造一个具有吸引力的行业；二是为企业在行业内确定一个有利的市场地位。

美国战略学家迈克尔·波特认为，企业为获取相对的竞争优势可以选择成本领先、差别化和重点集中三种战略，由于这三种战略具有应用的基础性和广泛性的特点，又称三种基本竞争战略，如图4-4所示。企业要获得竞争优势，一般有两个途径：① 在行业中成为成本最低的生产者。② 在企业的产品和服务上形成与众不同的特色。企业可以在或宽或窄的经营目标内使用这两种战略。

		战略优势	
		产品差异	低成本
战略	原行业范围	产品差别化战略	成本领先战略
目标	特定细分市场	重点集中战略	

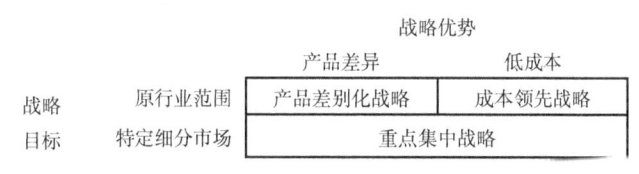

图4-4 三种基本竞争战略

1. 成本领先战略

成本领先战略是指企业通过在内部加强成本控制，在研究开发、生产、销售、服务和广告上把成本降到最低限度，成为行业中的成本领先者的战略。企业凭借其成本低的优势，可以在激烈的市场竞争中取得有力的竞争优势。

成本领先战略适用于在市场竞争中价格竞争占主导地位的行业。在这些行业中，所有企业生产的都是标准化产品，产品差异度小，因而价格竞争成为市场竞争的主要手段，如钢铁、煤炭、石油、水泥、家电等行业的企业，采用成本领先战略会取得较好的效果。

企业采取成本领先战略，可以给潜在进入者形成进入障碍，增强自身的讨价还价能力，降低替代品的威胁，保持领先的竞争地位。这种战略的核心是在追求规模经济的基础上降低成本，并以此获得比竞争对手更好的市场占有率，使企业盈利处于领先地位。但如果竞争对手的竞争能力过强，或者顾客需求改变，采用成本领先战略的企业可能处于不利地位。

2. 差别化战略

差别化战略是指企业提供与众不同的产品和服务，满足顾客特殊的需求，形成竞争战略优势。差别战略的核心是特色，这种特色可以表现在产品设计、技术特性、产品品牌、销售方式、服务方式、促销手段各个方面。这种特色使消费者对企业产品情有独钟，由此对产品价格的敏感度下降，愿意为其支付较高的价格。这样，企业可以抵御现有竞争者的攻击，消费者不因竞争者的价格低而去选购它的产品；由于产品的独一无二使其难以被替代，也使新进入者很难对其构成威胁；另外，在与经销商和供应商的讨价还价中，由于它的某种特色能帮它从消费者那里获得较高利润，企业也处于比较有利的地位和较大的回旋余地。

为了使现有产品实现差别化，可以通过转变销售方式、加强售后服务、增加产品的附加值、增加产品的品种规格等手段来进行。但是差别化是有时间性的，需要企业不断努力开发新的差异产品，挖掘新的差异优势来占领市场。企业在实施差别化战略时，面临企业没有能够形成适当的差别化，或者企业不能保持差别化两种风险，并且不是所有的顾客都愿意或能够支付差别化后所形成的较高价格。

3. 重点集中战略

重点集中战略是指企业通过满足特定的消费群体的特殊需要，或者服务于某一有限的区域市场，来建立企业的竞争优势及其市场地位。这种战略最突出的特征是企业专门服务于总体市场的一部分，即对某一类型的顾客或某一地区性市场做密集型的经营。

企业实行集中战略的核心是细分市场，即该企业所确定的目标市场与行业中其他细分市场之间具有明显的差异性。采取这一战略的关键是选好战略目标，一般原则是，企业要尽可能地选择那些竞争对手最薄弱的目标和最不易受替代产品冲击的目标市场切入，避免与实力强大的竞争者正面冲突，因此这种战略最适合实力相对较弱的中小企业。

企业实行集中战略，可以有效地抵御来自各方面的竞争。集中战略是以一个特定的消费者群体为焦点，集中满足他们的要求，或者能比其他竞争者更周到地满足他们的需求。如果是前一种情况，则企业就在这个特定的市场上获得了成本优势；如果是后一种情况，则企业就在这个特定市场上获得了差异化优势。无论哪一种情况出现，企业都可以在自己所选择的细分市场中获得较高利润。应指出的是，在稳定环境下集中战略对企业来说是相当有利的；但在环境不稳定时，如市场变化、用户变化、技术变化或国家政策变化，集中战略会因经营范围过窄而面临很大威胁。

实例 4-3

华润万家

华润万家有限公司，2002年由华润超级市场有限公司和万家百货股份有限公司整合而成,是华润(集团)有限公司旗下一级利润中心。2002年8月1日,华润万家正式注入华润创业有限公司(以下简称华创)。华创是香港规模最大、实力最雄厚的中资企业集团之一,是华润集团的上市旗舰公司。华润集团已将零售作为主业发展,实行了在未来5年内,投资50亿元,实现营业额500亿元,年度利润5亿元的"四个五工程"战略目标。为实现这一目标,华润万家制定了"跨区域、多业态""超常规发展与持续优化相结合"的发展战略,形成了华东、华南、华北三大战略发展区域,确定了万家模式店、综合超市、折扣店和标准超市四种经营业态,前面三种为战略型业态,即主流业态。

提示:从华润万家有限公司选择的发展战略来分析。

4.2.2 稳定型战略

稳定型战略又称防御型战略,是指企业通过投入少量或中等程度的资源,维持现有生产规模,维持现有的销售额和市场占有率,保持现有的竞争地位。其特点是:巩固成果,维持现状,经营安全,不冒太大风险。企业采用各种措施来防御竞争对手,但不主动出击。

稳定型战略主要针对本企业的发展现状,在尽量不增加生产要素投入的条件下,依靠企业内部改革,挖掘潜力,合理运用经营要素,采取适当的经营组合,使企业的产品结构、组织结构及其他各项工作合理化,从而实现企业的内涵扩大再生产,提高企业的经济效益。当企业对过去的经营业绩表示满意,决定追求既定的或与过去相似的经营目标时;当企业在战略规划期间追求的绩效按大体比例递增时;当企业实力较弱,或者当企业的外部环境出现不利于企业发展的因素,企业本身又找不到进一步发展的机会时,为避免或减少风险,企业采取稳定型战略,这在短期内是一种合理的选择。但从长远来看,企业采用稳定型战略并不适宜。当企业的外部环境对企业较为有利或企业实力有所增强,企业内部条件较好时,如果一味实行稳定型战略,就不能充分发挥内部潜力,还可能由于过于保守,使企业错失发展良机,难以获得更快发展。所以,企业应根据情况需要,适当地实行外延增长型经营战略,即通过大量增加投资、增加产品品种、增加员工的办法,来扩大生产经营规模,充分发挥自身优势,谋求企业更大规模、更快速度的发展。

4.2.3 紧缩型战略

紧缩型战略又称退却型战略,是指在市场需求下降的情况下,企业在原有的经营领域已处于不利的地位,自己又无能力改变这种情况,只能逐渐收缩,以致退出原有的经营领域,以收回资金,将战略重点转移到对企业更为有利的经营领域。这种战略常用在经济不景气、需求紧缩、资源有限、产品滞销等情况下,即市场吸引力或企业经营能力不足时。紧缩型战略一般有以退为进、适当抛弃和完全退出三种类型。

1. 以退为进战略

当企业环境恶化、利润持续下降、财务状况变差时,企业先暂时从现有的地位和水平后退,渡过难关,等到条件成熟后再大踏步前进。这种形式的紧缩一般是通过降低费用开支来实现的，企业通过削减开支标准、推出新项目的投入等办法，将有限的人力、物力、财力用于强化自身独特的经营能力，为复苏积累力量。当主要内部环境造成企业采用紧缩战略时，企业应全力解决内部问题，理顺各种关系，减少内耗，改善财务状况，为采用新的战略方案做好准备工作。

2. 适当抛弃战略

当企业采用以退为进的战略不能奏效时，可以采用适当抛弃战略，即为维持企业整体的生存，放弃一部分生产经营项目，如某些产品或部门，将经营资源从这些领域抽出，即以现金回收为出发点，不再进行任何新的投资，停止一切广告宣传，收缩产品的销售渠道等。当企业出现先前的经营规模超过了自身能力，造成财务状况恶化；企业资金紧张，资金来源出现问题；企业内部的某些经营单位较差等情况时，企业可以考虑采取适当抛弃战略。但这种战略不适合高技术、高投资行业的企业，也不适合各个经营领域依赖性很强的企业，因为这些企业中，放弃某些经营领域或项目可能导致更大的损失。

3. 完全退出战略

当企业遇到很大困难，无论采用以退为进还是适当抛弃战略，都不足以应付其面临的危机时，完全退出战略便是唯一的选择。这种战略是指企业完全放弃了先前所有的经营领域，不再继续生存。当企业的吸引力微弱且企业能力衰减时，主动退出比被迫退出更能保证企业的利益，因为被迫退出意味着资不抵债或破产。采用退出战略的关键在于退出时机的选择，恰当的时机能使企业既有多种退出方式的机会，又不失掉可能生存的机会。一般来讲，退出时机越迟，企业的选择性越小，在毫无希望再恢复经营时，早退出比晚退出更有利。但退出存在的退出障碍，会迫使经营不佳的企业继续留在行业中从事生产经营活动，因此，在考虑退出时，企业要妥善处理与退出障碍有关的事宜。

4.3 企业职能战略

企业职能战略是总战略在某一局部或某一领域的细致设计和具体落实，是保证总战略实施的专业性分战略。与总战略相比，职能战略跨越的时间短、专业性强，它着重于为企业发展指明特定的方向，规定具体的保证行动。职能战略根据其专业领域的不同，可分为市场战略、产品战略、技术战略、投资战略、生产战略等，本节重点介绍技术战略和投资战略。

4.3.1 技术战略

技术战略主要包括技术发展角色战略和技术取自来源战略等。

1. 技术发展角色战略

企业在行业技术发展中扮演何种角色，称为技术发展角色战略。它一般有以下三种战略类型或战略选择。

（1）领先型。领先型是指企业在本行业的技术发展上保持领先地位，这种类型需要较多的投资，扮演这种角色的一般都是实力较雄厚的企业，它们通过独立研究、协作开发、技术引进等种种办法，力求采用最新技术，通过技术的领先求得市场占有率的领先。

（2）尾随型。尾随型是指企业紧紧追随在领先企业后面采用新技术。这种企业主要对别人已采用的新技术加以改进与提高，并在降低成本和扩展市场销售方面多下功夫。这种企业有一定的开发研究力量，但不是着眼于创新，而是推出比领先型企业"功能与价格比"更高的产品。这样一方面可以节省大量开发试验费用，另一方面可以通过观察与跟踪领先型企业，取其长补其短，后发制人。领先型企业推出的新产品尚处于投资期，在功能上不可避免地有一些缺陷，在生产上则成本较高，而在销售上则经常遇到困难。若尾随型企业能够抓住机会，迅速做出反应，则能成功。但采用这种战略也由于存在不确定性，有一定风险，因此主要依靠这种战略的企业尤其大中型企业是不多的，一般企业在竞争中往往将领先型与尾随型相互结合使用。

（3）模仿型。模仿型是指企业自己不搞新技术开发，而是靠购买技术专利，进行仿制，步人后尘。这种做法花钱少且可较快获得新技术，但市场容量有限。所以这种战略一般适用于开发研究能力较薄弱而制造能力强或技术力量薄弱的中小企业。

应该指出的是，一个企业往往同时采用上述三种类型的技术战略，尤其大型企业和企业集团。例如，一家大型汽车制造企业某时期可能在越野车技术上扮演领先者角色，在轿车技术上扮演尾随者角色，在卡车技术上扮演模仿者角色。这不仅由于每家企业科研力量与资金的限制，而且为了减少风险。因为领先型和尾随型战略虽然有获巨额利润与占领市场的强大诱感，但失败的概率很大，相反，虽然模仿型战略获利不会太大，但风险较小。所以，成熟的企业尤其大型企业和企业集团应该在这三种战略中寻求一种合理的平衡。

2．技术取自来源战略

企业在技术发展中，新技术、新工艺、新产品的取自来源，一般也有三种战略类型或战略选择。

（1）开发型。开发型是指企业通过市场调查，预测社会的需求趋势，建立自己的研究机构，开展基础理论及有关新技术、新材料的研究，探讨新产品的原理与结构，从而研制出本企业独特的新产品或更新换代产品。它一般经历基础研究、应用研究和开发研究三个阶段，多为实力雄厚的大中型企业所采用。

（2）引进型。引进型是指在技术转移过程中买进技术，包括专有技术知识，如产品的设计和制造方法、材料配方等，技术培训、聘请专家指导、引进先进管理等。如果某产品在市场上已有成熟的制造技术，采用这种方式，企业可以尽快掌握该产品的制造技术，缩短该产品投入市场的周期，加快投资的收益速度。这种战略尤其适合技术相对落后的国家和地区。

实例4-4

在所有采用引进技术取自来源战略的国家和地区，最成功的例子是日本。第二次世界大战后，日本的工业技术比世界先进技术落后很多，于是采取了技术引进型战略。在20多年的时间内，共引进各种先进技术与管理方法2万多项，投资却只花了这些研究项目的1/3，而时间则更是大大节省。例如，原八幡钢铁公司战后已破旧不堪，重建时直接从欧美引进最先进的技术，一下子就缩短了技术差距，成为技术设备最先进、规模最大的世界性大型钢铁企业。日本的成功与其引进的技术有很大关系，它们的做法是信息先行、引进软件为主、博采各国之长、不断引进，以保证引进技术不过时。它们把引进的重点工作放在吸收与消化上，同时十分注意引进先进管理方法与先进技术方法相配合。

提示：从技术取自来源战略分析。

（3）综合型。综合型是指把技术引进与技术开发、技术创新结合起来。结合的方式有：通过引进关键设备，或者对原设备进行改装利用，并采用现代化的测量、监视与控制技术，使操作科学化，生产工艺达到最佳化；在某些生产工序之间采用一些新技术、新设备，强化工艺过程，使生产流程合理化，并为连续生产创造条件；充分利用原有厂房与外围设备，设备拆旧换新，引进先进设备替换落后设备；以技术引进带动技术改造，加速技术革新的步伐；提高折旧率或用"快速折旧法"，促进设备更新与技术改造。

4.3.2 投资战略

投资战略是指企业或经营单位根据自身经营组合的性质和水平，在人力、财力和物力资源方面进行投入以形成竞争优势的战略。

企业投资战略通过投入不同的人力、财力和物力资源，维持与发展已经选择的竞争战略，保证所需要的竞争优势。企业在决定投资战略时，必须以维持与发展竞争战略的成本为标准，评估投资于某个竞争战略的潜在报酬，判断其获利能力。为此，企业应从其在行业中的竞争地位及所在行业的生命周期阶段这两个因素出发，准确地选择自己的投资条件。从这一角度出发，一般有增加份额、增长、赢利、市场集中和资产减少、财产清算或撤退五种投资战略可以供企业选择（见表4-1）。

表4-1 常用投资战略的特征

战略类型	竞争地位	投资状况
1. 增加份额战略	增强地位	根据情况投资
2. 增长战略	维持地位	高投资
3. 赢利战略	维持地位	适当投资
4. 市场集中和资产减少战略	将目标地位降到最低的防御水平	适当回收投资

续表

战略类型	竞争地位	投资状况
5. 财产清算或撤退战略	地位为零	负投资

1. 增加份额战略

增加份额战略的目的是大幅度地而且持续地提高企业的市场占有率。因此，这个战略一般要求企业改变原有的竞争地位。例如，该战略会要求一个竞争能力差的企业成为一个具有中等竞争水平的企业，或者使一个具有中等竞争水平的企业成为一个市场领先企业。

企业改变市场份额的幅度一般是根据企业所在行业的结构而定的，在正常情况下，这种变化应是企业目前市场份额的10%~15%，最低不少于目前市场份额的5%。为了达到这个标准，企业则需投入高于行业内同样规模企业的正常水平的投资。在具体做法上，企业除了自筹一部分资金以外，还必须能够吸收更多的资金。此外，企业还可以进行某种形式的联合，或者在某些方面形成可以超越现有竞争对手的主要优势，促成市场份额的变化。

2. 增长战略

增长战略是企业在迅速扩张的市场上用来维持现有竞争地位的战略。重大的市场增长一般都发生在产品——市场发展的初期，这种战略具有两种同等重要的特征：一是随着市场的增长，企业能取得所需要的资源，保持现有的竞争地位；二是随着增长速度迅速降低，企业进入整顿阶段，则需要开发新型的竞争方式，进入有效的竞争。

在实际生产经营中，许多企业只注意到了增长战略的第一个特征，而对整顿阶段会发生的各种类型的竞争毫无准备。结果，企业在增长阶段为保持竞争地位的各种努力常常会在整顿阶段失败。

实例 4-5

美国喷雾技术有限公司在喷雾市场增长阶段的最初几年里是浓缩喷雾剂生产的领先企业。在行业处于整顿阶段的最初几年里，该公司仍坚持不懈地开发新产品，但是，此时喷雾剂生产技术已日臻成熟，竞争的重点已转向价格竞争，要求企业在生产工艺技术、价值工程和总成本效能等方面做出改进，而该公司恰恰在这些方面缺乏改进能力，从而失掉了领先企业的地位。

提示：从增长战略特征来分析。

3. 赢利战略

赢利战略是指企业处于产品—市场发展的成熟阶段时需采取的战略。随着竞争趋于稳定，企业内大部分职能领域里追加投资的效益一般都很差，在这种情况下，企业应将经营注意力从增长率转向获利能力，即从市场开发和资产联合转向市场细分化与利用资产，最大限度地依靠现有的资源和技能获得收益，企业的这种转变就是赢利战略。

企业要实施这种战略需要有三个条件：一是企业应该充分地认识到现有的产品—市场阶段应该采取赢利战略，而不是增长份额或增长战略；二是企业需要改变现有的资源配置状况，充分利用尚未利用的协同作用，以便更好地满足市场的目前需要；三是企业要预测即将到来的主要环境，努力减缓那些会改变现有竞争力的发展趋势。

4. 市场集中和资产减少战略

市场集中和资产减少战略的目的是，重新组合企业的经营范围和资产配置水平，改善企业短期盈利和长远的前景。这种重新组合一般涉及企业缩小经营范围，大幅度减少投资水平。这种战略一般适用于两种情况。

（1）成熟阶段的选择。在产品—市场发展的成熟阶段与饱和阶段，企业的竞争能力弱，在这种情况下，企业应根据自己弱小的程度，选择资产战略来改善自己的地位。例如，企业的市场销售量如果是行业领先企业销售量的15%以上，该企业仍可以作为一个相对完整的企业生产经营下去。只不过，这时企业应该重新组合自己的资产，集中力量开发自己具有最大优势的细分市场。

（2）衰退阶段的选择。在市场发展的衰退阶段，企业唯一可选择的战略是将资产集中在难以消亡的细分市场上。在大多数情况下，产品和市场衰退时，有些细分市场和产品便会一起消失，但有些细分市场和产品会继续维持下来。例如，在电子手表的竞争冲击下，机械表的生产处于衰退状态，能够生存和景气的钟表企业都有各自的细分市场，以免遭受电子表在技术、价格和质量上的影响。

5. 财产清算或撤退战略

财产清算或撤退战略的目的是从竞争地位弱的经营业务或企业中撤出时，尽可能多地获得一些资金。企业退出的时机，应该把握在企业对退出的后果仍能有影响的时候进行，否则，亏损的经营单位会耗尽企业的长期利润。企业要从市场上成功地退下来，可以采取两种战略。

（1）收获战略。收获战略是指企业尽可能地从经营单位中收回现金的战略。实施收获战略的方法一般有三种形式，即削减经费和成本、减少资金、削减产品。企业为了更好地识别出有可能进行削减经费和成本的领域，可以通过调查本行业的成本结构进行分析。对于所要削减的产品，企业可以根据全部费用的成本分配来确定。在计算过程中，必须评估削减该产品对其他产品销售会造成损失的程度，以及削减该产品后仍然存在的固定费用。

（2）迅速放弃战略。迅速放弃战略是指企业在衰退的初期就把有关的经营单位卖掉，以便能够最大限度地回收投资的战略。对毛利低或固定成本低的商品来说，企业很难通过大幅度降低或提高价格的手段保持盈利，在这种情况下企业应采取措施及早退出市场，把注意力集中在有更大潜力的产品和市场上。此外，企业早些退出不景气的市场会比晚些退出有更大的成功机会，在某些情况下迅速放弃战略甚至要求企业在衰退之前或成熟阶段就放弃经营单位。

实例 4-6

市场热谈：中石化混合所有制改革，一场中外资本竞逐的豪门盛宴？

路透社北京：2014年8月19日，亚洲最大炼油商中国石化出售销售业务板块部分股权，开大型央企混合所有制改革之先河。随着该项目一轮轮竞标的推进，这一块中国深化国企改革的试验田，正在上演中外资本大鳄竞逐的豪门盛宴。

中石化销售板块目前稳定的利润，以及蕴藏的巨大增长潜力，令各路资本闻风而动，蜂拥而至，希望能够分一杯羹。知情人士稍早对路透社表示，加拿大零售商与中国腾讯控股等数家企业已进入下一轮竞投名单，角逐收购中石化的160亿美元交易的少数股权。

"竞标即将进入第三轮，从目前的情况看，已经被炒成了国内外各路资本大鳄的盛宴，留给国内的产业资本和民营企业的空间恐怕已经很小了。"一位接近交易的资深人士说。

知情人士表示，中国最大保险公司中国人寿、香港上市公司新奥能源、私有企业复星集团、厚朴基金管理公司、Affinity Equity Partners 也都晋级下一轮。

2014年6月30日，中石化发布混合所有制改革引资方案的相关细则，并对销售公司总资产给出了3 417.58亿元人民币的估值。按照30%的出让比例计算，最终出让的资产达到1 000亿元以上。按此基数计算，即使入股10%，所需资金亦将超百亿元。

中国石化销售公司拥有中国国内最完善的成品油销售网络和储运设施，按照加油站数量计，是中国最大、世界第二大成品油供应商。截至2013年年底，其拥有自营加油（气）站3万多座，规模庞大的零售网络已拥有8 000万名会员，每日服务人数超过2 000万人，并发放了1.08亿张充值卡，可用于加油和在便利店购物。

中石化的销售业务相对稳定，是集团主要利润来源之一，该事业部门2013年营业利润为350亿元。"这么大的盘子，没有一家投资者能够独吞，接手10%以上都几乎是不可能的。"一位接近中石化的有关人士说。

4.4 企业联合战略

企业联合战略是指为实现企业发展的战略目标，在自愿互利的原则下，企业与其他企业、科研单位、大专院校等单位打破部门、地区和所有制的封锁与界限，共同就某些甚至全部生产要求或生产经营活动，进行统一的组织与调配，逐步形成和建立一种企业联合体或企业集团。按企业联合的紧密程度，企业联合战略可分为企业一体化战略、企业集团战略和企业兼并与合并战略三种类型。

4.4.1 企业一体化战略

如果企业的经济实力逐步增强，市场占有率逐步提高，那么企业可以通过供产、产销等方面实行一体化战略。实行一体化战略，可以提高生产率，扩大产品的销售，巩固企业的市场地位，提高企业的竞争优势，取得显著的经营效益。企业一体化战略有纵向一体化、横向一体化和复合一体化三种。

1. 纵向一体化战略

纵向一体化战略是将生产原料供应或生产与产品销售联结在一起的战略形式。换句话说，也就是企业在向前、向后两个方向可能扩大现有经营业务的一种发展战略，包括后向一体化和前向一体化两种形式。

（1）后向一体化，又称供产一体化，是指生产企业与原材料供应企业之间的联合，即企业通过收购或兼并若干原材料供应企业，拥有或控制其供应系统，进而自行供应从事现有产品生产或劳动所需要的部分或全部原材料。例如，某服装厂原来从棉纺厂购进棉布，现服装厂与棉纺厂联合起来，保证了棉布的供应。

（2）前向一体化，又称产销一体化，是指生产企业和用户企业之间的联合，即企业通过收购或兼并若干用户企业，或者拥有和控制其商业分销系统进而自由组织产品的销售。例如，棉纺厂原来只为服装厂生产提供各种棉布、棉纱，现在棉纺厂与服装厂联合经营，即该厂不仅生产棉布、棉纱，而且还制成服装销售。

企业实行垂直一体化战略，可以加强对生产部门的控制，降低产品成本，加强对销售市场的了解，稳定和扩大产品的销售，更好地拓展市场。但由于企业从原来只管生产，变为既组织生产又组织供应或既组织生产又组织销售，这就必然对企业的资金、人才、技术及经营管理各个方面提出更高的要求，要求企业在上述各个方面有较强的实力，才能使这一战略得到很好的实施。

2. 横向一体化战略

横向一体化战略是指企业通过收购兼并竞争者的同种类型的企业，或者通过在国内外与其他同类企业合资生产经营等策略来扩大企业的生产经营范围。其特点是与生产同一产品或同在一个经营领域的企业联合，企业能迅速扩大生产规模，提高生产能力，提高市场占有率，并且能有效地降低生产经营成本，提高机器设备的利用率，减少竞争的代价，便于统一采购原材料和销售产品，便于利用先进技术设备和工艺，从而使企业获得规模效益。由于横向一体化是在某一经营领域内简单地扩张，因此，除非是前景稳定的经营领域，或者这种扩张能改善企业的竞争地位，带来可观的收益，否则横向一体化战略会因过分偏重同一产品或经营领域的扩张而产生风险问题。

3. 复合一体化战略

复合一体化战略是指在产品、技术、市场等各个方面没有直接关系的两个企业之间实行联合。这种战略可以壮大企业综合经营实力，提高市场竞争力，有效降低经营风险，充分利用品牌优势，大大提高品牌的市场占有率，有利于企业实施长期的发展战略，如图 4-5 所示。

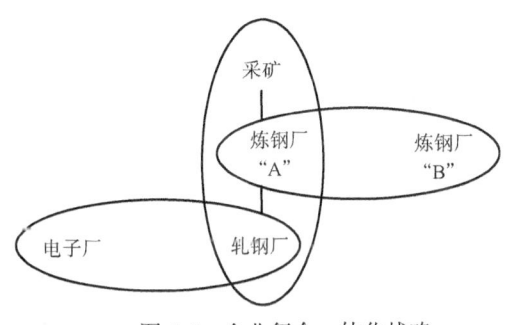

图 4-5　企业复合一体化战略

4.4.2　企业集团战略

企业集团是以一个或若干个大中型企业为中心，由众多具有生产、经营、技术内在联系的企业，按照平等自愿、互助互利的原则，为了共同的经营目标进行多层次、多形式联合生产经营所组成的大型企业联合组织。

实行企业集团战略有利于企业形成综合的经济优势，有利于增强企业的市场竞争力和适应性，有利于促进生产要素的合理流动和重新组合，创造新的生产力。它同时也是促进社会资源优化配置，实现规模经营的有效途径。企业集团组建的形式和种类很多，常以企业集团组建的目的和功能为标准分为以下几种。

（1）单点辐射型战略。单点辐射型战略是以大型骨干企业的名优产品、系列产品为龙头，向外辐射，把一批相关的生产同类产品或生产零部件的企业组织起来，形成以主导产品为核心、多层次配套网络的企业集团。这种类型的企业集团发展较早，数量较多，也比较成熟，适合大批量、专业化生产企业。

（2）多元化配套型战略。多元化配套型战略通常是为保证某个大型建设项目所需设备的成套性，以几个大型骨干企业及相关设计单位为主体，实行从设备设计、制造、安装、调试到人员培训、维修、服务等全过程承包的一种战略。

（3）产销联合型战略。产销联合型战略是以最终产品为纽带，将该产品的原材料供应企业、产品生产企业、产品销售企业联结在一起，组成的供产销"一条龙"的发展战略。

> **教学互动 4-2**
> 试分析产业链与企业集团战略的内在联系。

4.4.3 企业兼并与合并战略

企业兼并是指一个企业以现金购买方式或以本企业股票调换其他企业的股票，从而取得后者的全部资产或控制权，以扩大企业规模和经营范围的一种合并式的企业产权交易形式。企业合并是指参与企业通过所有权与经营权同时有偿转移，全部放弃法人资格，不再独立存在，实现资产、要素、经营的合并，由一个新成立的、取得法人资格的企业统一经营的企业产权交易形式。企业兼并和企业合并，从广义上来说均属企业合并，常采用纵向一体化、横向一体化和复合一体化的合并形式。

企业合并必须通过资产重组得以实现，资产重组是以盘活存量、壮大企业资本规模、优化企业经营结构为主要内容的，是企业向外部扩张资本的重要形式。企业的资产重组能否顺利进行，重组后能否实现现代化组合、壮大自身，与重组模式的选择是否得当密切相关。企业必须依据最小代价、最大效益、最佳时机的基本原则，根据各企业的产权关系、资产质量、产品周期、人员构成、债务负担等具体情况，选择最为合适的重组模式。从出资方式分，企业重组有兼并收购式、整体合并式、租赁改造式、债权转换式等重组模式。

（1）兼并收购式。兼并收购是一方企业以出资方式收买另一方企业资产或产权的行为。兼并收购可以是整体兼并收购，也可以通过购买部分产权或股权，达到掌握对方经营决策权，实现控股的目的。

兼并收购作为有偿取得所需资产的一种方式，要求并购方有雄厚实力和融通资金的能力，相对来说，财务风险比较大。但是，正因如此，一个企业在并购另一个企业时，在并购对象的选择、并购力度的掌握、并购时间的安排等方面总是慎之又慎，因此并购行动完成后，资产重组的速度、效能也往往是最快、最好的。

实例 4-7

美国钢铁公司的成立

1901年，美国著名财阀摩根从有"钢铁大王"之称的卡耐基手里收购了价值4亿美元的钢铁、焦炭及附属企业的股票，成立了美国钢铁公司。这是世界证券史上第一宗大规模并购案。这一并购行动，不仅宣告了美国经济史上第一个企业托拉斯的诞生，而且掀起了美国企业兼并的第一次浪潮，并由此诞生了杜邦公司、美国烟草公司、美国橡胶公司等一系列经济巨人，成为美国经济的强大支柱。《华尔街日报》曾这样评价摩根并购案的巨大意义："上帝在公元前4 000年创造了这个世界，杰·普·摩根在1901年重新组织了这个世界。"

提示： 从企业兼并的意义和作用角度来分析。

（2）整体合并式。整体合并式重组是指两个或两个以上的企业通过一定的途径合并成为一个企业。可以是强强联合（两个优势企业合并），也可以是劣势企业并入优势企业。合并的结果，可以是合并的各方原有企业法人资格消失，重新组成一个新的企业法人，也可以是其中的一个主体优势企业的法人资格不变，其他企业加盟于主体企业。整体合并式重组是成本最低的一种资产重组方式。因为无论是强强联合，还是其他企业加盟于主体优势企业，都不需要拿出许多资金来购买合并进来的资产。合并后的企业各种生产要素扩大，通过进一步的改造，有可能迅速提高生产能力和竞争能力。

企业整体合并的一个重要前提是合并各方的产权主体一致或接近，如大量国有企业的资产的终极所有权均归国家，易于融合，合并就比较方便。企业的整体合并一般有两种途径。一是"自由恋爱式"。面对日益激烈的市场竞争，企业为壮大自己实力，自行协商，自由组合。随着市场经济的发展，在竞争中自行选择合并的"意中人"的做法正不断增加。二是"行政推动式"，即一级政府或上级主管部门从本地区、本系统、本行业的经济发展规划、总体布局等出发，通过行政决策，推动企业的整体合并。由于我国还处于市场经济进一步发展的过程中，因此，行政推动在企业的资产重组中仍起着十分重要的作用。目前，我国许多大企业集团的组成，大多数是行政推动的结果。

（3）租赁改造式。租赁改造式重组是我国企业改革和资产经营中一种富有创造性的模式。它是通过租赁的方式，取得被租赁企业的资产一定时期内的经营使用权，经过适当的投入和改造，迅速形成新的生产经营能力。这是一种投入少、见效快的比较灵活的资产重组方式。

租赁改造式重组的优点：一是前期资金投入少，财务风险小，企业可以集中有限的资金搞好企业改造和扩大生产能力。二是手续简便。企业租赁的只是被租赁企业有效的资产，并不同对方的债务、人员发生关系，纠葛、麻烦少。对被租赁企业来说，盘活了闲置资产，每年有稳定的租赁收入，且毫无风险。

（4）债权转换式。沉重的债务链是困扰我国众多企业的一大难题。不少企业陷于"三角债"的怪圈中难以自拔，以致严重影响了自身的发展。在资产重组的过程中，一些企业积极尝试将债权转换为股权，以此来解开债务链，取得了良好的效果。

实例 4-8

2014 年中国企业 500 强发布：中石化连续 10 年第一

新华网重庆 2014 年 9 月 2 日电：中国企业联合会、中国企业家协会 2 日在重庆发布 2014 年中国企业 500 强榜单，中石化以 2013 年营业收入 29 450.7 亿元连续 10 年问鼎，中石油、国家电网、工商银行、建设银行、农业银行、中国建筑、中国移动、中国银行、中海油分列第二位至第十位。

与上一年度相比，榜单前十位的企业没有发生变化，中石化、中石油、国家电网、工商银行、建设银行仍依次位列前五位，农业银行、中国建筑分别前进一位，中国移动退居第八位。

从入围门槛来看，2014年中国企业500强的门槛首次突破200亿元，达到228.6亿元，比上年度提高了29.9亿元。榜单前三名企业的营业收入都超过2万亿元；另有131家企业营业收入超过1 000亿元，其中国有企业108家，民营企业23家。

榜单显示，2014年中国企业500强营业收入达到56.68万亿元，同比增长13.31%，与2013年国内生产总值56.88万亿元大体相当；利润总额达到2.4万亿元，同比增长了10.6%，增幅较上年的3.65%明显提升。值得关注的是，这500家企业的收入利润率仅为4.24%，同比下降了0.1个百分点；资产利润率为1.36%，同比下降了0.8个百分点，这两项反映企业经营效益的重要指标已连续3年下降。

提示：从企业战略上分析中国企业500强变化趋势。

主要概念

企业经营环境　　企业经营战略　　差别化战略　　复合一体化战略

课堂讨论题

1. 举例说明经营环境对生产经营的影响。
2. 什么是企业经营战略？怎样理解企业经营战略？

自测题

1. 判断题

（1）企业经营内部环境是由企业内部的物质条件和文化环境构成的。　　（　　）
（2）企业总体战略是对企业各项经营活动都起作用的战略。　　　　　　（　　）
（3）以安全经营为宗旨，不冒较大风险的战略是紧缩型战略。　　　　　（　　）
（4）企业职能战略是总体战略的分战略。　　　　　　　　　　　　　　（　　）
（5）最大限度地依靠现有资源和技能获得收益，是撤退战略。　　　　　（　　）
（6）租赁改造式重组是我国企业改革和资产经营中一种富有创造性的模式。（　　）

2. 填空题

（1）企业经营直接环境包括＿＿＿＿＿、＿＿＿＿＿和资源三方面。
（2）企业经营战略的内容，一般包括经营领域、＿＿＿＿＿、＿＿＿＿＿、目标成果四个部分。

（3）企业经营战略控制过程可分为确定标准、_____、_____三个步骤。
（4）企业一体化战略包括_____、_____和复合一体化战略。

3．选择题
（1）企业经营的一般环境包括（　　）。
　　A．政治环境　　　　B．同行竞争环境　　　C．经济环境
　　D．自然环境　　　　E．企业管理环境
（2）企业经营战略的特征，一般包括（　　）。
　　A．全局性　　　　　B．长远性　　　　　　C．竞争性
　　D．经济性　　　　　E．稳定性
（3）企业发展型战略包括（　　）战略。
　　A．成本领先　　　　B．以退为进　　　　　C．差别化
　　D．重点集中　　　　E．联合
（4）属于企业经营投资战略的有（　　）战略。
　　A．增长　　　　　　B．赢利　　　　　　　C．领先型
　　D．稳定型　　　　　E．产销联合型

4．简答题
（1）企业经营环境分析主要的内容有哪些？
（2）在经营战略的制定和实施过程中，应努力做好哪些工作？
（3）你认为我国家电企业应采取什么技术战略？
（4）企业处于产品—市场发展的成熟阶段时，可采取哪些投资战略？

实 训 题

1．技能题

老企业面临经营危机时，你认为在战略上它有哪些选择？

训练建议：

（1）实地调研或网上收集某老企业面临经营危机时的状况。

（2）运用所学知识，对该企业面临的经营危机状况进行分析，并写出相应战略选择的书面意见稿。

（3）在班级进行交流、讨论，教师点评。

2．案例分析

战略博弈的胜利：奥迪击败宝马

奔驰、宝马、奥迪属欧洲三大豪华汽车，这是不争的事实。在全球绝大部分市场，宝马车的销量都超过奥迪，但在目前的中国市场，奥迪汽车击败宝马也同样是不争的事实。

据 2004 年不完全的相关资料统计，国产奥迪 A6 轿车 2004 年在中国售出超过 6 万多辆，而国产宝马轿车只售出 1 万多辆。相对宝马品牌来说，奥迪这个尚属弱势的品牌能在中国市场击败宝马，最关键的一个因素是奥迪与宝马汽车在品牌战略博弈中赢得胜利，而奥迪在品牌战略博弈的胜利又是通过成功的"价格狙入策略"运用得当而取得的。

奥迪选择主力车型 A6 系列，将系列车型价格定在 40 万～55 万元，这在中国汽车市场是一个高端层面的定价了。由于宝马汽车自视品牌价值比奥迪汽车高贵，销售价格自然不可能低于奥迪，所以奥迪定价逼着宝马将新入市的 3 系汽车价格定在 50 万元以上。但 50 万元以上的定价在中国已是十分招摇的价格，令中国绝大部分购车者退避三舍，导致宝马 3 系车在中国行政公务用车这个目标层十分尴尬，在 2004 年年底不得不全面降价。而降价对宝马汽车在中国的品牌价值是很大的杀伤。可见奥迪汽车成功的价格狙入策略已令对手陷入一个"两难"境地。

奥迪汽车在中国市场竞争成功的经验：一是对品牌竞争战略的正确选择；二是对所选择的竞争战略的顽强坚持。奥迪汽车正确的"战略选择"和"顽强坚持"，让奥迪汽车获得了品牌和经济上的巨大胜利。

问题：请你具体解释奥迪汽车在中国市场竞争成功的两点经验，并提出自己的观点。

3．模拟实训

请同学们 3～5 人一组，根据企业所处的经营环境，为一家要发展经营规模，获取规模效益的企业设计市场发展战略。

实训建议：

（1）同学们 3～5 人一组，实地调研或网上收集某企业经营环境。

（2）运用所学知识，根据企业所处的经营环境，设计该企业发展经营规模，获取规模效益的市场发展战略。

（3）各组在班级进行交流、讨论，教师点评。

第 5 章

企业资源管理

本章学习目标

知识目标：认识资产管理的要求，信息在企业经营管理中的作用；了解现代企业资金筹集的途径及优缺点，信息的概念和特点；掌握人力资源的概念、人力资源管理和信息系统开发的主要内容。

技能目标：熟悉现代企业的资金分配、物资管理及设备管理、知识产权管理和信息资源管理的相关技能。

能力目标：初步具备应用企业资源管理理念与理论分析，处理企业资源管理实际问题的能力。

引导案例

海尔的人力资源管理

海尔 中国家电行业的一艘航空母舰，同时拥有"全球大型家用电器第一品牌、全球冰箱第一品牌与第一制造商、全球洗衣机第一品牌与第一制造商、全球酒柜第一品牌与第一制造商、全球冷柜第一品牌与第一制造商"等九项殊荣。不仅在中国，甚至在世界，海尔的名字都是家喻户晓的。其成功的关键在于人，包括选人、用人、育人和留人。

海尔人力资源开发目标定位为"国际化的组织，国际化的人"；海尔人力资源开发原则是"赛马不相马"，建立了"挑战满足感、经营自我、挑战自我"的人力资源开发的市场机制；海尔集团用人机制归结为两大理论："斜坡球体人才发展论"和"变相马为赛马"；员工收入由市场决定，建立了岗位培训、个人职业生涯规划培训、转岗培训、半脱产培训、出国考察培训等立体人才培训体系，创建的海尔大学成为海尔员工思想锻造的熔炉和能力培训基地；海尔有一套完善的绩效考核制度，实行"三工并存，动态转换"。正是人力资源管理方面的独到之处使海尔走向了成功。

思考题：海尔成功的关键在于人，结合社会经济新形势，试对海尔人力资源管理提出新建议。

5.1 人力资源管理

5.1.1 人力资源管理的概念

人力资源是指能够推动整个经济和社会发展的、具有智力劳动和体力劳动能力的劳动者的总和。

人力资源管理是指以从事社会劳动的人为对象,通过组织、协调、控制、监督等手段,谋求人与事,以及共事人之间的相互适应,实现充分发挥人的潜能,把事情做得更好这一目标所进行的管理活动。

5.1.2 人力资源管理的原则

(1)优化原则。优化原则是指通过科学选聘、合理组合,实现人员配备的最优化。具体要求是:① 要择优选拔,使优秀的人才担任重要的工作。② 要量才适用,使不同类型的人才与不同性质的工作相适应,实现人与事的科学配置。③ 要用人所长,善于选择人的长处而用之,充分发挥其优势。④ 要人才互补、优化组合,发挥人才组合的整体效应。

(2)竞争原则。人员的选聘、组合、使用与发展不能在封闭和僵化的环境下进行,必须引入竞争机制,公开、公正、公平竞争,并形成有利于人才脱颖而出的有效机制。

(3)激励原则。激励原则是指通过人员配备,最大限度地调动人的积极性和创造性。具体做法如下。

1)要搞好授权,放手使用,充分信任下级。

2)要科学地安排工作职位和进行工作设计,增强下级对所从事工作的兴趣。

3)要实行科学的考核,公正地对组织成员做出客观的评价。

4)要将奖励与贡献紧密挂钩,并使物质奖励与精神奖励结合起来。

(4)开发原则。开发原则是指在人员配备和使用的过程中,通过各种形式进行智力开发,不断提高人员的素质,最大限度地发挥人的潜能,并要把促进人的全面发展作为组织的重要目标。

> **教学互动 5-1**
> 你怎么理解人是企业最重要的资源?

5.1.3 人力资源管理的主要内容

1. 组织设计与职务分析

(1)组织设计。组织设计是人力资源管理中职务分析的基础。其目的就是要通过创构柔性灵活的组织,动态地反映外在环境变化的要求,并且能够在组织发展的过程中,有效积聚新的组织资源要素，同时协调好组织中部门与部门之间、人员与任务之间的关系，使员工明确自己在组织中应有的权利和应承担的责任，从而有效地保证组织活动的开展，最终保证组织目标的实现。

（2）职务分析。职务分析又称工作分析或岗位分析，是指借助于一定的分析手段，确定特定职务的性质、结构、要求等基本因素的活动。具体来说，职务分析就是全面收集某一职务的有关信息，对该职务的工作从六个方面开展调查研究：工作内容（What）、责任者（Who）、工作岗位（Where）、工作时间（When）、怎样操作（How）、为什么要这样做（Why），然后再将该职务的性质、结构、要求等进行书面描述、整理成文的过程，也是对该职务的工作内容和工作规范（任职资格）的描述和研究过程。

实施职务分析一般要经过以下步骤。

1）职务分析的准备阶段。在职务分析的准备阶段，主要解决以下几方面的问题：确定职务分析的目标和侧重点；制定总体实施方案；收集和分析有关的背景资料；确定所欲实地调查研究的信息；选择收集信息的方法；成立专门的职务分析小组。

2）职务分析的实施阶段。在实施阶段，主要进行的几项工作是：与参与职务分析的有关人员进行沟通；制订具体的实施操作计划；实际收集和分析职务信息。

3）结果形成阶段。职务分析结果通常为每个职位的工作说明书。在结果形成阶段，需要对收集来的信息进一步审查和确认，进而形成职务说明书。这一阶段主要完成的工作有：与有关人员共同审查和确认职务信息；形成职务说明书。

职务说明书是对组织各类岗位（职位）的工作内容、任务、职责、权限、环境及本岗位人员的任职资格条件等方面所做的统一要求，是对工作分析的结果加以整合以形成具有组织法规效果的正式文本。职务说明书通常包括工作描述与任职资格描述两方面的内容。

- 工作描述。工作描述是指用书面形式对组织中各类岗位的工作内容、工作任务、工作职责和工作环境等所做的统一要求。它应该说明任职者应做些什么、如何去做和在什么样的条件下履行其职责。它的主要功能是让员工了解工作概要，建立工作程序与工作标准，阐明工作任务、责任与职权，有助于员工的聘用、考核和培训等。
- 任职资格描述。任职资格描述是指任职者要胜任某项工作必须具备的素质与条件，说明一项工作对任职者在教育程度、工作经验、知识、技能和个性特征方面的最低要求。

4）应用与反馈阶段。编写出职务说明书之后，可以说职务分析的工作基本结束了。但是对职务分析结果的应用也是非常关键的，因为只有应用了职务分析结果，才能体现出职务分析的价值。而且，在应用的过程中，可能会发现一些重要问题，通过反馈，可以为后续的职务分析提出要求。具体来说，在职务分析结果的应用与反馈阶段包括两方面的工作：一是职务说明书的使用培训；二是使用职务说明书的反馈与调整。

2. 人力资源规划

（1）人力资源规划的概念。人力资源规划是指根据组织发展战略与目标的要求，科学地预测、分析组织在变化的环境中的人力资源的供给和需求状况，制定必要的政策和措施，以确保组织在需要的时间和需要的岗位上获得各种需要的人力资源，并使组织和个人得到长期的利益。

（2）人力资源规划的层次。人力资源规划主要包括两个层次：总体规划和各项业务计划。人力资源业务计划主要包括以下几个方面：配备计划、使用计划、退休解聘计划、补充计划、培训开发计划、职业生涯计划、绩效与薪酬福利计划、劳动关系计划和人力资源预算等，这些业务计划实施的结果应能保证人力资源总体规划目标的实现。

（3）人力资源规划的基础。人力资源规划是建立在人力资源需求和供给预测基础上的。人力资源需求预测是人力资源规划的重点，主要是根据组织战略规划和组织的内外条件选择预测技术，然后对人力资源需求的结构、质量和数量进行的预测。人力资源需求的预测方法主要有经验判断法、德尔菲法、转换比率分析法、单变量趋势外推法、考虑生产率变化影响的模型、劳动定额法和计算机模拟法等。

人力资源供给预测是人力资源规划的又一个关键环节。只有进行人员拥有量预测，并把它与人力资源需求量相对比之后，才能制订各种人力资源规划。人力资源供给预测要研究组织内外部的供给两个方面。组织内部未来人力资源供给是组织人力资源供给的主要部分（除新建组织外），常用的预测方法有以下几种：人员核查法、管理人员替换图和马尔科夫模型等。

（4）人力资源规划的目的。人力资源供求关系达到平衡是人力资源规划的目的。人力资源规划就是要根据组织人力资源供求预测的结果，制定相应的政策措施，使组织未来的人力资源供求实现平衡。

3. 人员招募与甄选

招募与甄选是组织人力资源管理工作中一项重要的基础性工作，是组织人力资源形成的关键，它对人力资源的合理形成、管理与开发具有至关重要的作用。

（1）人员招募。所谓人员招募，是寻找员工可能的来源和吸引他们到组织应征的过程。招募的目的是为组织特定的工作岗位吸引尽可能多的工作候选人，并形成一个工作候选人的蓄水池，以保证组织能够以最低的成本从中选择最适合这一岗位的员工。

人员招募在人力资源管理中扮演着桥梁和纽带的角色，一个组织的内部政策会对组织的人员招募产生直接或间接的影响。人员招募有两种形式：内部招募和外部招募（见表5-1）。内部招募和外部招募对组织人力资源的获取具有同等重要的地位，两种方式是相辅相成的。在招募工作中应当遵循一定的原则和程序，以保证招募工作的科学性。

人员素质测评是科学地开发和管理人力资源的重要手段，为人员甄选、配置、培训和晋升提供具有说服力的依据。人员素质测评的主要方法有心理测量技术、面试技术和评价中心技术等。

表 5-1　内部招募与外部招募的利弊对比

	利	弊
内部招募	• 被聘者可以迅速展开工作 • 可提高被聘者的士气 • 有利于保证选拔的正确性 • 可降低招募的风险和成本 • 有利于激励其他员工的士气，调动其工作积极性 • 充分利用内部资源 • 成功的概率高 • 有利于维系成员对组织的忠诚	• 易出现思维和行为定式，缺乏创新性，从而使组织丧失活力 • 易造成"近亲繁殖" • 招致落选者的不满 • 不利于被聘者展开工作 • 易引起内部争斗 • 选择范围有限，组织中最适合的未必是职位最适合的
外部招募	• 为组织注入新鲜血液 • 有助于突破组织原有的思维定式，利于组织创新 • 人际关系单纯 • 有利于平息和缓和内部竞争者之间的紧张关系 • 方便快捷，培训费用少	• 被聘者需较长的"高速适应期" • 对内部员工造成打击 • 被聘者可能会对组织文化不适应 • 被聘者的实际工作能力与选聘时的评估能力可能存在较大差距

成功的招募为组织吸引来足够的候选人，通过人员素质测评可以进一步明确应聘者的胜任能力特征，而甄选就是要从这些候选人中挑选出最适合空缺职位的人，以实现人员和职位的最佳匹配的活动。

（2）甄选。所谓甄选，是用人单位在招募工作完成后，根据用人条件和用人标准，运用适当的方法和手段，对应聘者进行审查和选择的过程。

人员甄选的目标是在招募的候选人当中，决定哪些人可以加入组织，哪些人不能到组织中供职。成功的甄选可以保证组织中人员和职位的最佳匹配，提高组织效率，进而提高组织竞争力。科学的甄选方法是成功甄选的基本前提。衡量一个甄选过程是否科学有效，有如下指标：信度、效度和普遍适用性。员工甄选的基本技术和方法有利用求职申请表、笔试、面试、评价中心技术等。最后根据各种甄选方法和素质测评的综合结果做出录用决策。

4．员工培训与职业生涯管理

（1）员工培训。员工培训是指在组织发展目标和员工发展目标相结合的基础上，为了使员工获得或改进与工作有关的知识、技能、态度和动机，有计划地组织员工从事学习和培训，提高员工的知识和技能水平，改善员工的工作态度，激发员工的创新意识，使员工能胜任本职工作的人力资源管理活动。

目前，企业的培训现状是不容乐观的，主要表现为以下几个方面：① 培训投资仍严重不足。② 培训体系不健全，模式单调僵硬。③ 培训实践效果差。主要原因在于：① 培训投资的风险性。② 思想上的徘徊与迷茫。③ 培训趋于走形式。

个性化培训体系设计是大势所趋。进行个性化培训体系设计时，应该从员工角度出发，以需求分析为基础，同时注重反馈；需要考虑培训的系统性问题、培训的计划性问题、培训方式问题、教师选择问题及效果跟踪问题等。

培训的具体步骤包括：培训需求分析；培训目标确定；培训方案设计；培训方案实施；培训效果评价。

（2）职业生涯管理。职业生涯管理分为个人的职业生涯管理和组织的职业生涯管理，其中职业生涯设计是职业生涯管理的重要组成部分。个人职业生涯设计往往受组织发展的影响；个人在组织中，往往不明白组织中存在什么样的职业机会，对其他职业的要求和认识，也只是凭感觉来判断。这往往造成这样的结果：一方面，企业或组织四下寻找自己需要的人才；另一方面，员工对自己的能力缺乏理性的认识，高估或低估自己的能力。信息的不对称在这里集中体现为组织的职位需求信息不明确。组织职业生涯设计主要是一改过去靠员工个人的职业生涯设计方式，由组织系统地考虑现有的企业战略、人力资源存量情况、执行企业战略所需人力资源的技能结构、人员组合等，将组织内部的岗位资源调动起来，并作为员工职业发展和职业规划的参考；另外，引入科学的评价体系，如个人性格测试、素质测评、技能评估等技术，帮助员工理性地认识和评价自己能干什么，并给予其发展机会，在组织内部设立职业发展通道。这是促进员工自身职业技能提升的一种有效方法。

5. 激励与沟通

（1）激励。员工激励简单地讲就是一个激发和强化的过程，也就是说，在人力资源管理工作中，采用激励的理论和方法，对员工的各种需要予以不同程度的满足或限制，以此引起他们心理状态的变化，达到激发动机、引起行为的目的，再通过正反两方面的强化，对行为加以控制和调节。

激励机制就是在激励中有关键性作用的因素，它的功能表现在对激励的成败有着决定性的影响。所以，了解和认识激励的机制是搞好激励工作的必要前提。激励机制包括激励时机、激励频率和激励程度。

进行员工激励首先要了解员工的心理需求和人格类型，正确地分析员工的工作动机；然后注重和满足员工的外在需求和内在需求；继而采取合理的激励措施，贯彻岗位责任制，实行按劳分配；同时要重视社会心理。

（2）沟通。沟通有时又称信息交流，是指将某一信息（或意思）传递给客体或对象，以期取得客体做出相应反应的过程。其中最重要的一种沟通表现形式就是人与人之间的沟通——人际沟通。人际沟通的种类有很多种，常见的有垂直沟通和水平沟通，浅层沟通和深层沟通，双向沟通和单向沟通，口语沟通和非口语沟通。

为克服人际沟通障碍，我们首先必须了解人际沟通的有效性原则。人际沟通的有效性原则主要有准确性原则、及时性原则、适当运用非正式渠道的原则。

改善人际关系的措施有:了解情况、明确信息;培养信任感,培养积极的沟通态度;防止信息过量,鼓励下属积极向上沟通;注重沟通技巧的培训,改变处世风格,改善组织气氛等。沟通的作用就是在适当的时间,将适当的信息用适当的方法传递给适当的人,以形成一个迅速有效的信息传递系统,从而有助于组织目标的实现。

实例 5-1

肯德基的员工培训

对于员工培训,肯德基可谓有自己的一套独特模式。肯德基在中国特别建有适用于当地餐厅管理的专业训练系统及教育基地——教育发展中心,每年为来自全国各地的2 000多名肯德基的餐厅管理人员提供上千次的培训课程。肯德基的内部培训体系分为职能部门专业培训、餐厅员工岗位基础培训及餐厅管理技能培训。每位职员进入公司之后要去肯德基餐厅实习7天,以了解餐厅营运和公司企业精神的内涵。职员一旦接受相应的管理工作,公司还开设了传递公司企业文化的培训课程。作为直接面对顾客的"窗口"——餐厅员工,从进店的第一天开始,每个人就都要严格学习工作站基本的操作技能。从不会到能够胜任每项操作,新进员工会接受公司安排的平均近200工作小时的培训,并通过考试取得结业证书。目前,肯德基在中国有大约5 000名餐厅管理人。针对不同的管理职位,肯德基都配有不同的学习课程。学习与成长的相辅相成,是肯德基管理技能培训的一个特点。

提示:每个企业都应重视员工培训,但要因地制宜。

6. 绩效考评

(1)绩效考评的概念。绩效考评是指考评主体对既定的工作目标或绩效标准,采用一定的考评方法,评定员工的工作任务完成情况、工作职责履行程度和发展情况等,并将上述评定结果反馈给员工的过程。一般来说,绩效考评可以分为两大类,即判断型绩效考评和发展型绩效考评。

(2)绩效考评的流程。一个完整的绩效考评系统总流程可以包括四个阶段,即准备阶段、实施阶段、总结阶段和应用开发阶段。在绩效考评的准备阶段,我们需要明确四个基本问题:本次考评的参与者有哪些?采用什么样的考评方法?如何衡量和评价绩效?怎样组织实施绩效考评的全过程?实施阶段是在完成企业绩效考评系统设计的基础上,组织全体员工贯彻绩效考评制度的过程。在这个过程中,必须严格地执行绩效考评制度的有关规定,严肃认真地完成各项工作任务,认真实施绩效的考核工作。总结阶段是绩效考评循环期行将结束的一个重要的阶段,在这个阶段,各个管理的单元,即主管与下级(考评人和被考评人)之间,需要完成绩效考评的总结工作。各个部门乃至全公司,应当根据各自的职责范围和要求,对绩效管理的各项活动进行深入全面的总结,完成绩效考评的总结工作,同时做好下一个循环期的绩效管理的准备工作。应用开发阶段是绩效考评的终点，又是一个新的绩效考评工作循环的始点。

（3）绩效考评的方法。绩效考评的方法总体上可分为行为导向型主观考评方法、行为导向型客观考评方法和结果导向型考评方法。行为导向型主观考评方法主要是依据一定的标准或设计好的维度对被考评者的工作行为进行的主观评价，其具体方法包括排列法、选择排列法、成对比较法和强制分布法等。行为导向型客观考评方法则是依据完全确定性指标对考评者的工作行为进行的客观评价，其具体方法包括关键事件法、行为锚定等级评价法、行为观察法、加权选择量表法等。结果导向型考评方法以实际产出为基础，考评的重点是员工工作的成效和劳动的结果。一般来说，其主要有四种不同的表现形式：目标管理法、绩效标准法、直接指标法和成绩记录法。

7. 薪酬与福利

（1）薪酬。简单地说，薪酬就是对员工劳动付出的补偿和回报。关于薪酬的概念，普遍的看法认为薪酬有广义和狭义之分。广义的薪酬指作为个人因付出劳动而获得的各种类型的酬劳，通常包括两部分：① 直接以货币形式支付的各种经济报酬，如工资、奖金、津贴、股票、红利等。② 以其他间接的货币或非货币方式支付给员工的各种奖励或激励，如福利、保险和休假等。狭义的薪酬主要指工资。

薪酬管理是人力资源管理的一项重要职能，是指组织在国家宏观控制分配政策允许的范围之内，根据其内部管理的制度和有关规定，按照一定的分配原则和制定的各种激励措施对员工进行分配并且不断进行拟订薪酬计划和预算、制定管理政策、控制成本、加强与员工沟通、做出有效性评价的薪酬分配的持续而系统的组织管理过程。

合理有效的薪酬管理应具备公平性、竞争性、激励性、经济性、合法性等原则。

要做到薪酬制度的内部公平性的前提是明确企业中各种工作的相似性或差别性，以及这些工作对企业的整体目标实现的相对贡献的大小。为此，就需要进行职务评价。职务评价的目的在于判定一个工作岗位的相对价值，为各工作岗位薪酬水平的确定做好准备。

（2）福利。福利是薪酬制度的重要组成部分，它是企业为满足员工的生活需要，除工资与奖金以外向员工个人及其家庭所提供的实物和服务等一切待遇。

福利与工资有明显的区别。具体来说，首先，两者依据的分配原则不同。工资依据的是按劳分配的原则，其水平根据员工劳动的数量、质量确定；而福利则根据整个社会的生活和消费水平，有条件、有限制地解决和满足员工的物质文化需要。其次，享受的对象不同。享受工资的对象是企业中全体为组织提供劳动能力的员工；享受福利的对象不仅涉及企业的全体员工，还有他们的家属。再次，两者的分配特性也不同。工资分配具有等量性、差别性；福利分配则体现均等性、共享性、补充性和保证性等特征。

员工福利一般不是以货币形式直接支付的，而经常以实物或服务形式兑现。做好员工福利工作，一方面能够为员工提供各种安全保障，使其能安心工作；另一方面也能激发员工工作热情，提高员工工作绩效。因此，员工福利是组织人力资源管理工作的重要组成部分。

8．劳动关系

劳动关系是指劳动者与所在单位之间在劳动过程中发生的关系。

借以明确劳动者与用人单位间的权利义务关系，并经一定程序加以认定的规范化的文字性劳动契约便是劳动合同。劳动合同是建立劳动关系的具体方式，建立劳动关系应当签订劳动合同。劳动合同依法签订即具有法律约束力，当事人必须履行劳动合同规定的义务。

劳动争议又称劳动纠纷，是指具有劳动关系的用人单位和员工双方在执行劳动法律法规或履行劳动合同过程中因行使劳动权利、履行劳动义务而发生的纠纷。劳动争议处理应遵循合法、公正、及时和调解的原则。

相关链接 5-1

人力资源管理师

人力资源管理师是指从事人力资源规划、招聘与配置、培训与开发、绩效管理、薪酬福利管理、劳动关系管理等工作的管理人员。

在近些年来的招聘会上，"人力资源管理"这个职位频频出现在众多求职者面前。有关专家介绍，人力资源管理师是如今少数几个行情持续看涨的职业之一。1998年前后，我国的很多大型企业都逐步认识到引才、用才、留才的重要性，而这些课题正是人力资源管理师的职业范围。于是，很多企业都先后设立了人力资源部，人力资源管理师变得紧俏起来。国内的一些高校也相继开设了人力资源管理专业。发展到现在，这一职业的分工已经细化。

人力资源管理师从事的工作，与以前的人事管理有很大区别，主要是更加专业化。人力资源管理师在企业内部主要从事员工招聘选拔、绩效考核、薪酬福利管理、劳动关系协调等工作。国家自2003年开始，在全国范围内开展企业人力资源管理人员职业资格认证，该职业已被国家列为实行就业准入制度的职业，规定从业人员必须持证上岗。

除我国劳动部颁发的人力资源管理师/助理师职业资格证书外，2006年，国企、外企通行的剑桥国际考试委员会主持的剑桥人力资源考试也进入北京，它是世界上接受范围最广的国际职业资格证书之一。

5.2　财力资源管理

资金是现代企业的"血液"，是现代企业财力资源的重要表现形式，是现代企业资源中的一个重要组成部分。及时地筹集资金，合理使用和正确分配资金，最大限度地发挥资金资源的功效，是每个企业都必然遇到和必须解决的重要问题，而这正是现代企业财力资源管理的内容。

5.2.1 现代企业资金的筹集

现代企业筹集资金简称筹资。筹资是指现代企业为从事生产经营活动,从不同资金所有者手中筹措资金的财务活动。筹集资金是现代企业资金运动的起始阶段,是决定资金运动规模和生产经营发展程度的重要环节。

在筹资管理上要求合理确定资金的需要量,根据不同时间的需要,合理安排和控制资金投放时间,减少资金占用,加速资金周转;要周密研究投资的方向,大力提高投资效果;同时,还要考虑各种筹资渠道与方式,研究各种资金来源的构成,以求获得筹资方式的最优组合,降低综合资金成本。总之,企业应从总体角度出发,适当安排自有资金与借入资金的比例,既要利用负债经营的作用,提高企业收益水平,又要维护企业财务信誉,减少财务风险。

在市场经济条件下,企业资金来源的选择很多,已趋向多元化,方式也是多种多样的。从目前的情况看,企业的筹资途径主要有以下几种。

1. 自有资金的筹集

自有资金是投资者投入企业的资本金及经营中所形成的积累,它反映所有者的权益,又称主权资金。其出资人是企业的所有者,拥有对企业的所有权,企业则可以独立支配其所占有的财产。

(1)吸收直接投资。吸收直接投资(简称直接投资)是指企业按照"共同投资,共同经营,共享利润"的原则吸收国家、单位、个人、外商投入资金的一种筹资方式。出资者是企业的所有者,可通过一定方式参与企业经营决策,有关各方按出资额的比例分享利润,承担损失。

吸收直接投资的出资方式是多种多样的,有现金投资、实物投资,还有以工业产权和非工业产权与土地使用权进行投资的。

现代企业通过吸收直接投资方式筹集的资金主要有以下四种:

- 吸收国家投资,形成国家资本金。
- 吸收企事业等法人单位的投资,形成法人资本金。
- 吸收城乡居民和企业内部员工的投资,形成个人资本金。
- 吸收外商投资,形成外商资本金。

(2)发行股票。吸收股份筹资,主要是组织公司制企业时,向社会法人定向募集股份,以及向本企业员工按改制的要求实施员工持股。对国家有关部门批准的上市公司,则还可通过股票上市,向社会公众募集股份。发行股票可以筹措社会资金并分散企业风险,但股票也绝不是如某些经营者误认为的"不要还本付息的长期资金"。发行股票是向社会公众交出一部分企业资产所有权,同时也意味着公众拥有所有权、收益权与对企业经营的公开监督。如果企业经营不理想,社会小股民虽然没有对经营者的足够的投票否决权,但可以抛出股票，使企业的产权价格迅速下跌。发行股票是企业筹集长期资金的一个重要途径。它可以使大量社会游资得到集中和运用，并把一部分消费基金转化为生产资金。股票是股份公司为筹集自有资金而发行的有价证券。

股票筹资的优点是：筹集的是主权资金，可提高企业的信誉；资金稳定，股票筹集的是永久性资金，企业不需返还股本；风险小，与债券筹资相比，股票筹资没有固定的利息负担，股东只负有限责任。

其缺点是：筹资成本高，与借入资金相比，股利要从公司税后利润中支付；筹资费用也较高；发行新股易分散对企业经营活动的控制权。

（3）留存利润。公司以税后利润支付股东的股利后，余下的利润可供公司支配使用，把税后利润留归公司支配使用的部分称为留存利润。它是公司主要资本的一部分，是公司进行权益筹资的重要方式。

留存利润已经成为公司日益重视的筹资方式。公司通过少发现金股利或发放股票股利甚至不发股利，保留更多的税后利润以满足公司的资金需要促使公司发展。虽然留存利润减少了目前的股利，但利用留存利润投资可以增加股东未来的股利，对股东仍然是有利的。因为，公司采用别的方式筹集资金必然增加使用成本。

2．借入资金的筹集

借入资金是指企业向银行、其他金融机构、其他企业单位等吸收的资金。它反映债权人的权益，又称负债资金。借入资金的出资人是企业的债权人，对企业拥有债权，有权要求企业按期还本付息。企业借入资金的筹集方式主要有银行借款、发行债券、商业信用、租赁融资等。

（1）银行借款。银行是经营货币资金的企业。企业以利息为代价向银行购买有限时间内的资金支配权。商业银行只能向那些保证能按时还本付息的人或法人出售资金的支配权。银行贷款筹资是当前企业筹资的主要渠道之一。银行贷款以贷款是否需要担保为标准，可分为信用贷款与抵押贷款。信用贷款主要凭借借款企业或担保人的信誉，没有实物担保，这种贷款方式只能用于真正有良好信誉的优秀企业；抵押贷款则由借款企业提供一定的固定资产抵押或证券抵押作为抵押品，也有少数情况可用名牌商标的无形资产价值进行抵押，如果借款方违约，不能如期归还贷款，则可拍卖商标权进行还贷。

银行贷款还有短期、中期与长期贷款之分，利率各不相同，企业需根据贷款的用途与期限，选择恰当的贷款种类。

银行借款的优点是：筹资速度较快；筹资弹性较大；具有财务杠杆作用。缺点是：限制条件较多；财务风险较高；筹资数量有限。

（2）发行债券。债券是债务人为筹资而发行的，约定在一定期限内向债权人还本付息的有价证券。由企业发行的债券称为企业债券或公司债券。

企业发行债券，必须具备规定的发行资格与条件。据我国公司法的规定，股份有限公司、国有独资公司或两个以上国有投资主体投资设立的有限责任公司,才有资格发行债券。而有资格发行债券的公司,还必须具备其他相应条件,如股份有限公司的净资产额不低于3 000万元,有限责任公司的净资产额不低于6 000万元,累计债券总额不超过公司净资产额的40%。

债券筹资的优点是:筹资成本较低;可用于财务杠杆;保障股东控制权。缺点是:财务风险较高;限制条件较多;筹资数量有限。

(3)商业信用。商业信用是指商品交易中以延期付款或预收货款方式进行购销活动而形成的借贷关系,是企业之间的直接信用行为。商业信用是由商品交换中货与钱在空间上和时间上的分离而产生的,是企业筹集短期资金的一种方式。

商业信用的主要形式有应付账款、商业汇票、票据贴现、预收货款等。

商业信用的优点是:方便、及时;限制条件较少;弹性大。缺点是:期限短;筹资成本高。

(4)租赁融资。租赁融资是企业作为承租人,根据与出租人签订的租赁契约,付出一定的租金,来获得在规定时期内租赁物的使用权或经营权的一种筹资方式。租赁融资分为对生产设备的租赁融资与对企业的租赁融资两类。对生产设备的租赁融资又分为融资租赁方式与服务性租赁方式两种。

融资租赁是一种世界性的现代融资手段,在国外已十分普遍。融资租赁以专业性的租赁公司为出租人,租赁公司按承租企业的要求,由租赁公司向银行贷款,再从国外或国内购入承租企业选定的新设备,并租赁给承租企业使用。租赁公司一般先收设备价款的15%~20%做定金,其余租金则在设备投产后按月分期收取,承租企业所交的租金内容则包括设备的价款、租赁公司应取的利润及租赁公司贷款所付的利息三部分。一般设备在3~5年内交清,大型设备可在10年内交清。

租赁融资的优点是:能迅速获得所需资产;限制条件较少;能减少设备陈旧、过时的风险;租金属于免税费用。缺点是筹资成本较高。

实例 5-2

负债经营——舞好这把"双刃剑"

2001年,国内第五大IT分销商仪科惠光公司突然倒闭,引起众多人士的关注。仪科惠光成立于1997年,当年通过代理IBM产品,推出立足二、三级市场、面对中小经销商的"黄金渠道"计划,销售额一举突破1 500万元。此时,仪科惠光开始定位为为中小企业提供信息化服务,并通过发展连锁的方式迅速扩张,最大规模时已突破200家连锁企业。高速扩张策略带来了企业的巨大发展,到2000年,仪科惠光的营业收入达到4.5亿元,成为国内IT分销商中的佼佼者。由于自身资金积累不足,为保持快速发展,仪科惠光长期处于负债经营状态,期间也曾尝试解决资金问题,与境外投资商广泛接触,但就在此时，一家供应商因货款拖欠问题将仪科惠光告上法庭。脆弱的债务链开始断裂，供应商纷纷停止供货，要求兑付欠款，企业陷入停顿状态。2001年8月13日，仪科惠光被查封。

提示： 企业筹资应适当安排自有资金与借入资金的比例，既要利用负债经营的作用，又要降低财务风险。

5.2.2 现代企业资产管理

资产是现代企业拥有或控制的、可用货币计量的并能为企业提供经济效益的经济资源。资产按其流动性可分为流动资产、固定资产、无形资产等。

1. 流动资产管理

流动资产是可以在一年内或超过一年的一个经营周期内变现或运用的资产，主要包括货币资金、交易性金融资产、应收票据、应收账款、预付款项、存货、其他应收款等。流动资产在现代企业资产中占有相当大的比重，而且周期短、形态易变。因此要用好这部分资产，必须加强对流动资产的管理。

在流动资产管理中，要做好以下几方面的工作：① 既要保证生产经营需要，又要合理使用资金。② 管资金的要管资产，管资产的要管资金，资金管理和资产管理相结合，做到责、权、人、物四结合。③ 保证物资运用和资金使用相结合，坚持钱货两清，遵守结算规律，不得无故拖欠，这是保证生产经营顺利进行的前提条件。

2. 固定资产管理

（1）现代企业固定资产的定义及特点。

固定资产是指同时具有下列特征的有形资产：为生产商品、提供劳务、出租或经营管理而持有的；使用寿命超过一个会计年度。

固定资产同时满足下列条件的才能予以确认：① 与该固定资产有关的经济利益很可能流入企业。② 该固定资产的成本能够可靠地计量。固定资产的各组成部分具有不同使用寿命或以不同方式为企业提供经济利益，适用不同折旧率或折旧方法，应当分别将各组成部分确认为单项固定资产。

（2）现代企业固定资产管理的要求。保证固定资产的完整无缺；提高固定资产的完好程度和利用效率；正确核定固定资产需用量；正确计算固定资产折旧额，有计划地计提固定资产折旧；要进行固定资产投资的预测。

（3）固定资产折旧。固定资产在使用过程中会发生各种损耗。固定资产折旧是指固定资产因损耗而转移到产品上去的那部分价值。固定资产折旧额是对固定资产损耗进行价值补偿的依据。计算固定资产折旧额，要根据固定资产的损耗情况，采用合理的计算方法。

1）平均年限法（直线法）。平均年限法是根据固定资产的原值，考虑残值和清理费用，按照预计使用年限平均计算折旧额的一种方法。计算公式如下：

年折旧额=（固定资产原值-预计残值+预计清理费用）÷预计使用寿命（年）

该方法计算简单、易于使用，适用个别折旧和分类折旧。

2）工作量法。工作量法是根据实际工作量计提折旧额的一种方法。这种方法可以弥补平均年限法只重使用时间，不考虑使用强度的缺点。计算公式如下：

单位工作量折旧额=［固定资产原价×（1-预计净残值率）］÷预计总工作量

工作量法适用于价值量较大、不经常使用的固定资产，可保证折旧额与固定资产使用程度相匹配，使成本趋于合理，但未考虑无形损耗的影响。

3）双倍余额递减法。双倍余额递减法是指在不考虑固定资产预计净残值的情况下，根据每期期初固定资产原价减去累计折旧后的余额和双倍的直线折旧率计算固定资产折旧的一种方法，计算公式如下：

年折折旧率=2/预计使用寿命（年）×100%
年折旧额=期初固定资产账面净值×年折旧率

现行财务制度规定，实行双倍余额递减法折旧的固定资产，应当在其固定资产折旧年限到期前2年内，将其账面净值扣除预计净残值后平均摊销。

4）年数总和法。年数总和法根据折旧总额乘以递减分数（折旧率），确定年折旧额。折旧总额系原值加上清理费用，再减去残值后的余额。递减分数的分母为固定资产使用年限的各年年数之和，即年数总和。例如，使用年限为5年，则年数总和为1+2+3+4+5=15。递减分数的分子为固定资产尚可利用的年数，如第1年为5，第2年为4，以后各年依次为3、2、1。这样计算出来的折旧额是递减的，它是一种递减折旧法。其折旧率是每年变化的，因此又称为变率递减法。其计算公式为：

固定资产年折旧率=［（预计使用寿命-已使用年限）÷预计使用寿命×
（预计使用寿命+1）÷2］×100%
固定资产月折旧率=固定资产年折旧率÷12
固定资产月折旧额=（固定资产原值-预计净残值）×月折旧率

后两种方法为快速折旧法，其特点是固定资产使用开始阶段计提折旧多，以后逐渐递减，目前按规定只运用于在国民经济中具有重要地位、技术进步较快的电子、船舶、飞机、汽车、化工、医药等生产企业。

3．无形资产管理

无形资产是指不具有物质实体但能给企业提供某种特殊的经济权利，有助于企业在较长时期内获取利润的财产。无形资产包括专利权、商标权、著作权、土地使用权、非专利技术等。

无形资产属于资产，因而具有资产的一般特征。此外，作为无形资产，它还同时具有以下三个特点：① 没有物质形态，是不依存于某一部分或特定的物件的资产。② 不具有流动性，变现能力差，能在较长时期内（至少超过 1 年）使企业受益。③ 它获得未来的经济效益具有很大程度的不确定性。

无形资产按照取得时的实际成本计价：投资者作为资本金或合作条件投入的，按照评估确认或合同、协议约定的金额计价；购入的，按照实际支付的价款计价；自行开发并且依法申请取得的，按照开发过程中的实际支出计价；接受捐赠的，按照发票账单中所列金额或同类无形资产市价计价。

企业应当于取得无形资产时分析判断其使用寿命。使用寿命有限的无形资产应进行摊销，使用寿命不确定的无形资产不应摊销。使用寿命有限的无形资产，通常其残值视为零。对于使用寿命有限的无形资产，应自可供使用当月起开始摊销，处置当月不再摊销。无形资产摊销方法包括直线法、生产总量法等。

5.2.3 现代企业资金的分配

资金的分配是指现代企业将取得的营业收入和利润进行分配，涉及营业收入管理、税金管理、利润管理三个方面的内容。

1. 营业收入管理

收入按其与企业生产经营活动的相关程度，可分为营业收入和营业外收入两大类。营业收入是指企业在生产经营活动中由于销售商品或产品、提供劳务或从事其他经营活动而获得的收入；营业外收入则是指与企业生产经营活动无直接关系的非经营性收入。

营业收入确认应采用以收入实现原则为基础的确认方法，即收入的确认应当同时满足两个标准：① 商品所有权已经转移或劳务已经提供；② 已经收到货款或取得收取货款的具有法律效力的凭证。企业加强营业收入管理，要做好多个方面的工作。

2. 税金管理

税金是企业依法向国家缴纳的货币金额，是企业必须履行的义务。搞好税金管理，遵章纳税，也是现代企业资金管理的一项重要内容。企业所需缴纳的税种一般有增值税、消费税、营业税、企业所得税等。前三种税统称为流转税，是以发生在流通领域内的商品流转额和非商品流转额作为课税对象而征收的税。

3. 利润管理

利润是指现代企业在一定时期内的经营成果，是现代企业最终的经济效益的综合反映。利润管理是财务管理的最后一个环节，也是财务管理的重要内容。企业利润由三部分组成：营业利润（销售利润）、投资净收益和营业外收支净额。

（1）营业利润。营业收入扣减相应的费用（成本）及有关的税金及附加费后的余额。

（2）投资净收益。企业对外投资所得的收益扣除投资损失后的余额。投资收益包括对外投资分得的利润、股利和债券利息等。投资损失包括对外投资到期收回或中途转让所取得的款项低于账面价值的差额。

（3）营业外收支净额。与本企业生产经营无直接关系的各项收入和支出的净额。其中，营业外收入包括固定资产的盘盈和出售净收入、罚款收入、无法偿还的应付款和教育费附加返还等。营业外支出包括固定资产盘亏、固定资产出售净损失、非常损失、公益救济性捐赠和赔偿金、违约金等。

利润的分配程序是指现代企业缴纳所得税后的利润，除国家另有规定外，应当按下列顺序分配：支付由于违反某些规定而被没收的财产损失及违反税法规定的滞纳金和罚款；弥补延续5年用税前利润还不能弥补的经营性亏损；提取法定盈余公积金；向投资者分配利润。

股份有限公司的利润分配顺序除上述前四项顺序相同外，后面的顺序为：支付优先股股利；提取任意盈余公积金；支付普通股股利。

5.3 物力资源管理

任何类型的企业从事生产经营活动，都必须拥有一定的物力资源，企业的各种资源只有同一定的物力资源相结合，企业的生产经营活动才能正常进行。同时，企业只有搞好物力资源管理，才能不断降低成本，取得好的经济效益。物力资源主要是指物质资源和设备资源两大类。

5.3.1 物质资源管理

物资是物质资源的简称，是企业进行生产经营活动的物质基础。企业物资管理中所指的物资，主要是指生产过程中所消耗的原料、材料、燃料、辅助材料和工具等。物资管理是企业管理的重要内容，主要包括物资的采购管理、定额（包括消耗定额和储备定额）管理、仓库管理等工作。

1．物质资源的分类

（1）按物资在生产中的作用分类。

1）主要原材料。加工后构成产品实体的物资，如冶金工业主要原材料有矿石、生铁、钢材、有色金属材料等。

2）辅助材料。在生产中起辅助作用，但不构成产品实体的物资，包括工艺用辅助材料（型材、油漆等）、机器设备用辅助材料（润滑油等）、劳动保护用材料、包装材料等。

3）燃料。包括工艺用燃料（如高炉、平炉、反射炉用）、动力用燃料（如锅炉用）、非生产用燃料（如取暖用）等。

4）动力。如电力、蒸汽、压缩空气等。

5）工具。如量具、刃具、辅助工具等。

6）修理用备件。按在生产中的作用分类，便于制定消耗定额、计算需要量、核算成本等。

（2）按自然属性分类。

1）金属材料。包括黑色和有色金属材料。

2）非金属材料。如化工材料。按自然属性分类便于物资平衡计算，编制物资目录，进行物资采购和保管。

（3）按物料使用范围分类。可分为生产产品用料、基本建设用料、经营维修用料、技术措施用料、工艺装备和非标准设备用料。这种分类方法便于企业进行物料核算和平衡，以及资金的预算和控制。

2．物资消耗定额的管理

物资消耗定额是指在一定的生产技术和组织条件下，为制造单位产品或完成单位工作量所规定的、必须消耗的物资数量标准。

物资消耗定额由三部分构成：① 构成产品净重的原材料消耗，是物资消耗的基本部分，即有效消耗部分。② 工艺性损耗，是在工艺加工过程中由于工艺技术的原因所产生的原材料消耗。③ 非工艺性损耗，是由于对物资使用不当、管理不善等原因造成的损耗。

由于物资消耗的构成不同，物资消耗定额可以分为工艺消耗定额（单位产品净重+各种工艺性损耗的重量）和物资供应定额（工艺消耗定额+合理的非工艺性损耗）。前者用于作为企业内部车间、班组发料和考核的依据，后者用于作为核算需要量、确定物资申请量和采购量的主要依据之一。

制定物资消耗定额的一般方法有经验估计法、统计分析法和技术测定法三种。在实际工作中，可以把这几种方法结合起来加以灵活运用。

（1）主要原材料消耗定额的制定。

1）机械加工企业中主要原材料消耗定额的制定，通常是根据设计图纸和有关技术文件规定的产品的尺寸、规格、重量等进行计算的。但在具体计算时，按照工艺过程的要求不同，对锻造零件、型材、棒材零件、板材零件等的计算方法也不相同。

- 锻造零件消耗定额。一般分两步计算：第一步，计算锻造前的重量，即毛坯重量加上锻造切割损失和烧损重量；第二步，在锻造前重量的基础上，再加上坯料锯口、夹头、残料等重量，从而求出锻件材料消耗定额。其计算公式如下：

  锻造零件消耗定额=锻件毛坯重量+锻造切割损耗重量+烧损重量+
  锯口重量+夹头重量+残料重量

- 型材、棒材零件消耗定额。以棒材为例，它的构成可用下列公式计算：

  棒材零件消耗定额=零件毛坯重量+锯口重量+夹头重量+分摊的残料重量

- 板材零件消耗定额。它是按工艺规定下料，首先在板材上画出所需零件名称和毛坯尺寸草图，据此计算从这块板材上裁出的零件毛坯总重量；其次除以板材下料利用率，最后求得板材消耗定额。其计算公式如下：

$$板材下料利用率=零件毛坯总重量÷板材重量×100\%$$
$$板材零件消耗定额=每个零件毛坯重量÷板材下料利用率$$

2）化工、冶金、铸造等企业中，主要原材料消耗定额的制定，应根据工艺流程的特点和预定的配料比，用一系列技术经济指标（成品率、损耗率等）来计算。例如，铸件的炉料消耗定额可用下列公式计算：

$$每吨铸件所需的某种炉料消耗定额=1÷合格铸件成品率×配料比$$

式中，合格铸件成品率是指合格铸件总重量与金属炉料重量之比；配料比指投入熔炉中的各种金属材料的比例。

（2）辅助材料消耗定额的制定。企业所需的辅助材料，由于品种繁多，使用情况复杂，其消耗定额可根据它们的实际情况采用不同的方法制定。一般来说，凡是与主要原材料消耗成正比例的辅助材料，可按主要原材料单位消耗量的比例进行计算，如炼一吨生铁需要多少熔剂等；与产品产量成正比例的辅助材料的消耗定额，可按单位产品需要量来计算，如包装用材料和保护用涂料等；与设备开动时间或工作日有关的辅助材料消耗定额，可根据设备开动时间或工作日数来计算，如设备开动 1 小时需要多少润滑油等；与使用期限有关的辅助材料定额，一般按规定使用期限确定，如劳保用品和清扫工具等；对于难以计算的辅助材料消耗定额，一般可根据统计资料和实际耗用确定。

（3）燃料消耗定额的制定。燃料消耗定额的制定可用单位消耗量标准计算，如动力用燃料消耗定额是以发 1 度电、生产 1 立方米压缩空气、生产 1 吨蒸汽所需燃料为标准来制定的；工艺用燃料消耗定额是以加工 1 吨产品、生产 1 吨合格铸件所需燃料为标准来制定的；取暖用燃料消耗定额一般是按每个锅炉或单位受热面积来制定的。但是，由于燃料品种不同，其物理形态和发热量也不一样，在计算定额时，应以标准燃料（1 千克标准煤发热量为 7 000 卡）为基础，根据标准燃料消耗定额换算成实际使用燃料消耗定额。

（4）动力消耗定额的制定。动力消耗定额一般是按用途分别制定的，如用于发动机的电力消耗定额，先按实际开动马力计算电力消耗量，再按每种产品消耗机械小时数，最后计算出单位产品的消耗定额。而电炉炼钢，一般可直接按单位产品来确定消耗定额。

（5）工具消耗定额的制定。工具消耗定额一般是用制造一定数量产品的某种工具使用时间除以某种工具的耐用期限来确定的。

以上仅是企业制定物资消耗定额的一般方法，在实际工作中，不同企业应根据具体情况加以灵活运用。

3. 物资储备定额管理

物资储备定额是指在一定的生产技术组织条件下，为保证企业生产经营活动正常进行所必须储备的数量标准。物资储备定额有以下几种。

（1）经常储备定额。经常储备定额是指前后两批物资进厂这一间隔期内，为保证生产正常进行所需要的物资储备。其确定方法有以下几种。

1）以期定量法。

经常储备定额=（供应间隔天数+检验入库天数+使用准备天数）×平均日需要量

2）经济订购批量法。

$$经济订购批量=\sqrt{\frac{2\times 每次订货费用 \times 物资全年需用量}{单位物资保管费用}}$$

（2）保险储备定额。保险储备定额是指为了防止物资供应中可能发生的各种意外情况，为保证生产经营正常进行所需要建立的物资储备。

保险储备定额=保险储备天数×平均日需要量

（3）季节性储备定额。季节性储备定额是指根据季节特点而设置的物资储备数量。

季节性储备定额=季节性储备天数×平均日需要量

企业通过制定各种储备定额，可以掌握各种物资的库存动态，使其介于最高储备定额与最低储备定额之间。每种物资库存量不应高于最高储备定额，以免造成超储积压；也不能低于最低储备定额，以免造成停工待料。最高储备定额与最低储备定额的计算公式为：

最高储备定额=经常储备定额+保险储备定额

最低储备定额=保险储备定额

4．物资的采购管理

（1）企业物资采购。企业物资采购是按照物资采购计划，通过各种渠道，取得企业所需的各种物资的经济活动。

（2）企业物资采购要解决的问题：① 确定物资采购的品种、规格及质量要求。② 确定合理的采购数量。③ 确定合理的采购价格，降低采购成本。④ 确定采购时间，保证物资供应的及时性。⑤ 确定采购的厂家，搞好与供货厂家的协作关系。⑥ 确定恰当的物资采购方式。

5．物资的仓库管理

为了维护物资的安全和完整，保质、保量、及时地供应生产经营需要，仓库管理工作的主要任务与内容有以下几个。

（1）物资的进厂验收。企业需要按照物资采购合同的有关标准对物资进行质量和数量验收，以保证入库数量和质量。

（2）保管、保养好库存物资。根据物资的性能、特点、用途及保管要求进行分类存放，达到"三清"（材料清、规格清、数量清），"三一致"（账、卡、物一致）。尽量做到"四号定位"（库、区、架、格），"五五堆放"（五五成行、五五成方、五五成包、五五成堆、五五成层，便于物料的数量控制、清点盘存）和"两齐"（库容整齐、码垛整齐）的要求，并采取必要的维护措施。

（3）降低保管费用，提高仓库利用率。

5.3.2 设备资源管理

设备是对生产经营所使用的各种机械的总称，一般包括生产设备、动力设备、传导设备、运输设备、管理设备、科研设备、仪器、仪表及各种工具等。设备是现代生产的物质技术基础，是企业固定资产的重要组成部分。设备技术状态的好坏、费用的高低，对企业生产的正常进行，实现均衡生产，以及产品的产量、质量和成本都有直接的影响，因此设备资源管理是现代企业管理的一个重要组成部分。

1. 设备的采购

设备的采购，就是使新设备从企业外部经过选择、购买、运输、安装、调试进入企业的生产过程，是设备管理的首要环节。因此，编制设备购置计划应与设备投资计划同步进行，要进行技术经济可行性论证，严格执行审批制度，健全责任制。设备选购要把技术先进、经济合理、生产上使用作为设备选购的主要原则。

设备采购应考虑的因素有：① 设备的生产性和可靠性。② 设备的节能性和成套性。③ 设备的耐用性和安全性。④ 设备的灵活性和维修性。⑤ 设备的环保性和经济性。

2. 设备的合理使用

合理地使用设备，不仅可以保证生产的顺利进行，而且还可以减轻设备磨损，保持设备良好的技术性能，延长使用寿命，充分发挥设备的效能。所以，必须抓好以下工作。

（1）合理配备设备。要根据生产特点与工艺要求，配备适当设备；根据各种设备的性能结构、技术特点、使用范围和工作条件等，合理安排设备的工作负荷。

（2）合理配备操作人员。要配备熟练操作者，实行定人定机的凭证操作，操作人员必须经过技术培训，做好"三好"（管好、用好、保养好），"四懂"（懂设备结构、懂性能、懂原理、懂用途），"四会"（会使用、会保养、会检查、会排除一般故障）。

（3）为设备创造良好的工作环境与条件。场地要宽敞、整齐明亮，有通风、防潮、防晒、防震、防尘及安全等方面的保护设置。

（4）建立健全设备使用的规章制度，包括安全操作规程、使用保养制度、岗位责任制度及检查制度，违章必须追究责任。

3. 设备的维护与检修

（1）设备维护和检修（检查、修理）的原则。维护保养与计划检修并重，以预防为主的原则；专业检修与群众检修相结合，以专业维修为主的原则；先检修后生产的原则。

（2）设备维护保养的内容。设备的维护保养工作，依据工作量大小、难易程度，可划分为以下几类。

1）例行保养，又称日常保养。它的保养项目和部位较少，大多数在设备的外部，由操作工人承担，在交接班时作为检查内容。

2）一级保养。它的保养项目较多，由设备外部进入设备内部，是在专职检修人员指导配合下，由操作人员承担，定期进行的。

3）二级保养。它的保养项目和部位最多，主要在设备内部，是由专职检修人员承担，操作人员协助，定期进行的。

（3）设备检查的内容。日常检查、定期检查、修理前检查；在检查基础上发展起来的设备检测技术，又称诊断技术。

（4）设备修理的内容。设备修理是指修复出于正常或不正常的原因而引起的设备损坏，从而使设备的有形磨损得到局部补偿。设备修理按其对设备性能恢复的程度和修理内容与工作量的大小，可分为小、中、大修理。小修理是指日常的零星修理，主要是局部维修，只需更换或修复少量的零件，通过检查、清洗、调整、紧固机件等技术，恢复设备的使用性能；中修理是指更换和修复设备的主要零部件或数量较多的其他磨损零件，校正机器设备基准，以保证设备恢复到正常规定的精度、功率和其他技术要求；大修理是指对机器设备进行全部修理，需要将设备全部拆卸、更换或修复全部磨损零件，恢复设备原有的技术性能，达到规定的技术要求和工艺要求。

4. 设备的磨损与更新

（1）设备的磨损与设备寿命。设备的磨损有两类：一是物质磨损（有形磨损），即由使用磨损和自然磨损造成；二是精神磨损（无形磨损），即劳动生产率提高和技术进步使设备价值、使用价值下降而贬值。有形磨损造成设备的物质技术劣化，无形磨损则造成设备的经济劣化。设备的改造与更新是对设备劣化的补偿。修理是对设备有形磨损的局部补偿，改造是对无形磨损的局部补偿，更新则是对有形磨损和无形磨损的完全补偿。

设备的寿命有三种：一是物质寿命（自然寿命），是指设备从投入使用到报废所经历的时间；二是技术寿命（又称设备技术化周期），是指设备开始使用到因技术落后而被淘汰所经历的时间；三是经济寿命，是指经济上合理的使用年限，它由设备的使用费用所决定。依靠高额的使用费用能使设备经济寿命延长，但在经济上是不合算的。设备经济寿命是设备的最佳更新周期，其计算方法为：

$$设备的经济寿命（年）=\sqrt{\frac{2\times 设备的原始价值}{随着使用年限增加而不断增加的费用}}$$

例如，某设备原始价值为 200 000 元，每年设备使用费的递增额为 4 000 元，则

$$设备的经济寿命=\sqrt{\frac{2\times 200000}{4000}}=10（年）$$

（2）设备的改造与更新。

1) 设备改造。设备改造是企业技术改造的主要内容。它把科学技术的新成就应用于企业的现有设备，改变现有设备落后的技术面貌，以改进设备的性能，提高设备的生产效率，具有投资少、时间短、见效快的优点。

设备改造的内容很广泛，主要包括以下几方面：提高设备的功率、速度和扩大、改善设备的工艺性能；降低设备的原材料及能源消耗；提高设备零部件的可靠性、维修性；改进安全、保护装置及环境保护系统；使零部件标准化、系统化、通用化；将通用设备改装为高效专用设备；改装设备监控装置；提高设备的自动化程度，实现数控化、联动化。

2) 设备更新。设备更新一般是以比较经济和比较先进的设备来代替物质上不能继续使用或经济上不能继续使用的设备。企业在进行设备更新时，应遵循有关的技术发展原则，进行技术经济论证和可行性研究，对设备经济使用年限、更新方式做出最佳选择。

设备的经济使用年限是设备的经济寿命，又称设备更新期，主要受设备的效能衰退、技术陈旧及资金成本等因素影响。可以经过定量计算来为设备更新决策提供依据。

设备更新的方式分为设备的原型更新与设备的技术更新。原型更新是指用结构相同的新设备，更换有形磨损严重的旧设备，主要解决设备效能衰退问题；技术更新是指用技术先进的设备更换技术陈旧的设备，是企业实现技术进步的重要途径。

实例 5-3

工友集团公司设备管理法

工友集团公司在设备管理上实行"三好""四会"操作标准化。

"三好"——管好、用好、修好。管好：操作者对设备负有保管责任，未经领导批准不能任意乱动。设备的附件、仪器、仪表、冷却、安全防护等装置应保持完整无损。每日做好交接班工作。用好：严格执行操作规程，禁止超压、超负荷使用设备等。修好：操作者应使设备经常保持新安装或大修后的良好状态，仪器、仪表和润滑、冷却系统灵敏可靠。

"四会"——会使用、会保养、会检查、会排除故障。会使用：操作者应严格遵守操作规程，要熟悉设备构成部件、设备性能、传动原理和加工范围，熟悉加工工艺，会合理使用工装、刀具。会保养：操作者应经常保持设备内外清洁，要定质、定量、定时、定点加油换油，保持油路通畅；要做好设备的日常保养、一级保养、二级保养和三级保养。会检查：熟悉设备结构性能，了解设备精度、标准和检验项目。接班时如发现上一班造成事故或部件故障，要立即报告，做出鉴定，修好后再开车。会排除故障：操作者发现电器断路，应协助电工排除。

提示：从设备管理方法去考虑。

5.4 知识产权管理

企业是我国市场经济的主体，也是利用知识产权资源的主体。随着 21 世纪知识经济的来临，知识产权资源在世界经济增长中的贡献在大幅度提高。有资料统计，美国、日本、德国知识产权资源在世界经济增长中所占的份额已达 70%以上。西方国家许多大型跨国公司和企业之所以取得巨大成就，原因之一就在于特别重视开发、有效利用知识产权，全方位实施知识产权战略。

知识产权生产、保护、经营管理构成知识产权管理的主要内容。

1．知识产权生产管理

知识产权主要来源于企业的技术创新，企业知识产权的生产管理即技术创新的管理，主要包括技术创新策划管理和项目管理等。国内外优秀企业的实践证明，以知识产权为主线的技术创新管理是最有效的创新管控模型。

做好技术创新策划管理，是高质高效取得技术创新成果进而实现跨越式赶超的重要前提条件，是保障企业技术创新工作持续稳定向前发展的关键起点。技术创新策划主要有中长期的战略策划和年度项目策划两种模式。

技术创新项目管理，主要是指项目团队在给定的资源约束下，运用系统的观点、方法和理论，对技术创新项目涉及的全部工作进行有效管理，即从项目的科研开始到项目结束的全过程进行计划、组织、指挥、协调、控制和评价，以实现技术创新项目的策划目标。

2．知识产权保护管理

知识产权保护管理主要包括以下内容。

（1）专利权。主要包括新物质、新材料、新产品、新技术、新工艺、新配方、新设计的专利申请权、专利权、专利实施许可权等。

（2）商标权。本企业拥有的注册商标专用权。

（3）著作权。主要利用本单位的物质技术条件创作，并由本单位承担责任的工程设计、产品设计图纸及其说明、计算机软件、集成电路布图设计、地图、摄影、录音、录像等职务作品的著作权；由本企业提供资金或资料等为创作条件，组织人员进行创作的作品所享有的著作权。

（4）商业秘密（含技术秘密和经营秘密）。主要是不为公众所知悉，只属本企业拥有的经营管理、工程、设计、市场、租赁、服务信息等。

（5）其他单位委托本企业承担的科研任务并负有保密义务的科技成果权。

（6）本企业引进的专利、商标、著作、计算机软件等知识产权。

（7）《中华人民共和国反不正当竞争法》所赋予的权利，如商号、域名、网络地址专用权等。

3. 知识产权经营管理

（1）知识产权的内部推广应用（简称技术推广）。技术推广主要指在企业内部不同的成本中心或同一成本中心不同单元之间，以自主知识产权为核心的成熟技术（包括管理技术）的转移和推广应用。知识产权的首次应用主要以研究开发、技术改造等项目方式完成的，也属于技术推广的范畴之一。随着企业借助兼并重组等形式做大做强，能否将先进的技术和管理快速传递给所兼并、重组及一体化的单元，决定了兼并、重组及一体化是否成功。所以，建立有效的技术推广机制对于集团型企业来说更加关键。

（2）知识产权的外部输出贸易（简称技术输出）。技术输出主要指企业将以自主知识产权为核心的成熟技术以技术咨询、技术许可、技术转让、技术服务及上述方式的组合或以交付自主知识产权装备等方式所进行的对企业以外单位的交易。开展技术输出工作，除了可以为企业创造效益以外，更重要的是希望通过开展技术输出工作使企业的技术创新活动形成闭环管理，促进技术与市场的结合。

（3）知识产权的产业孵化（简称技术孵化）。技术孵化（Technology Incubator）是指将具有产业化前景的企业自主知识产权为核心的成熟技术，通过提供再研究、试生产、经营的场地，通信、网络与办公等方面的共享设施，系统的培训和咨询，政策、融资、法律和市场推广等方面的支持，降低技术产业化的风险和成本，将技术转化及辅导成为产业，并提高企业成活率和成功率。

根据企业的扩张战略，其多元产业的产生应该根植于企业具有自主知识产权的核心技术，技术孵化要成为有效的产业化转化平台。

5.5　信息资源管理

5.5.1　信息资源的内空

1. 信息概述

（1）信息的定义。信息是能反映事物存在和运动差异的，对解决问题有用的，可以被理解、被接收的新的情报。

1）信息的本质特征在于人类对事物认识过程中不确定性的消除和减少。世界上一切事物在未来的发展变化中往往存在多种变化的可能性。人们常把购买珠宝称为"雾里看花"，因为珠宝的品质和价值不像一般商品那样容易认定。例如，某位消费者想购买珠宝，哪家商店的珠宝品质更可靠、价格更公道，这在消费者面前就表现出多种不确定性。假如有人传递给这位消费者一条信息，某珠宝店的珠宝货真价实，这一信息就使其排除了不确定性。正如申农所说的："信息是不确定程度减少的量。"

2）信息不是事物本身，而是事物的表征。比如，人类社会各种组织经常会向外界发出各种数据、文件、报表、报告等。信息不等于数据、文件、报表、报告，指的是它们所揭示的内容。信息与它们的关系是内容与形式之间的关系，而且信息的内容必须是"新的"，不包括旧闻的重复。例如，电视反复播放的"促销广告"，消费者并不认为是接收了新的信息，而认为是旧闻的重复。

（2）信息的特点。

1）信息没有尺寸、重量，容易复制。

2）信息的价格是按使用信息所获得的利益（损失）和不采用信息时的利益（损失）之差来计算的。

3）信息效用滞后的怪圈（见图 5-1）。信息效用通常在使用之后才能表现出来，这对事前确定信息的价格构成了障碍。

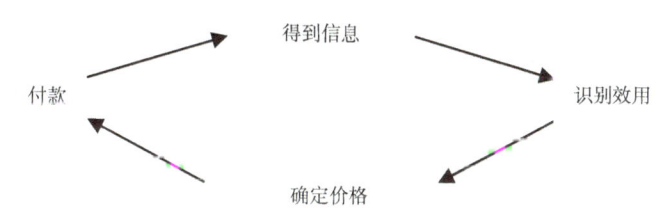

图 5-1　信息效用滞后的怪圈

在这里，我们看到信息交易双方陷入了一个循环的"怪圈"，我们找不到这个"怪圈"的起点在哪里。是先付款，还是先透露信息？

（3）信息的特征。信息具有社会性、多源性、时效性、与载体的不可分离性、可传递性、系统性、价值性、竞争性、保密性、共享性、可处理性等特征，认识和掌握这些特征有助于更好地收集、处理和利用信息。下面就信息与载体的不可分离性、可传递性、共享性和可处理性等主要特征做简要介绍。

1）信息与载体的不可分离性。信息是由信息内容与信息载体构成的整体，内容的表现形式是数据、文字和图表，并由此组合成各种报道、报表、广告、商情、文件、指令、规章、凭证等较完整的表达形式；信息载体是指反映这些内容的声波、光波、电磁波、纸张、胶卷、胶片、磁带、磁盘、样品、样机等方面。所谓"不可分"是指信息内容不能脱离信息载体而存在，信息只有借助于物质载体、经过传递才能被人们感知。

2）信息的可传递性。信息一经生成就要传递，信息的效用在于传递，信息只有经过传递，才能被接收。信息不但要在企业内部传递、交流，而且也要传递到企业外部，供其他部门所用。这里指的可传递性，强调的是有序传递和有效传递。有序，主要指利用有序化的信息系统，而不是杂乱无章的信息；有效，指讲究存取效率，要考虑传递方式、距离长短、困难大小，要争取用最短的距离、最低的费用传递最多的信息，讲究传递的效率和效益。因此，一方面要减少传递的层次环节，降低传递中的费用，掌握传递的时机；另一方面要有针对性地选择传递渠道。

3）信息的共享性。信息的共享性是指信息能同时为多个使用者所利用，它不会因为使用者的增加而使每个使用者获得的信息减少。这是信息与物质、能量的一个根本不同之处。当前，电子计算机与通信技术的结合和迅速发展，大大提高了信息存储的能力，加快了信息传递的速度，使人类社会出现了信息充分共享的前景。例如，利用一台终端装置，瞬时就可以向全世界各大图书馆和信息中心查阅或订购我们所需要的文献资料。雨后春笋般出现的信息公司或服务机构，说到底正是利用了信息的共享性，合理地组织信息，使同一信息为更多的用户服务，发挥信息的更大效益。

4）信息的可处理性。信息的可处理性是指：① 信息可以识别。由于信息是客观存在的，它记载于物质与能量中，因此，信息不仅可以通过人类的感官直接地感受，而且可借助于各种探测手段间接地识别。例如，可以用望远镜等科学仪器获取天体的信息。② 信息的形式可以转换或变换。信息可以从一种形式转换为另一种形式，如物质信息可以转换成语言、文字、图像等信息形式，也可以转换为计算机的代码或广播电视的信号，而代码和信号又可以转换为文字、语言、图像等。③ 信息可以被各种方法多环节地加工开发。一种信息可以进一步加以整理、汇总、概括、归纳、压缩、分析、研究，使它精练、浓缩或产生新的信息。例如，在原始文献资料（一次信息或一次文献）的基础上加工出来的文摘和索引这种二次信息，以及进一步的综述、评述等三次信息中，包含着较高的信息质量，就很受用户的欢迎。

2. 信息资源概述

（1）信息资源的定义。信息资源从本质上说是一种信息，是一种附加了人类劳动的信息。凡是未被个人和组织开发从而能够为个人或他人所利用的信息都不属于信息资源。进一步分析，信息资源是由信息、人、符号、载体四种最基本的要素构成的，其中，信息是信息资源的源泉，人作为认识主体是信息资源的生产者和利用者，符号是人生产和利用信息资源的媒介和手段，载体则是储存和利用信息资源的物质工具。换言之，信息资源是人通过一系列的认识和创造过程之后以符号形式储存在一定载体（包括人的大脑）上可供利用的全部信息。

（2）信息资源的类型。现代信息资源以表述方式为依据可以划分为口语信息资源、文献信息资源、体语信息资源和实物信息资源。

1）口语信息资源。口语信息资源是人类以口头语言所表述出来而未被记录下来的信息资源，它们在特定的场合被"信宿"直接消费，并且能够辗转相传而为更多的人所利用，如谈话、聊天、授课、讲演、讨论、开会等活动都是以口语信息资源的交流和利用为核心的。

2）文献信息资源。文献信息资源是以语言、文字、数据、图像、声频、视频等方式记录在特定载体上的信息资源，其最主要的特征是拥有不依附于人的物质载体，只要这些载体不损坏或消失，文献信息资源就可以跨越时空无限往复地为人类所利用。

3）体语信息资源。体语信息资源是人类以手势、表情、姿态等方式表述出来的信息资源，它们通常依附于特定文化背景，如舞蹈就是一种典型的体语信息资源。

4）实物信息资源。实物信息资源是人类通过创造性的劳动以实物形式表达出来的信息资源，这类信息资源中物质成分较多，有时难以区别于物质资源，而且它们的可传递性一般较差。常见的实物信息资源有产品样本、模型、碑刻、雕塑等。

3．信息资源在经营管理中的作用

企业的经营管理过程主要是由人、财、物、信息四要素组成的。管理者通过信息的传递，把人、财、物、产、供、销等要素有机地联系和组合起来，从而实现对企业科学、有效的管理。现代企业经营管理过程可以概括为：确定目标—调查研究—预测—决策与计划—组织与控制—实现目标。这样一个动态管理过程的每个管理程序都依赖信息。具体地说，信息对企业发展有以下作用。

（1）信息是企业制定经营决策的依据。在市场经济条件下，企业之间的竞争日趋激烈。要想在市场竞争中求得生存和发展，就需要及时而准确地掌握大量的信息，加工整理后作为分析、判断的依据。企业的重大决策，无论是经营目标、营销策略的制定，还是管理体制的改革，都要以信息为基础，进行形势分析、方案比较和决策优选。这是因为，正确的信息反映着市场经营的客观情况，全面反映市场活动的动态和过程。以这种信息为基础制定的计划和决策，才是符合市场情况的决策。如果不掌握信息，凭主观想象去制定经营决策，往往会导致决策的盲目性和不确定性。从战略决策管理上看，发现市场机会、确立目标市场、进行市场定位、经营，在很大程度上取决于对市场信息的掌握程度。

（2）信息是企业进行经营管理的手段。任何现代化经济活动都离不开经营管理，这是提高工作效率和经济效益的前提。然而，要搞好经营管理就必须充分发挥信息的作用。因为经营管理过程、经营管理水平的高低，要依赖收集、加工和利用信息的程度。

（3）信息是企业组织生产的保障。企业的生产经营活动是一个动态的过程，自始至终存在四大要素，即人流、物流、财流、信息流。企业为了将这"四流"组成协调运转的整体，实现良性循环，就必须借助于信息，形成畅通的信息流，以实现企业生产的有序化。信息流是企业指令、计划、财务、统计、物价、商情、广告等纵向、横向的流传。可以认为，企业本身就是一个信息系统，企业管理主要利用信息流，协调和控制人流、物流和财流，对企业生产活动实行有效的管理，从而取得经济活动的最佳效益。

实例 5-4

他们发现了信息沟通的重要性

据说，在比利时巴克曼实验工厂，为了促进部门之间的联系，其生产经理皮埃尔·马丁投资 5 000 美元，装了一个较高级的内部系统，为 18 名员工配备了步话机，使仓库工人可以直接与发货部门联系，实验管理人员无须麻烦总机接线员就可以呼叫生产线。可是，一个意外的结果出现了。18人中有两名工人步话机运转不正常，能听到所有部门的对话。在开会时，那两名工人对什么都关心，提出许多问题，同时又提出解决其他部门问题的办法。当马丁发现原因是"有缺陷"的步话机时，没有去修它们。相反，他将正常的系统卖掉，重新安装了一套"不正常"的系统，让每个人都能听到其他人的谈话。

问题：员工自觉参与管理、发现和解决问题的重要条件是什么？有人这么说："企业在向外界推销产品的同时，要时刻不忘将企业发展的信息'推销'给下属。"谈谈你的看法。

提示：从信息在企业经营管理中的作用来分析。

5.5.2 信息资源管理的内容和组织

1. 企业信息资源管理的基本内容

（1）信息源的开发与信息收集。信息源的开发与信息收集是信息资源管理的基础工作，由于信息源汇集了经济管理所需的各种信息，要收集这些信息几乎离不开信息源的开发。在现代信息资源管理中，包括经济信息在内的信息收集有着一定的目标、规范、途径与方法，掌握其中的规律是组织这项工作的基础。

（2）信息的处理与管理。信息管理是一项系统性很强的工作，是指对信息资料的整理、加工、排序、保存等一系列工作。信息管理分为两个方面：一是管理存在于物质载体中的信息（如报表、报告、文件和文献资料等）；二是口头和实物内含信息的管理。前者可采用经济文献管理的模式，后者则有一个将信息加以重新记录的过程。无论何种信息，管理中的前期处理工作都是不可少的。值得注意的是，信息管理工作涉及面广，包括分类、编制、整序等系列工作。

（3）信息的存储与检索。存储的目的是提供使用，因此在存储过程中，必须按照某种标准对信息进行整序，并提供查找这些信息的线索、途径和手段。与存储相反，信息检索则是利用检索工具和系统查找信息的过程。信息的存储与检索工作，包括信息检索工具的编制、检索系统的开发，以及各种检索业务的组织。

（4）管理信息研究。管理信息研究是指围绕管理、经营活动所进行的信息分析与研究工作，包括发展中的战略性决策信息研究、市场信息分析、产品用户调查、技术经济剖析等方面的业务活动。在现代企业经营中，管理信息研究是一项必不可少的工作，它贯穿于企业经营活动的各个基本环节。由于管理业务的区别，管理信息研究可分为一些不同的类型。对此，应从多方面进行规律探索，寻求相应的模式。

（5）信息服务工作。信息服务工作与以上四个方面的工作是不可分割的。按服务业务及内容，分为信息收集服务、检索服务、研究与开发服务、信息资料提供和咨询服务等。围绕某一管理业务的系统性服务，又称管理工作的信息保证。由于信息服务的对象是用户，它必然涉及用户研究和用户管理方面的工作；同时，信息服务工作的开展，还必须求助于管理科学和心理行为科学的理论。

2. 企业信息资源管理工作的组织

企业信息资源管理工作的组织，涉及机构建设、业务安排和工作管理等问题，应以以下几项工作为重。

（1）信息资源管理机构与体制的建立。信息资源管理机构与体制受企业体制和经营环境等因素制约，因此，信息资源管理机构与体制的建立必须纳入企业体制建设之中，并寻求与管理体制相适应的信息资源管理体制，同时应充分利用各种基础条件。

（2）信息资源管理工作计划的制订与实施。概括起来，信息资源管理工作计划制订的目的为：① 使信息活动与企业的开发研究、生产、技术与经营等方面的工作任务结合起来，使之合理化。② 规定信息资源管理工作的具体目标、任务内容，使之处于有序状态。③ 规定开展信息工作的劳动资金、物质消耗等指标，合理组织信息资源。④ 提高工作效率，克服盲目性，降低资金投入。⑤ 协调信息资源管理工作与其他工作的关系，确保企业合理运行。

（3）信息工作人员的培养与使用。开展企业信息工作的一个重要问题是人才问题。企业对管理信息人才的基本要求如下。

1）热心于信息工作，具有一定的专业技能和管理知识，熟悉企业的经营业务，有一定的实际工作经验。

2）具有一定的政策水平和决策能力，善于系统地分析问题和解决问题，并且有较强的组织能力和活动能力。

3）具有一定的外语水平，能够掌握和应用现代信息处理技术与通信技术。

4）能够正确处理各种关系，谦虚谨慎、团结友爱、实事求是，具有踏实的工作作风。此外，企业管理信息人员还必须有较强的信息意识与素质，善于应付各种复杂的情况，具有良好的心理素质。

（4）信息资源管理工作规章制度的制定与执行。企业开展信息资源管理工作应有一整套规章制度做保证，以利于制定各种条例和方法。其规章制度制定的依据如下。

1）企业管理体制与信息资源管理工作体制。

2）企业信息需求与利用机理。

3）企业管理人员结构与素质。

4）企业信息资源的开发利用情况。

5）企业的对外交往与公共关系。

6）社会信息的法律、法规等。

企业信息资源管理工作规章制度的主要内容包括：信息资源管理工作人员管理制度；信息资源管理与服务制度；企业对外信息交流制度；企业信息用户管理制度；信息资源管理工作设施管理与使用制度等。信息资源管理工作规章制度制定的目的，是维持正常的工作秩序，提高工作效率，因此存在监督执行的问题。为了确保制度的实施，应将其纳入企业宏观管理的轨道。

（5）企业信息管理系统的组织与工作协调。企业信息资源管理工作的系统化是一个十分现实的问题，其基本含义有二：① 常规工作的系统化，即用系统工作的方法来组织管理信息资源管理工作。② 利用计算机和现代通信技术建立人机结合的企业信息管理系统。这两方面都是十分重要的。

随着企业内部信息管理工作的系统化，还存在企业信息网的协调利用问题。对企业信息资源管理工作来说，应力求与信息网络协调，以利于对外部信息资源的全面利用，并沟通企业之间的信息交流。也就是说，在企业信息资源管理工作组织中，应充分利用各种信息网。

由于信息资源管理机构不同于传统机构，信息资源管理机构中各职能部门所关心的问题就不同于其他部门所关心的问题。信息活动是价值高度密集的活动；信息具有抽象性、易失性、管理控制难、易复制等特点，致使信息管理的职能规范产生了独特的内容。就信息管理机构而言，不同级别的信息中心应包括输入、存储、汇总、深加工、输出等职能部门，这些职能部门的工作也应规范化。信息资源管理是个系统工程，建立和完善企业信息系统是信息资源管理必由之路。

教学互动 5-2

企业信息管理师

《企业信息管理师国家职业标准》将企业信息管理师定义为"从事企业信息化建设，并承担信息技术应用和信息系统开发、维护、管理及信息资源开发利用工作的复合型人员"。其包括六大职业功能模块：信息化管理、信息系统开发、信息网络构建、信息系统维护、信息系统运作、信息资源开发利用。你觉得企业信息管理师会得到广大企业的普遍认可和欢迎吗？

5.5.3 信息系统概述

1. 信息系统的概念与构成

（1）信息系统的概念。信息系统是指依据系统的观点，通过计算机、网络等现代化工具和设备，运用数学的方法，服务于管理领域的人机相结合的信息处理系统。从本质上说，它是一个人机系统，而且是伴随企业或组织管理过程对管理信息进行收集、存储、加工和使用的系统。

（2）信息系统的构成。计算机是信息系统的依托，计算机设备是信息流动的载体和处理加工的场所。同时，信息系统离不开人的参与，因为信息的收集需要有人来进行取舍，在处理的过程中，也要由人来操作。一般来说，信息系统由以下要素构成。

1）硬件系统。硬件是信息系统对信息进行收集、存储、加工、使用和传输等处理过程中所使用的物理设备或装置。主要有：主机系统及其外部设备；通信、网络设备；办公自动化设备。

2）软件系统。包括：操作系统，如 Unix、Windows、Linux 等；支撑软件，如数据库、平台软件等；应用软件，如各类管理、设计软件等。

3）数据资源。数据资源是信息系统的核心内容，是系统运行的物质基础。数据是信息的载体，在计算机看来，数据就是信息。信息系统依据用户的需要，将需要处理的数据集中存放，从而形成数据资源。数据库技术和数据仓库技术是目前比较流行的数据资源管理技术。

4）运行规则。运行规则是帮助用户使用和维护信息系统的说明材料，如用户手册、系统设计说明、错误手册、故障处理手册等。运行规则是系统正常运行的重要保证。

5）操作人员。信息系统作为人机结合的系统，人是处于中心地位的，计算机只是辅助工具。信息系统是为管理服务的，是为人服务的，从系统开发、实施、使用、维护到评价各个阶段，人的参与都是必不可少的。与信息系统相关的人员有系统分析员、系统设计员、程序员、数据库管理员、计算机操作员（普通用户）和系统管理员。

2. 信息系统的类型

信息系统类型的划分方法主要有两种：一是依据组织内部的管理活动进行横向划分，组织的管理活动不同，所建立的信息系统也不同，如在企业内部可以分为销售管理系统、生产管理系统、财务管理系统、人力资源管理系统等；二是依据信息系统服务管理活动的深度（层次）划分，信息系统主要有以下三大类型。

（1）作业系统。作业系统主要面向业务人员和基层管理人员，其任务是处理组织的业务，控制生产过程和支持办公事务，并更新有关的数据库，通常由以下三部分组成。

1）业务处理系统。其目标是迅速、及时、准确地处理大量信息，提高管理工作的效率和水平，如产量统计、成本计算和库存记录等。

2）过程控制系统。过程控制系统是指用计算机控制正在进行的生产过程，如通过感测设备对生产数据进行监测，并予以实时调整。

3）办公自动化系统。以先进技术和自动化办公设备（如 Word、电子邮件、打复印设备等）支持人的部分办公业务活动。

（2）管理信息系统。管理信息系统（MIS）是对一个组织（单位、企业或部门）进行全面管理的人和计算机相结合的系统。它综合运用计算机技术、信息技术和决策技术，与现代化的管理思想、方法和手段结合起来，辅助管理人员进行管理和决策。

（3）高层信息系统。高层信息系统是面向中高层管理者的信息系统，有决策支持系统和高层主管支持系统。

1）决策支持系统（DSS）。决策支持系统比管理信息系统更高一层，支持中高层管理者针对具体问题形成有效的决策，运用数据库、模型库、知识库等新技术解决半结构化和非结构化的问题,如运输路程最短问题、最优经济订货批量决策、合理优化的生产调度等。DSS 更注重经济效益而不是工作效率,它的运行要利用从 MIS 中抽取的决策所需的综合数据,还要利用大量与决策有关的外部信息。

2)高层主管支持系统(ESS)。ESS 是综合了各种信息报告系统和决策支持系统的特色而构成的一种专为组织中高层领导使用的信息系统。从它所处理和提供信息的特点来看,它主要是为满足高层领导对战略信息的需求而构筑的。它提供一些经过过滤处理的关键性信息,如组织运动状态的监控信息、竞争对手活动的信息、与公司的关键成功因素相关的信息等,使相关领导能够及时发现问题,并做出相应的决策。

3. 信息系统的开发方法

(1)结构化生命周期法。结构化生命周期法又称结构化方法或生命周期法,是一种严谨的、结构化的系统开发方法。所谓结构化,就是对整个系统开发过程严格划分阶段,即把系统的整个生命周期分为系统规划、系统分析、系统设计、系统实施和系统运行维护几个阶段,并严格规定各阶段工作的任务、目标、提交的成果,甚至规定了工作的步骤和采用的工具。生命周期法强调开发过程的管理工作,强调开发人员之间的协调配合,所以各阶段都必须以规范、完整的文档作为里程碑。生命周期法按阶段循序渐进,脉络清晰,可防止因缺乏经验带来的风险,所以非常适合初学者在开发中学习开发。后面我们将结合实例简单介绍生命周期法的开发过程和方法。

(2)原型法。原型法是 20 世纪 80 年代初兴起的一种信息系统开发方法。原型法是为了动态地确定用户对系统的需求,逐步弄清不确定因素而提出的一种试验保证方法,它把系统可行性研究、分析、设计、实施融为一体,在得到一组基本的需求之后,立即建立一个能够反映用户需求的初始系统模型,让用户看到未来系统的概貌,以便判断哪些功能符合要求,哪些还需要改进。其基本原理可表述为:系统开发人员在初步了解用户需求的基础上,"迅速"构建一个初始系统模型,即原型,这个原型是一个可以实际运行的系统应用模型。用户和开发人员在此原型基础上共同探讨、改善和完善设计方案,开发人员根据改进后的方案,对原型进行修改,再去征求用户意见,反复多次,直至取得满意的结果为止。

原型法的开发过程通常划分为四个阶段:确定基本需求;设计初始原型;试用和评价原型;修改和完善原型。

实例 5-5
联华超市改进物流系统

联华超市物流中心采用先进的信息科技及自动化系统,包括自动输送系统、自动托盘升降系统、自动分拣系统和装卸月台上安装的货台高度调节板,均显著提高了联华超市配送及整体营运效率。与此同时,超市集团已于收货、上架和转仓等主要环节采用无线手持终端、条形码识读技术和无线信号传输技术等高科技,有效地建立了总部与门店间的网络，迅速提供实时的作业信息，令总部可随时掌控营运情况。此外，物流中心也在配送车辆上安装 GPS 定位跟踪器及卸货尾板，除了可实时掌握在途配送车辆的运行情况外，更进一步提高了门店卸货效率。

提示：企业信息系统是企业实现管理现代化、提高效益的重要因素。

5.5.4 管理信息系统的开发

现以生命周期法简单分析管理信息系统开发的过程，如图 5-2 所示。

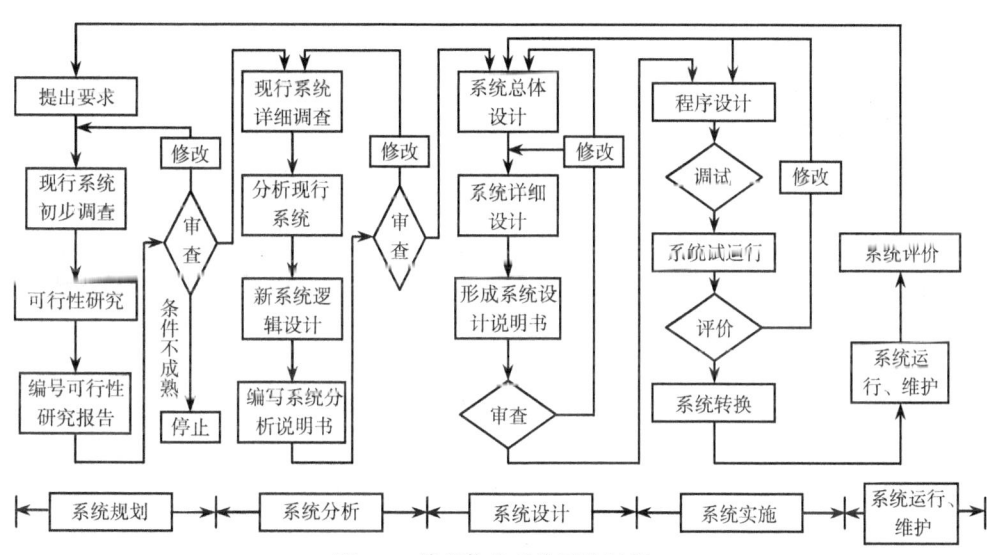

图 5-2 管理信息系统开发过程

1. 系统规划阶段

系统规划阶段是管理信息系统开发的起始阶段。这一阶段的主要任务是：根据企业的整体目标和发展战略确定管理信息系统的发展战略，明确企业的信息需求，制订管理信息系统建设的总计划。系统规划阶段的主要工作有以下几个。

（1）提出要求。实际上，每个企业都有一个信息系统，不过有的是手工的，有的是人机的；有的效率低，有的效率高。当企业用户不满足信息系统的现状，便会提出开发新系统的要求。

企业提出开发新系统的要求后，就应组成开发组。开发组一般由系统开发的专业技术人员、企业的业务人员和领导组成。开发组的成员根据开发阶段的不同可能会有所调整。

（2）现行系统初步调查。开发组对用户单位做初步调查，目的是从整体上掌握企业原有系统的运行情况，论证是否需要完全更新原有系统。

初步调查的内容有：查清企业的组织机构及各个部门所承担的业务工作；调查企业内外部的人、财、物的状况（因为原有系统所使用的各种信息是随着上述资源的流动而发生的）；对原系统进行分析，确立要开发的新系统的目标；此外，还要调查与系统开发有关的背景材料。

（3）可行性研究。综合初步调查的资料，从企业现有的自身条件和环境条件出发，分析新系统开发的可能性和必要性。可行性研究的内容主要有：组织机构及操作方式的可行性；经济上的可行性；技术上的可行性；系统目标是否合理。

（4）编写可行性研究报告。根据可行性研究的结果，编写可行性研究报告，并提交给企业或企业的主管部门。如果开发组认为开发新系统是可行的，应当在可行性研究报告中提出进度计划、资金投入计划等供审查机关参考。

当可行性研究报告被批准后，便进入了系统开发的第二个阶段——系统分析阶段。

2. 系统分析阶段

系统分析在系统开发中是很重要也很关键的一步。在这一阶段，系统分析员要和用户一起在充分了解用户要求的基础上，把双方对目标系统（新系统）的理解表达为系统分析说明书。目标系统分析说明书通过审批之后，将成为目标系统设计的依据和验收的依据。

系统分析阶段的核心任务就是建立新系统的逻辑模型。建立逻辑模型，要在充分了解企业的业务流程的基础上进行，所以，首先要进行详细的调查。

（1）现行系统详细调查。详细调查与初步调查不同，此次调查的目的在于设计新系统，因为新系统要建立在现实组织中，要在原有系统基础上建设，没有对企业，特别是企业中现行系统的详细调查，新系统将无从设计，或者设计得不好。详细调查应当比初步调查更广泛、更深入细致。详细调查的任务是相当艰巨的，其指导思想是抓宏观、抓信息流，要搞清系统中所有的信息输入、处理、存储和输出。

（2）分析现行系统。在对原信息系统的详细调查中，通常会收集到大量的报表、单据、文件等资料，在做现行系统分析时，需要从业务流程的角度将业务处理过程中的资料以一个完整的图形表示出来，以帮助系统分析员了解该业务的具体处理过程，发现系统调查中的错误和疏漏，修改现行系统的不合理部分，优化业务处理流程。这个图形称为业务流程图。

（3）新系统逻辑设计。建立新系统的逻辑模型是系统分析阶段的核心任务，通常可以通过以下两种途径。

1）改进原系统的逻辑模型得到新系统的逻辑模型，即改进用数据流程图等工具描述的原系统的逻辑模型。

2）从新系统的功能目标出发，通过对系统基本模型的分解而得到新系统的逻辑模型。

（4）编写系统分析说明书。

3. 系统设计阶段

系统设计阶段的任务是依据系统分析说明书进行新系统的物理设计，提出一个由一系列物理设备构成的新系统设计方案，并把这一方案表达出来。通常，又将系统设计阶段分为总体设计和详细设计两个阶段。

（1）系统总体设计阶段。主要任务是系统空间布局设计、系统模块结构设计、系统软硬件结构设计。其中，系统模块结构设计又称结构设计，是指对系统内部进行层次分解，即划分系统的模块结构，并确定模块的调用和模块之间数据流和控制流的传递关系。

（2）系统详细设计阶段。主要任务是数据库文件的设计、代码设计、输入/输出设计、模块逻辑设计等。

1）数据库文件的设计。数据库文件是数据存储的基本形式，数据库文件的设计应本着可靠性、安全性、方便性的原则来进行。数据库文件设计主要包括：研究数据项内容、类型、长度；确定哪些数据项组织到同一个数据库文件中；确定文件的组织形式，是顺序文件还是索引文件，若是索引文件还要确定其关键字；确定哪些文件应是长期储存的文件，哪些文件是中间过程文件。在设计中，应遵循数据库结构的规范化原则，减少重复和冗余，节省内存空间，提高系统运行效率。

2）代码设计。代码是代表事物的名称、属性、状态的符号，为了方便计算机的数据处理和存储，一般用数字、字母或特殊符号混合表示，如学号、工号等就是一种代码。在代码设计中，要求代码具有识别性和分类性。代码的种类很多，常见的有顺序代码、分类代码、区段代码、关键代码、助记代码、组合代码等。信息系统中要用到的各种代码都应统一，并应该适当考虑到系统将来可能的扩展，另外还要考虑企业已经习惯使用的代码。

3）输入/输出设计。输入/输出设计是整个信息系统与人对话的接口的设计，这部分设计的好坏，直接影响到信息系统的运行。输入设计必须在保证输入数据的准确性和可靠性的同时，做到输入简单、直观、清晰。同时，输入系统应具有各种排错功能。在设计的过程中，应尽量保持和接近原有系统的习惯。输出设计包括打印报表，输出文件和屏幕显示的设计。一般要求报表和屏幕显示格式简明、美观、符合习惯。

4）模块逻辑设计。系统设计的关键就是模块逻辑设计。系统是由可操作的若干模块构成的，每个模块都应尽可能地独立、功能明确，它们可以单独地进行维护、修改和调试，而不影响系统的其他部分。

（3）形成系统设计说明书。以上各种设计的图表、说明等构成了新系统的系统物理设计文档，称为系统设计说明书。它是新系统的物理模型，是系统实施的根据，是系统设计阶段的阶段性成果。

4．系统实施阶段

物理设计完成后，即可进入系统实施阶段。系统实施阶段是根据系统的物理设计来构造一个物理的新系统。主要任务是：购置计算机硬件、系统软件，并安装调试；程序设计并调试程序；系统试运行，并评价运行情况，如果运行情况不满意，就需要重新进行程序设计，甚至回到系统设计阶段重新进行设计；通过系统试运行后，即可进行新老系统的转换工作。平稳而又可靠地进行新老系统的交接，是系统转换的任务。系统转换方式主要有以下三种。

（1）直接转换。在新系统投入使用的同时，马上停止原有系统的工作。

（2）平行转换。让新系统和原有系统在一段时期内同时运行，以考核新系统的可行性。

（3）分段转换。逐渐地完成原有系统向新系统的转换，即在运行新系统时，逐步增加数据量以代替原有系统，让用户进一步熟悉新系统。

5. 系统运行、维护阶段

经过评价认可的新系统交付使用后，新系统便进入了长期的运行、维护阶段。这一阶段的工作主要有：系统正式运行并每日提交运行记录；维护系统及对维护进行评价，并提交每次的维护报告和维护评价报告；培训用户，以提高用户对新系统的应用效果。

相关链接 5-2

ERP——企业资源计划

ERP 是将企业所有资源进行整合集成管理，简单地说，就是将企业的三大流——物流、资金流、信息流进行全面一体化管理的管理信息系统。

ERP 是由美国 Gartner Group 咨询公司首先提出的。作为当今国际上最先进的企业管理模式之一，它在体现当今世界最先进的企业管理理论的同时，也提供了企业信息化集成的最佳解决方案。它把企业的物流、人流、资金流、信息流统一起来进行管理，以求最大限度地利用企业现有资源，实现企业经济效益的最大化。

ERP 的主要宗旨是对企业所拥有的人、财、物、信息、时间和空间等综合资源进行综合平衡和优化管理，协调企业各管理部门，围绕市场导向开展业务活动，提高企业的核心竞争力，从而取得最好的经济效益。所以，ERP 首先是一个软件，同时是一个管理工具。它是 IT 与管理思想的融合体，也就是先进的管理思想借助计算机，来达成企业的管理目标。

ERP 本身不是管理，它不可以取代管理。ERP 本身不能解决企业的管理问题，企业的管理问题只能由管理者自己去解决。ERP 可以是管理者解决企业管理问题的一种工具。

主要概念

人力资源　　商业信用　　信息

课堂讨论题

1. 企业招募的形式有几种？各有何利弊？
2. 怎样开发和完善企业管理信息系统？

自测题

1．判断题

（1）职务分析的结果通常为职位说明书。（　　）
（2）新建的及快速增长的企业一般需要从外部招聘人才。（　　）
（3）债券筹资具有筹资成本较低，财务风险较小，筹资数量有限的特点。（　　）
（4）设备更新是对设备有形磨损和无形磨损的完全补偿。（　　）
（5）物资最低储备定额就是经常储备定额。（　　）
（6）物资按在生产中的作用分类不利于物资平衡计算，有利于进行物资采购和保管。（　　）
（7）信息的本质特征在于人类对事物认识过程中不确定性的消除和减少。（　　）

2．填空题

（1）职务说明书通常包括_____和_____两个方面。
（2）商业信用的主要形式有_____、_____、_____、_____等。
（3）设备的磨损有_____和_____两类。
（4）物力资源主要是指_____和_____。
（5）人力资源规划是建立在_____和_____基础上的。
（6）知识产权_____、_____、_____构成知识产权管理的主要内容。
（7）信息具有_____、_____、_____和_____等主要特征。

3．选择题

（1）人际沟通的有效性原则有（　　）。
　　A．准确性　　　　B．及时性　　　　C．经济性
　　D．适当运用非正式渠道　　　　E．双向性
（2）工资与福利的区别有（　　）不同。
　　A．分配原则　　　B．分配渠道　　　C．享受对象
　　D．所起作用　　　E．分配特性
（3）现代企业自有资金筹集方式有（　　）。
　　A．发行股票　　　B．发行债券　　　C．吸收直接投资
　　D．留存利润　　　E．融资租赁
（4）下列属于流动资产的是（　　）。
　　A．存货　　　　　B．应收账款　　　C．货币资金
　　D．厂房　　　　　E．商标
（5）下列属于固定资产快速折旧方法的是（　　）。

A. 直线法　　　　　　B. 平均年限法　　　　C. 工作量法

D. 年数总和法　　　　E. 双倍余额递减法

（6）以下（　　）不属于福利形式。

A. 养老保险　　　　　B. 红利　　　　　　　C. 法定假日

D. 住房公积金　　　　E. 培训费

（7）信息资源以表述方式为依据可以划分为（　　）信息资源。

A. 口语　　　　　　　B. 体语　　　　　　　C. 企业　　　D. 文献　　　E. 实物

4．简答题

（1）简述现代人力资源管理的主要内容。

（2）简述消耗定额的构成。

（3）股票筹资有何优缺点？

（4）简述企业信息资源管理的内容和组织工作。

实训题

1．技能题

选择一个企业建立绩效考评体系。

训练建议：

（1）同学们3～5人一组，实地调研或网上收集某企业绩效考评体系。

（2）运用所学知识，对实地调研或网上收集的某企业绩效考评体系进行分析，并写出书面意见。

（3）各组在班级进行交流、讨论，教师点评。

2．案例分析

摩托罗拉公司的人力资源管理

跨国公司大多实行矩阵式管理，摩托罗拉人力资源部本身就是一个很复杂的矩阵结构。摩托罗拉人力资源部分为两大块：功能部门和业务部门。功能部门内又有以下八大职能。

（1）组织发展。根据业务发展方向，制订本地区员工的发展计划，然后具体实施。

（2）招聘。人力资源专业管理人员在招聘方面有细致的分工：有人专门负责从各种渠道挖掘人才；有人专门负责校园招聘；有人专门关注"平衡"，在有些国家可能主要侧重于平衡种族比例，在中国则主要是平衡男女比例。

（3）培训。摩托罗拉设有专门的培训机构，即摩托罗拉大学。

（4）薪资福利。摩托罗拉根据当地的经济增长速度制定有竞争力的薪资福利体系。

（5）信息系统。把与人力资源有关的信息放在网上，员工可以随时查阅所关心的人力资源政策及个人信息资料。

（6）员工关系。这部分工作可以分为主动的和被动的两类。主动的是指弘扬企业文化，提高员工团结向上的工作态度和主人翁精神。人力资源部有定期出版的刊物，每季度组织管理员工的聚会，以及每周随机地推选几名员工与高层管理人员进行交流和沟通。被动的是指如婚、丧、纠纷等事情的处理。此外，工会工作也放在这一块。

（7）保安。保护员工的人身安全及公司有形和无形财产的安全。

（8）员工服务。员工服务包括对医务室、班车、餐厅、住房的管理。

摩托罗拉人力资源部的又一大职能工作在业务部门内部。摩托罗拉在主要部门都设有或大或小的人力资源机构。在摩托罗拉，人力资源部经常会与你沟通，帮助你设计自己的人生，然后与你共同制订培训计划，在组织内为你提供各种条件和有助于你成长的机会。摩托罗拉员工的流失率很低，只有6.6%。在摩托罗拉，"以人为本，尊严至上"，以此为出发点设立绩效评估制度。

在企业中，人力资源部门被视为服务支持部门。不断提高服务质量和客户满意度，是人力资源部的基本工作宗旨，是衡量人力资源部门绩效优劣的基本标准。摩托罗拉人力资源部大体上由三类人来考核评价：一类是员工，二类是社区，三类是客户。

问题： 摩托罗拉的人力资源管理有何特色？你是如何理解"以人为本"和"为'人民'服务"的人力资源管理理念的？

旅游航班误点

某公司为了开拓员工视野，组织部分员工港澳一周游，并且与商务旅行社签了旅游合同。旅行社非常重视这次业务，钱总经理亲自任导游，一路非常顺利，并且达到了旅游考察商务的目的。从澳门出关后，到广州机场坐飞机返程。一行人16点到达机场，钱总奔波于航空公司有关窗口办理登机手续。16点30分时，被告知飞机已起飞了。原来机票是16点20分的，钱总看成下午6点20分了。钱总一面与机场交涉，一面向游客道歉，并重新购买第二天返程机票，安排游客在广州的吃住。

问题： 从表面层次看，错过航班的原因是什么？从人力资源管理深层次看，错过航班的原因又是什么？谈谈你的意见和建议。航空公司要不要承担责任？游客能不能要求补偿？

3．模拟实训

将全班分为两大组，轮流担任招聘方和应聘方。招聘方要制订招聘计划，包括招聘目的、招聘岗位、任用条件、招聘程序，特别是聘用决定的方法。应聘方应写出应聘提纲或应聘演讲稿，一定要体现出应聘竞争优势。

实训建议：

（1）分为两大组，轮流担任招聘方和应聘方。

（2）招聘方运用所学人力资源管理知识制订招聘计划，在内部进行招聘工作分工；应聘方要积极做好应聘的各项准备。

（3）各组在班级进行交流、讨论，教师点评。

第6章

企业质量管理

◇ 本章学习目标 ◇

知识目标：认识质量管理的定义，了解质量管理的发展阶段，掌握企业质量管理的概念和内容和服务质量的概念和构成要素。

技能目标：熟悉企业质量改进组织和活动，掌握企业质量管理的体系和方法，以及服务质量管理的相关内容。

能力目标：能够运用所学知识进行企业质量管理活动。

引导案例

品质保证源于严格的质量管理体系

成立于1991年的珠海格力电器股份有限公司是目前全球最大的集研发、生产、销售、服务于一体的国有控股专业化空调企业，是中国空调业唯一的"世界名牌"企业，业务遍及全球100多个国家和地区。

格力电器自1995年开始推行ISO 9000质量管理体系，1996年通过了SGS国际认证服务公司、中国兴轻质量体系认证中心、中国轻工质量认证中心的认证审核，获得ISO 9001质量管理体系认证证书；2004年通过SGS国际认证服务公司的认证审核，分别获得ISO 14001环境管理体系和OHSAS 18001职业健康安全管理体系认证证书；2006年获得国家质量监督检验检疫总局颁发的特种设备制造许可证（压力容器）；2007年获得QC 080000禁用物质管控体系证书；2008年获得BRC全球标准—消费品：第二类产品证书。

在"出精品、创名牌、上规模、创世界一流水平"质量方针指引下，格力不断追求完美的质量管理。为此，公司成立了以下部门：企业管理部，负责建立、监控和完善公司内综合管理体系；筛选分厂，负责对公司所有外协外购件的入厂检测与试验；质量控制部，负责对整个生产流程的质量检验、质量控制及整机可靠性试验，建立对供方的质量管理体系，全面推行质量管理工作，不断提升公司及供方整体质量管理水平。

多层次和完善的质量控制与质量保证系统，使格力的每个供应商都经得起严格考验，每个零配件都经过了精挑细选，每道工序都经历了千锤百炼，每个产品都力求做到"零缺陷"！

思考题：格力电器为什么能保持稳健的发展态势？

6.1 质量管理

6.1.1 质量管理概述

1. 质量管理的定义

GB 6583—ISO 8402 给质量管理下的定义是："确定质量方针、目标和职责，并在质量体系中通过诸如质量策划、质量控制、质量保证和质量改进使其实施的全部管理职能的活动。"质量管理这个概念是随着现代化工业生产的发展而逐步形成、发展和完善起来的，现已广泛应用到各个领域。

2. 质量管理的发展阶段

质量管理大体经历了三个发展阶段：检验质量管理阶段、统计质量管理阶段和全面质量管理阶段。

（1）检验质量管理阶段。从 20 世纪初期到 40 年代，主要是按既定质量标准要求对产品进行检验，管理对象限于产品本身的质量，管理领域限于生产制造过程。因此，检验质量管理是一种消极防范型管理，依靠事后把关，杜绝不合格产品进入流通领域，无法在生产过程中起到预防、控制作用。

（2）统计质量管理阶段。从 20 世纪 40 年代到 50 年代末，主要是按照商品标准，运用数理统计在从设计到制造的生产工序间进行质量控制，预防产生不合格产品。管理对象包括产品质量和工序管理领域，并从生产制造过程扩大到设计过程。统计质量管理是一种预防型（事先监控型）管理，依靠生产过程的质量控制，把质量问题消灭在生产过程中。

（3）全面质量管理阶段。从 20 世纪 60 年代至今，世界各国积极推行全面质量管理。全面质量管理的定义是："一个组织以质量为中心，以全员参与为基础，目的在于通过让顾客满意和本组织所有成员及社会受益而达到长期成功。"全面质量管理是一种全面、全过程、全员参与的积极进取型管理，强调调动人的一切积极因素，根据系统论的观点把管理对象看成一个整体，分析系统各要素相互联系、相互作用的相关性，采取相应对策，使商品设计、开发、生产、流通和消费的全过程均处于监控状态，从而保证商品和服务质量符合消费者或用户需要。

实例 6-1

在日常生活中，人们往往把质量理解为一种产品规格，这种理解其实是非常狭隘的。

随着市场竞争的加剧，质量管理日益成为企业及所有组织机构管理的核心，人们日益达成这样的共识：所有的管理都是质量管理，都是围绕提高产品质量、服务质量，降低运营成本，提高顾客满意度而为的。美国质量管理大师朱兰认为，在"质量"这个词的诸多含义中，有两个对质量管理来说最重要：其一，质量意味着能够满足顾客需要从而使顾客满意的产品特征，高质量的目的在于实现更高的顾客满意度；其二，质量意味着不良、顾客不满、顾客投诉等差错的多少，高质量意味着"花费更少"。

提示： 从顾客对质量的期望、质量与企业发展的关系来分析。

6.1.2 质量管理中的重要术语

1. 质量

质量是指一组固有的特性满足要求的程度，对该定义可进行如下理解。

（1）质量的对象是产品、体系或过程。产品是过程的结果。过程是一组将输入转化为输出的互相关联或相互作用的活动。

通常硬件和流程材料（如润滑油）是有形产品，而软件和服务是无形产品。多数产品有不同的产品类型成分。也就是说，组织提供的产品属于哪一类别，取决于组织提供给顾客的产品中对顾客满意度影响最大的、占支配地位的成分。例如，汽车是由硬件（如轮胎）、流程材料（如燃料、冷却液）、软件（如发动机控制软件、驾驶员手册）和服务（如付款方式或担保）所组成的，但其主导部分是硬件。

（2）质量特性。它是产品、过程或体系与要求有关的固有特性。特性是指可区分的特征。特征可以是固有的，也可以是定性的或定量的。

质量特性在工作中通常归纳为以下几个方面：内在特性，如结构性能、物理性能、化学成分、可靠性、安全等；外在特性，如外观、形状、色泽、手感、口感、气味、味道、包装等；经济特性，如成本、价格、使用费用、维修时间和费用等；商业特性，如交货期、保修期等。还有一些特殊的质量特性，如安全、环境等。质量的适用性就是建立在质量特性的基础上的。

（3）质量要求。质量要求是对产品、过程或体系的固有特性的要求。要求是明示的、隐含的或必须履行的需求或期望。

质量要求是动态的，即质量要求不是固定不变的。随着技术的发展变化和人们生活水平的提高，人们会对产品、过程或体系提出新的质量要求。组织应定期进行评审，不断进行修订并开发新产品，以满足组织、供方、顾客、社会的需求。这也反映了质量的发展性。统计技术的应用对这种动态性的测量是非常有效的。

质量不仅指产品质量，还可以是某项活动或过程的工作质量，甚至涉及人的素质、设备能力、管理水平及体系运行质量。对质量的要求除考虑顾客的需要外，还应考虑法律及组织自身的利益，提供原材料、零部件等的供方的利益和社会的利益等多种需求。

2. 质量管理

质量管理是在质量方面指挥和控制组织协调的活动，通常包括制定质量方针和质量目标，以及质量策划、质量控制、质量保证和质量改进四项活动。

组织为实现经营目标，会对各方面实行管理，如行政管理、物料管理、人力资源管理、财务管理、生产管理、技术管理和质量管理等。实施并保持一个通过考虑相关方的需求从而持续改进组织业绩的、有效率的管理体系可使组织获得成功。质量管理是各项管理内容中的一项，应与其他管理相结合。

3. 质量管理体系

质量管理体系是在质量方面指挥和控制组织的管理体系。体系是相互关联或相互作用的一组要素。质量管理体系建立的基础在于获得资源（人员、设备、资金、技术、信息和方法等），按过程方法的基本思路来识别质量管理体系涉及的过程，并管理这些过程及过程的相互关系，建立过程活动的准则和评价的方法，并按准则要求展开评价以保证体系的运行和改进，最终满足顾客要求。质量管理体系是为更好地实施质量管理而建立和运行的，其表现形式是建立质量管理体系文件并按文件的要求实施。质量管理体系属于质量管理的范畴。

4. 质量策划

质量策划是质量管理的一部分，致力于制定质量目标并规定必要的运行过程和相关资源以实现质量目标。质量策划是质量管理的前期活动，是对整个质量管理活动的策划和准备，对质量活动的影响很关键，目的在于制定并采取措施，实现质量目标。质量目标可能涉及组织的质量目标和产品的质量目标等，二者所策划的对象和结果均有所不同。

质量目标是在质量方针的基础上建立的。为实现这一目标，组织的策划会从建立质量管理体系入手，策划时会涉及产品实现的直接过程和支持过程，策划的结果会形成质量管理方面的文件，如质量手册和程序文件。策划还会从产品实现的过程入手，会涉及产品的实现过程和支持过程，也会涉及现有质量管理体系文件（如质量手册和程序文件等）的使用。这种策划的结果之一是可能会形成质量计划。

编制质量计划可以是质量策划的一部分。质量计划是对于特定的项目、产品、过程或合同，规定由谁及何时应使用哪些程序和相关资源的文件。这些程序通常包括所涉及的那些质量管理过程和产品实现过程。通常，质量计划会引用质量手册的部分内容或程序文件。

5. 质量控制

质量控制是质量管理的一部分，致力于满足质量要求。质量控制主要针对组织内部而言，是组织用科学方法对产品形成过程进行控制，预防不合格产品的产生，达到质量要求的过程。

凡是为达到组织内部质量要求进行的各种活动都必须是质量控制的对象。著名质量管理大师朱兰认为，质量控制是将实际的质量结果和标准对比，并对差异采取措施的管理过程。因此，做好质量控制的关键是要有控制的标准，就是组织将质量要求转化为质量特性并将这些特性用定性或定量的规范来表示，便于质量控制的执行和检查。

6. 质量保证

质量保证是质量管理的一部分，致力于提供质量要求会得到满足的信任。质量保证在组织的内部主要是向内部的顾客（管理者、下道工序）提供信任，但质量保证的重点在组织外部，目的是提供证据或证明，建立一种信任感，表明组织有能力向顾客提供符合法律法规和顾客要求的产品。这是质量保证的核心。

国际上通常把质量保证解释为供需双方通过协商，将对质量的要求（无论是标准的还是特定的）用合同的形式肯定下来，由供方采取措施予以保证的活动。许多工业发达的国家都制定了国际公认的标准、规范和指南一类性质的规定。按照这些规定实行质量保证（如取得质量体系认证）的组织，其信誉为国际公认，从而为企业打开国际市场开辟道路。

7. 质量改进

质量改进是质量管理的一部分，致力于增强满足质量要求的能力。要求是任何方面的，因此质量改进对象会涉及质量管理体系、过程和产品。质量改进与质量管理体系覆盖范围内的所有产品、部门、场所、活动和人员均有关系。

顾客、相关方及组织自身都会对组织的质量管理体系、过程和产品提出各自不同的要求，如有效性、效率、可追溯性、安全性、先进性、协调性、稳定性、可靠性、准时性、适宜性、充分性等。组织应能识别需要改进的关键的质量要求，考虑改进所需要的过程，以增强能力。

改进本身是一种活动或过程，因此对改进过程也应按过程方法进行管理。在分析现状的基础上，确定改进目标；针对目标，寻找可行的、合适的解决方案；实施并评价其结果，以确保目标的实现。改进的主要手段是不断采取纠正和预防措施，提高过程的有效性和效率。

实例 6-2

随着 ISO 9000 标准在企业的广泛应用，ISO 9000 关于质量的定义逐渐为越来越多的人所接受。在 ISO 9000 的 2000 版中质量的定义为：一组固有特性满足要求的程度。在这个定义中，产品质量指产品满足顾客要求和法律法规要求的程度。因此，质量对于企业的重要意义可以从满足顾客要求、满足法律法规要求的重要性角度来加以理解。其中顾客要求是产品存在的前提。在这个定义中，所指的"固有的"（其反义是"赋予的"）特性是指在某事或某物中本来就有的、尤其是那种永久的特性，包括产品的适用性、可信性、经济性、美观性和安全性等。你对产品的适用性、可信性、经济性、美观性和安全性是如何理解的？

提示：从顾客满意度角度分析。

6.2 质量管理体系

6.2.1 质量管理体系概述

1. 质量管理体系标准

ISO 9000 系列标准指国际标准化组织（ISO）为适应国际商业发展的需要，于 1986 年发布 ISO 8402《质量—术语》，1987 年发布 ISO 9000 族质量管理标准，并继而修订为现在实施的 2000 版 ISO 9000 族标准。2000 版 ISO 9000 族标准是适用于各类企业质量管理体系的建立和评审的质量管理和质量保证系列标准。该标准在国际，尤其在发达工业国家受到普遍重视并被采用，如欧盟已规定了出口商品生产企业应符合 ISO 9000 族标准要求，所以商品生产经营企业进行质量管理体系评审已成为重要的发展趋势。

2. 质量管理体系的结构与主要内容

（1）管理职责。管理职责是指企业通过质量方针和目标的制定，质量管理体系的策划，对企业内的职责、权限和沟通的明确及管理评审等活动，明确每个部门、每个人员的质量责任和权限，规定各部门的隶属关系，对容易造成责任不清的质量活动按规定采取协调措施。

（2）资源管理。资源管理是指企业通过对人力资源、基础设施和工作环境等企业资源的统筹安排，保证企业质量管理体系的正常运行和持续改进。

（3）产品实现。产品实现是指企业对营销和市场开发、产品设计和开发、工序计划和开发、采购、生产和提供服务、验证、包装和储存、销售和分销、安装和分包、技术协助和服务、后续市场跟踪的全过程的管理要求。

（4）测量、分析和改进。测量、分析和改进是指通过对产品和过程的监视和测量，在对不合格产品或不合格过程的分析过程中，通过纠正措施和预防措施的落实，证实产品的符合性，确保质量管理体系的符合性，持续改进企业质量管理体系的有效性。在这个过程中，特别强调以顾客满意作为质量管理体系业绩的测量标准。

（5）体系的文件化。体系的文件化是指 ISO 9000 质量管理体系明确地规定以文件形式阐述企业的质量管理体系；同时为质量管理体系的贯彻执行提供永久性的参考依据。从整体来讲，体系文件要求必须有质量手册来确定质量管理体系的文件结构，质量手册是阐述一个企业的质量方针、目标，并描述其质量管理体系的重要文件。

6.2.2 质量管理体系的建立与运行

1. 质量管理体系的建立

质量管理体系的建立，一般分为五个阶段。

（1）准备阶段。贯彻执行 ISO 9000 系列标准是一个涉及全体人员的全过程工作，即涉及企业内部各部门，有的还涉及商品供应链的各方。所以，在此阶段，企业应组织全体人员认真学习，理解、掌握ISO 9000系列标准的主要内容、指导思想，以及执行此标准的重要意义。

（2）现状调研阶段。结合ISO 9000系列标准分析本企业的实际状况，如客户对企业质量管理体系的要求，各项法规对企业质量管理的要求，企业现有技术人员、管理人员的专业水平及组成结构，现有生产及检测设备水平，企业质量管理的经验等。另外，对各方面资料的分析也很重要，如国内外同类产品企业的标准、法规，国内外本行业发布的质量技术标准等文件。这些文件应在经分析后按部门、科室或专业性质进行分类整理存放，以便企业编制质量文件时参考使用。

（3）体系策划阶段。明确企业质量管理体系的需求，建立企业质量管理体系运行的质量方针和目标；进一步确定资源、过程和职责，规定过程有效性和效率的测量和评价方法；确定纠正或预防措施；实现符合ISO 9000系列标准要求的企业持续改进的管理模式。

（4）编制质量文件阶段。此项工作要由指定的、了解ISO 9000系列标准并经培训的人员负责主持。先应组织一些骨干力量提出质量文件的设计方案，一般此类文件包括质量手册、程序、作业指导书、质量记录等，即贯穿于整个质量活动的文字资料。

（5）质量管理体系运行阶段。企业按照ISO 9000系列标准结合企业具体情况建立起质量管理体系后，至少应让体系运行半年以上才能申请评审注册。

2. 质量管理体系的运行

质量管理体系运行阶段是实施质量文件，使质量管理体系持续生效的过程。在运行初期，由于员工尚未习惯，会人为地产生不符合项，随着运行的进行与体系的完善，这种情况会逐渐消失。在体系运行的初期应做好以下工作。

（1）开展内部质量管理体系审核。在体系运行初期，企业领导应亲自或委派熟悉此工作的人员对质量管理体系进行至少两次的内部评审工作。这种定期评审的目的是观察现行的质量管理体系运转是否正常，质量管理体系是否完善，质量管理体系文件是否需要修改或补充，以便及时找出原因，使质量管理体系逐渐完善及正常操作。

（2）加强组织协调。质量管理体系的运行涉及企业的各部门、各人员，因此各部门应进一步明确职责与分工，对接口工作要衔接好。质量部门应充分发挥组织协调作用，加强各部门之间的联系与相互的支持，保证质量管理体系的正常运行。

（3）完善质量管理体系文件。在质量管理体系的运行初期，此类文件难免会产生错漏、不全等情况，随着运行的深入，这种情况会慢慢显露。所以不断地完善质量管理体系文件对保证体系正常运行是必要的。

（4）强化质量监督。在质量管理体系刚投入运行时，影响质量的活动及产品质量可能会偏离原有的要求。应组织质量监督，及时发现问题并及时采取纠正措施以保证产品质量。

（5）加强信息反馈与处理。要保证质量管理体系有效地运行，质量信息反馈与处理是重要的，它能使产品质量处于受控状态。各层管理人员及专业技术人员应对信息内容、周期等及时分类收集及分析，以便更好地传递。

企业质量管理体系试运行的时间，即申请质量管理体系认证注册前的时间长短可根据企业规模、产品特性、质量管理体系的完善程度等来决定。

6.2.3 质量管理体系的评审与认证

质量管理体系的评审又称质量管理体系认证、审核、注册等，是指对质量活动的全过程进行审核、评价，确定质量体系各过程是否符合规定的要求，如标准、手册、法规等要求；这些规定及要求是否能有效地贯彻实施；所实施的质量管理体系能否满足规定的质量目标所做的独立的、系统的、公正的审查和评价。

1. 质量管理体系评审的类型

质量管理体系评审按其目的分为内部评审及外部评审两种类型。

（1）内部评审。内部评审是指企业对其自身所进行的评审，又称第一方评审，其目的是要确认自身质量管理体系是否有效运行。此类评审，大多数评审员来自本企业，也有从外企业聘请的专家。

（2）外部评审。外部评审是指由企业外部的机构对企业质量管理体系进行的审核、评价，是由外部机构独立完成的，外部评审有第二方评审与第三方评审两种形式。

1）第二方评审是由一个企业对另一个企业进行评审，如需求方审核供给方是否达到需求方的质量管理体系。第二方评审的评审员来自需求方企业，也有的由需求方聘请外部人员代表需求方实施评审。这类第二方评审根据其目的可称为正式评审、非正式评审、供给方评价、预期先调查、未经宣布的评审等。

2）第三方评审是指由认证机构对一个企业质量管理体系的审核，这种审核的最大特点是该评审机构与第一方、第二方均无直接的经济关系，是完全独立的、公正的专业机构。

2. 评审范围

评审范围有全面评审、部分评审、小型或阶段评审。全面评审是指评审所有的活动和部门，一般用于获取权威机构的注册。另外，为确定存在的问题，以便更好地改进，也可进行全面评审。部分、小型或阶段评审是指对特别职能部门或重要工作所进行的评审，包括对正在从事的活动、已完成的设计或特别工序能力的审核。这种评审一般用于注册后的日常监督及跟踪审核，即验证评价上一次审核后采取的纠正措施是否有效。

3. 质量管理体系认证

质量认证包括产品认证和质量管理体系认证两个方面。质量管理体系认证是由认证机构依据公开发布的质量管理体系标准和补充文件，遵照相应的认证制度要求，对组织的质量管理体系进行评价，合格的由认证机构颁发质量认证证书，并予以注册和实施监督的活动。质量管理体系认证在有的国家又称为质量体系注册。

CNAB—AG12：2002《认证机构实施管理体系认证运作实施指南》规定，我国质量管理体系认证的实施和监督可分为提出申请、体系审核、审批发证和认证监督四个阶段。

ISO 9000族标准是世界各国公认的质量管理体系的合格评定程序。

> **教学互动 6-1**
> ISO 9000 族标准近些年来有哪些新发展？

6.3 质量管理方法

6.3.1 质量管理的基本方法

1. PDCA 循环——戴明循环

（1）PDCA 循环的运用。实施全面质量管理的过程，就是要求各个环节、各项工作都按照 PDCA 循环周而复始地运转。PDCA 循环最早由美国质量管理学家戴明博士提出，他把质量管理过程分为四个阶段，即计划（Plan）、执行（Do）、检查（Check）、处理（Action）。PDCA 循环基本工作如下所述。

1）计划阶段（简称 P）。任务是制订计划，根据存在的问题或用户对质量的要求，找出问题存在的原因和影响商品质量的主要因素，以此为依据，确定质量方针、质量目标，制订出具体的活动计划和措施，并明确管理事项。

2）执行阶段（简称 D）。任务是执行计划，按 P 阶段的计划和标准规定具体实施。

3）检查阶段（简称 C）。任务是检查计划的实现情况，调查执行计划的结果，将工作结果与计划对照，得出经验，找出问题。

4）处理阶段（简称 A）。任务是把执行的结果进行处理总结。把 C 阶段执行成功的经验，加以肯定，纳入标准或规范，形成制度，以便今后照办；对失败的教训加以总结，以后不再那样做；遗留问题转入下一个 PDCA 循环。PDCA 循环既适用于整个企业的质量工作，也适用各部分、各个环节的工作。

（2）PDCA 循环的特点。

1）大环套小环、互相促进。PDCA 作为企业管理的一种科学方法，适用于企业经营管理各方面的工作。因此整个企业是一个大的 PDCA 循环，各部门又都有各自中的 PDCA 循环，依次又有更小的 PDCA 循环，直至具体落实到每个人。这样就形成了一个个大环、中环和小环，而且一环扣一环，环环相扣，环环联动，推动整个企业的 PDCA 循环转动起来，使各部门、各环节和整个企业的质量管理工作有机地联系起来，彼此协调，相互促进。

2）爬楼梯。PDCA 工作循环依靠组织力量推动，顺序进行。循环不是原地转圈，而是每次转动都有新的内容和目标，因而也意味着前进了一步，犹如爬楼梯，逐步上升。在质量管理上，经过一次循环就意味着解决了一批问题，质量水平就有了提高。

3）关键在"处理"阶段。"处理"就是总结经验，肯定成绩，纠正错误，以利再战。为了做到这一点，必须"标准化""制度化"，以便在下一个循环中巩固成绩，避免重犯错误。

2. 朱兰三部曲

朱兰博士认为，产品中的质量问题80%是由于管理不善引起的，要提高产品质量，就应破除传统观念，抓住质量策划、质量控制、质量改进三个环节。这种管理模式称为朱兰三部曲。

（1）质量策划。质量策划就是明确质量目标，并为实现质量目标进行策划部署。其主要内容有：确定顾客的需求；开发可以满足顾客需求的产品；制定能满足顾客需求的质量目标，并以最低综合成本来实现；开发出能生产所需产品的生产程序；验证这个程序的能力，证明它在实施中能达到的质量目标。

（2）质量控制。质量控制是在生产经营中达到目标的过程，最终结果是按照质量计划进行生产，并做相应控制。主要内容有：选择控制对象；规定测量标准和方法；测定实际质量特性；通过对实际与标准的比较找出差异；根据差异采取措施并监控其效果。

（3）质量改进。质量改进是一个突破计划并达到前所未有水平的过程，最终结果是在明显优于原来计划水平的质量水平上进行经营活动。质量改进的内容包括：确定改进对象，组织诊断，寻找改进机会；提出改进方法和预防措施；实施改进，并对这些改进项目加以指导和控制；证明这些方法有效，并在质量管理体系文件中体现；提供控制手段，以保持其有效性。

相关链接 6-1

6σ 质量管理法

6σ质量管理法是一种统计评估法，核心是追求零缺陷生产，防范产品责任风险，降低成本，提高生产率和市场占有率，提高顾客满意度和忠诚度。6σ管理既着眼于产品、服务质量，又关注过程的改进。"σ"是希腊文的一个字母，在统计学上用来表示标准偏差值，用以描述总体中的个体离均值的偏离程度，测量出的σ表征诸如单位缺陷、百万缺陷或错误的概率性，σ值越大，缺陷或错误就越少。6σ是一个目标，这个质量水平意味着在所有的过程和结果中，99.999 66%是无缺陷的，也就是说，做100万件事情，其中只有3.4件是有缺陷的，这几乎趋近人类能够达到的最为完美的境界。6σ管理关注过程，特别是企业为市场和顾客提供价值的核心过程。因为过程能力用σ来度量后，σ越大，过程的波动越小，过程以最低的成本损失、最短的时间周期满足顾客要求的能力就越强。6σ理论认为，大多数企业在3σ～4σ运转，也就是说每百万次操作失误在6 210～66 800次，这些缺陷要求经营者以销售额的15%～30%的资金进行事后的弥补或修正，而如果做到6σ，事后弥补的资金将降低到约为销售额的5%。

6σ在20世纪90年代中期开始被通用电气从一种全面质量管理方法改进为一个高度有效的企业流程设计、改善和优化的技术,并提供了一系列同等地适用于设计、生产和服务的新产品开发工具,继而与通用电气的全球化、服务化、电子商务等战略齐头并进,成为全世界追求管理卓越性的企业最为重要的战略举措。6σ逐步发展成为以顾客为主体来确定企业战略目标和产品开发设计的标尺,追求持续进步的一种管理哲学。6σ管理法已形成一套使每个环节不断改进的简单的流程模式:界定、测量、分析、改进、控制。为了达到6σ,先要制定标准,在管理中随时跟踪考核操作与标准的偏差,不断改进,最终达到6σ。实施6σ管理的好处是:能够提升企业管理的能力,节约企业运营成本,增加顾客价值,改进服务水平,形成积极向上的企业文化。

6.3.2 质量管理常用的工具与技术

在运用PDCA工作循环和朱兰三部曲实施全面质量管理时,可借助以下几种工具和技术进行数据分析,找出质量问题及其影响因素,进行有效的质量控制。

1. 排列图

排列图又称帕累托图。这是找出影响产品质量主要问题的一种有效图表工具。它由一个横坐标、两个纵坐标、几个按高低顺序排列的矩形和一条累计百分比折线组成。排列图有两个作用:一是按重要顺序显示出每个质量改进项目对整个质量问题的作用;二是识别进行质量改进的机会。下面举例说明排列图。

例如,某录音机厂收到反映该厂录音机质量问题的投诉信合计120封,其投诉内容如表6-1所示。根据表中数据计算频率和累计,即可画出主次因素排列图,如图6-1所示,并找出影响录音机质量的关键因素,及时加以解决。由图6-1可看出,该厂首先需要解决录音机卡带和开关失灵的问题。

表6-1 录音机质量问题

投诉原因	信件数量(封)	频率(%)	累积频率(%)
卡带	56	46.6	46.6
开关失灵	32	26.7	73.3
声音变形	13	10.9	84.2
收音无声	7	5.8	90.0
无立体声	4	3.3	93.3
其他	8	6.7	100.0
合计	120	100	—

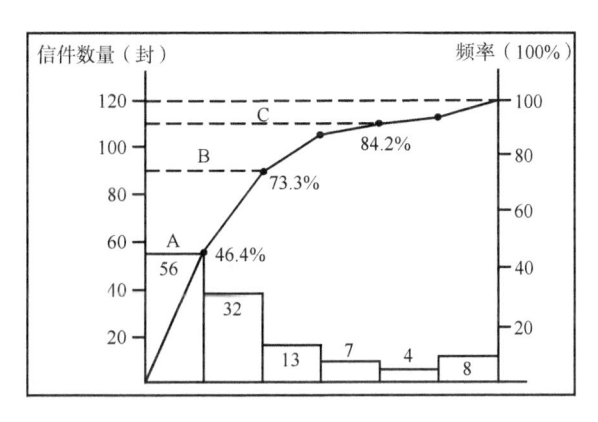

图 6-1 主次因素排列图

2. 因果分析图

因果分析图又称特性因素图，主要用于分析各种质量问题产生的原因。在生产和流通、经营过程中，影响商品质量的因素很多，如人、机器、设计、工艺、原材料经营及经营环境等。通过因果分析图，可以集思广益，寻找和分析造成质量事故的主要原因。因果分析图以粗线条箭头表示质量问题，图上呈现各种原因的分支线条，犹如树枝或鱼刺，故又称树枝图或鱼刺图，如图 6-2 所示。

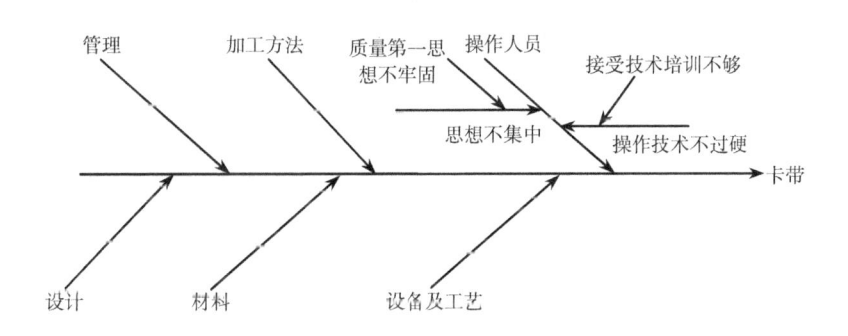

图 6-2　因果分析图

3. 直方图

直方图又称质量分布图或频数分布图。它是用一系列宽度相等、高度不等的长方形表示数值的图。长方形的宽度表示数据范围的间隔，长方形的高度表示在给定间隔内的数据量。直方图的作用是：① 显示质量波动状况；② 较直观地传递有关过程质量状况的信息；③ 当人们研究了直方图中所示的商品质量数据波动状况之后，就能掌握过程的状况，从而确定在什么地方进行质量改进。

例如，某商场经营的白糖是由该商场自己分装的，规定每袋重量为 500±10 克，某日随机抽取 100 袋检测其重量，发现最重的 509 克，最轻的 493 克。为绘制直方图，须将数据整理成频数表。如以 2 克为组距，则如表 6-2 所示。

$$组数 = \frac{最大值 - 最小值}{组距} = \frac{509 - 483}{2} = 8（组）$$

表 6-2　白糖重量频数

白糖重量（克）	频数（袋）	频率（%）
493～495	2	2
495～497	6	6
497～499	18	18
499～501	26	26
501～503	22	22
503～505	14	14
505～507	8	8
507～509	4	4
合　计	100	100

直方图的绘制是以横坐标作为组的尺寸，纵坐标作为频数。在图内以频数为矩形之"高"，以组距为其"宽"，如图 6-3 所示。

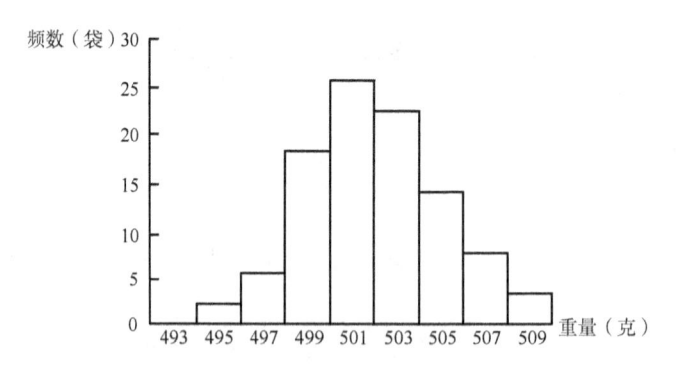

图 6-3　白糖重量频数

由图 6-3 可见，实际重量分布范围落在公差范围之内，而且分布也显示正常形态（正态分布），说明质量稳定。如果实际重量分布范围过大，超出公差范围，就会出现废品。如果矩形分布出现异常形态，就需分析原因，防止产生废品。

4. 控制图

控制图又称管理图。它是画有控制（或管理）界限的一种图表，用来区分质量波动究竟是由于偶然原因还是由于系统原因引起的。控制图分析和判断工序是否处于稳定状态，从而判断商品质量是否处于控制（或管理）状态，预测影响质量的异常原因。它利用图表形式来反映生产过程中的运动状况，并据此对生产过程进行分析监督和控制。

5. 散布图

散布图又称分散图，或者相关分析法。商品的质量与影响质量的因素之间，常常有一定的依存关系，但它们又不是严格的一一对应的函数关系，即不能由一个变量精确地求出另一个变量，这种依存关系称为相关关系，如玻璃、陶瓷制品的破损率与运输距离之间的关系等。分析商品质量和影响因素之间的关系，并自觉运用这种关系，对提高商品的质量有很大作用。相关分析法比较简单的方法是画出相关图，又称散布图（或分散图）。

6. 调查表

调查表又称检查表、核对表、统计分析表，是进行数据整理和粗略分析事故原因的常用工具。其格式各种各样，一般因调查目的不同，而可以设计出不同的表格。在质量管理中，最常用的有调查缺陷位置的统计调查分析表，工序内质量特性分布统计调查表，以及不合格项分类的统计调查表等。它们是日常工作中班组、柜组管理的有效方法。

除上述六种质量管理的工具和技术外，还有对策表、系统图、水平对比、流程图和亲和图等。

实例 6-3

质量环又称朱兰质量螺旋，是指从识别需要到评定这些需要是否得到满足的各阶段中影响质量的相互作用活动的概念模式。质量环始于营销和市场调研（对市场的需求进行识别，根据市场的需要进行产品的开发和设计），同样也终了于营销和市场调研（根据市场对其产品的反馈信息，评价市场的需要是否已得到满足）。因此，质量环反映的是一个连续不断、周而复始的过程，通过不断地循环，实现持续的质量改进。典型的质量环如图 6-4 所示。通过对此图的学习，你对质量管理有哪些新的认识？

图 6-4 典型的质量环

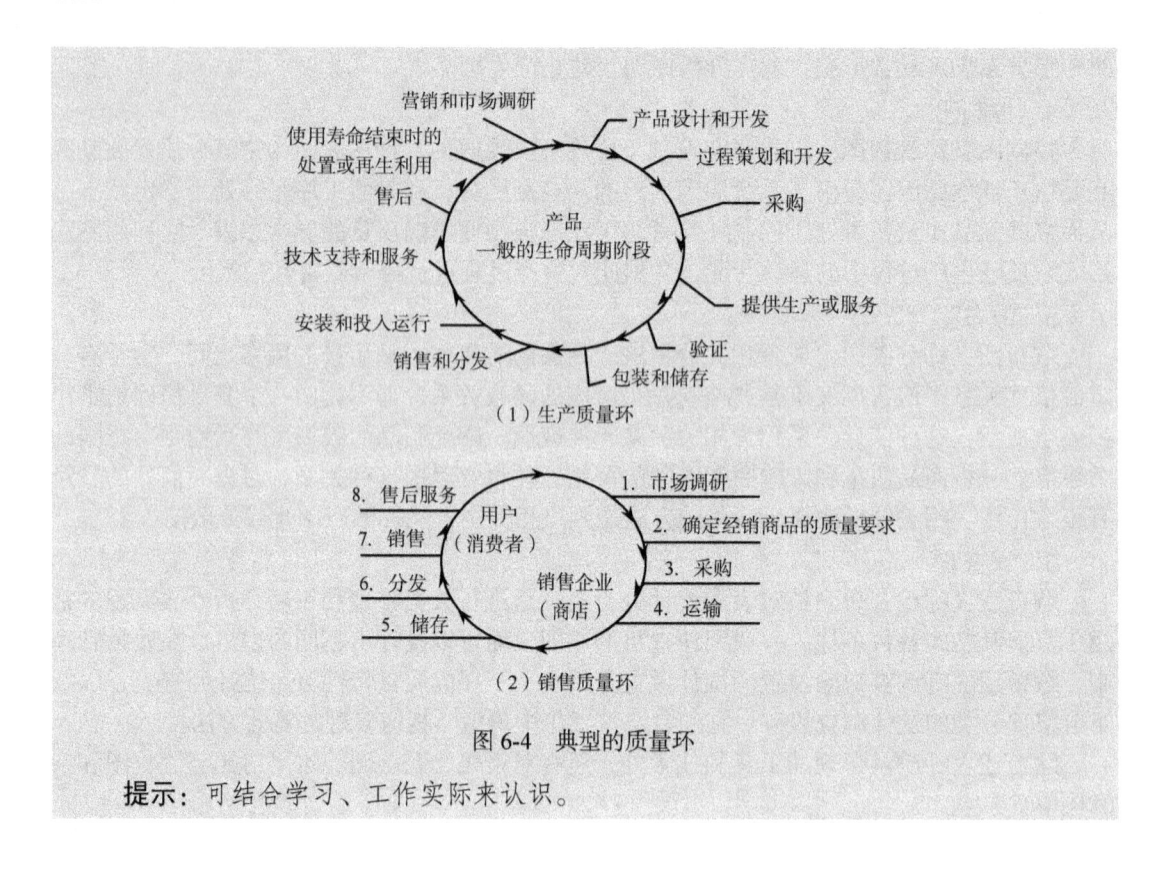

提示：可结合学习、工作实际来认识。

6.3.3 质量改进团队

1. 质量改进组织

质量改进组织有正式的和非正式的，取决于改进项目的规模。日常的质量改进组织通常是以团队的方式建立并开展活动的。团队起源于最初的质量管理小组和质量控制小组，由美国经营管理人员首先在企业管理中采用，并由日本管理人员在企业管理中广泛推广。这种形式在处理各种问题和改进工作时具有很高的效率。团队是由 3～5 个具有各种特长的人自由结合组成的小组，他们有一个共同的特定目标，即为企业生产经营过程中的短期或长期发展提供建议，发现和解决问题，改进现在的工作水平。

质量改进团队是临时的，没有固定领导，是不在组织机构图中的一种组织形式。不同的国家对质量改进团队有不同的称呼，如 QC 小组、无缺陷小组、质量改进小组、提案活动小组等。虽然名称不同，但活动的方式基本相同。下面以 QC 小组为例说明质量改进的步骤和质量改进团队的活动。

QC 小组是指在生产或工作岗位上从事各种劳动的员工，围绕企业的经营战略、方针目标和现场存在的问题，以改进质量、降低消耗、提高人的素质和经济效益为目的而组织起来的，运用质量管理的理论和方法开展活动的小组。

2．QC 小组活动的具体程序

（1）选择课题。

1）课题的来源。课题的来源一般有三个方面：一是指令性课题，即由上级主管根据企业（或部门）的实际需要，以行政指令的形式下达的课题，这种课题通常是企业生产经营活动中迫切需要解决的重要技术攻关性课题。二是指导性课题，通常由企业的质量管理部门根据企业实现经营战略、方针、目标的需要，推荐并公布一批课题，每个小组则根据自身的条件选择力所能及的课题开展活动，这是一种上下结合的方式。三是自行选择课题，即小组根据本部门情况自行选择的课题，如针对上级方针目标在部门落实的关键点；针对现场及小组本身存在的问题；针对顾客的投诉和抱怨。

2）选择课题时应注意的问题。课题宜小不宜大，尽量选择解决具体问题的课题；课题名称能直接看出小组要解决的问题，课题紧扣活动内容，不抽象；选题理由应简明、扼要、充分，直接写出选课题的目的和必要性，可用数据表达。

（2）调查现状。调查现状的目的是找出问题的症结，为确定目标提供依据。

（3）设定目标。目标与问题相对应；目标要量化，并具有一定的挑战性；说明制定目标责任制的依据。

（4）分析原因。分析原因是小组活动的重要一环，通过对问题产生原因的分析，找出关键所在。小组成员要开阔思路、集思广益，从能够设想的所有角度去想象可能产生问题的全部原因。

（5）确定主要原因。对诸多问题进行分析，把影响问题的主要因素找出，排除次要因素，为制定对策提供依据。

（6）制定对策。针对每条主要原因采用什么对策确定之后，就可编制对策表，把对策内容落实到对策表中去。对策表要注意按"5W1H"原则制定，即 Who（负责人）、Why（目标）、What（对策）、When（完成时间）、Where（完成地点）、How（措施）。对策的制定要有效、可以实施，不采用临时性、应急性的对策。对策目标要有可检查性。

（7）确认效果。

1）把对策实施后的数据与对策实施前的现状及小组制定的目标进行比较，总体评价课题的效果、重点目标值的完成。达到目标，问题已解决，进入下一步骤；达不到目标，问题没有彻底解决，应该重新分析原因或检查所制定的对策，在 C 阶段再进行一次小的 PDCA 循环。

2）计算经济效益。解决了问题，取得了成果，就可计算解决这个问题能为企业带来多少经济效益。计算时一定要实事求是，千万不可夸大。一般计算时间不超过活动期（包括巩固期在内）。

（8）制定巩固措施。取得效果后，就要把效果维持下去，并防止问题的再发生。为此，要制定巩固措施。

（9）总结。对改进效果不显著的措施及改进实施过程中出现的问题，要予以总结，为开展新一轮的质量改进活动提供依据。质量改进的工具与技术可以按 PDCA 循环各阶段应用的统计技术引入质量改进。

3．QC 小组成果报告书的编写

（1）要求。文字精练，逻辑性好，最好用图表表达，让外行人看得懂。

（2）内容。

- 小组人员简介、受教育情况、登记号、活动次数。
- 选题理由：指令、指导、自选、为什么选题。
- 现状调查及原因分析：目前现场情况的确认。
- 确定目标值：定量、不超过两个、提供依据。
- 分析产生问题的原因：分析到能采取措施为止。
- 制定主因并对其论证：事实和数据表示。
- 制定对策：要因对应、措施具体。
- 实施：表达清楚，以实施为主。
- 检查效果：与目标值比较、证实。
- 巩固措施：纳入标准的名称及条款，防止再发生。
- 遗留问题及下步打算：总结、分析、保持活动的连续性。

实例 6-4

质量管理小组

质量管理小组作为企业质量管理的基础性工作和有效工具，在世界各国得到了极大的普及，不仅在日本、韩国获得了成功，在欧美国家也取得了可观的成绩。一项对美国《财富》500 强企业的调查发现，其中 96.7% 的企业有质量管理小组在活动。在我国，质量管理小组的普及面和活动效果都不甚理想，只有 64.8% 的企业有质量管理小组在活动，其中只有 36.2% 的企业认为其质量管理小组效果良好。究其原因，其中主要一条就是大多数企业员工缺乏主动参与质量管理小组活动的积极性。为从根本上改变我国质量管理小组效果不佳的状况，你能对企业员工拒绝参加质量管理小组的原因进行分析，并提出相应的对策吗？

提示：可结合同学们日常活动小组出现的情况来分析，并提出相应的对策。

> **相关链接 6-2**
>
> ### 6S 管理
>
> 　　6S 就是整理（Seiri）、整顿（Seiton）、清扫（Seiso）、清洁（Seiketsu）、素养（Shitsuke）、安全（Security）6 个项目，因均以"S"开头，简称 6S。6S 起源于日本，6S 管理是现代企业行之有效的现场管理理念和方法，其作用提高效率，保证质量，使工作环境整洁有序，预防为主，保证安全。6S 的内容分述如下。
>
> 　　整理——将工作场所的任何物品区分为有必要和没有必要的，除了有必要的留下来，其他的都消除掉。目的：腾出空间，空间活用，防止误用，打造清爽的工作场所。
>
> 　　整顿——把留下来的必要的物品依规定位置摆放，并放置整齐加以标识。目的：工作场所一目了然，减少寻找物品的时间，工作环境整整齐齐，清除过多的积压物品。
>
> 　　清扫——将工作场所内看得见与看不见的地方清扫干净，保持工作场所干净、清洁。目的：稳定品质，减少工业伤害。
>
> 　　清洁——经常保持环境外在美观的状态。目的：创造整洁现场，维持上面 3S 的成果。
>
> 　　素养——每位成员养成良好的习惯，并遵守规则做事，培养积极主动的精神（又称习惯性）。目的：培养有好习惯、遵守规则的员工，营造团队精神。
>
> 　　安全——重视成员安全教育，每时每刻都有安全第一的观念，防患于未然。目的：建立起安全生产的环境，所有的工作应建立在安全的前提下。

6.4　服务质量管理

6.4.1　服务质量

1. 服务质量概述

（1）服务质量的定义。服务与有形商品相比，具有无形性、生产与消费的不可分性、不可储存性、异质性、顾客参与性等特征。服务质量是指产品的服务或服务业满足规定或潜在要求（或需要）的特征和特性的总和。特性是用以区分不同类别的产品或服务的概念，如音乐有陶冶人的情操、使人愉悦的特性。特征则是用以区分同类服务不同规格、档次、品位的概念，如同是运输服务，有航运、铁路运输、公路运输的区别。服务质量最表层的内涵应包括服务的安全性、适用性、有效性和经济性等一般要求。鉴于服务交易过程的顾客参与性和生产与消费的不可分离性，服务质量必须经顾客认可，并被顾客识别。

（2）服务质量的内涵。服务质量是顾客感知的对象；服务质量既要有客观的方法加以制定和衡量，也要按照顾客主观的认识加以衡量和检验；服务质量发生在服务生产和交易过程之中；服务质量是在服务企业与顾客交易的真实瞬间实现的；服务质量的提高需要内部形成有效的管理和支持系统。

（3）服务质量同有形产品的质量在内涵上有区别。服务质量较有形产品的质量更难被消费者所评价；顾客对服务质量的认识取决于他们预期同实际所感受到的服务水平的对比；顾客对服务质量的评价不仅要考虑服务的结果，而且涉及服务的过程。

（4）服务质量的预期质量与感知质量的区别。预期服务质量是指对服务企业所提供服务预期的满意度。感知服务质量则是顾客对服务企业提供的服务实际感知的水平。如果顾客对服务的感知水平符合或高于预期水平，则顾客获得较高的满意度，从而认为企业具有较高的服务质量；反之，则会认为企业的服务质量较低。从这个角度看，服务质量是顾客的预期服务质量同其感知服务质量的比较。预期服务质量是影响顾客对整体服务质量的感知的重要前提。如果预期服务质量过高，则即使他们所接受的服务水平很高，他们仍然会认为企业的服务质量较低。

（5）预期服务质量的影响因素。

1）市场沟通。市场沟通包括广告、直接邮寄、公共关系及促销活动等，直接为企业所控制，这些方面对预期服务质量的影响是十分明显的。例如，在广告中，一些企业过分夸大产品的功能，导致顾客的预期质量很高，当顾客发现感知服务质量低于预期服务质量时，对企业的服务质量感觉则会大打折扣。

2）顾客口碑。企业形象和口碑只能间接地被企业控制，这些因素虽受外部条件的影响，但基本表现为企业绩效的函数关系。

3）顾客需求。顾客需求是企业的不可控因素。顾客需求的变化及消费习惯、消费偏好的不同，决定了这一因素对预期服务质量的巨大影响。

> **教学互动 6-2**
>
> 试讨论服务质量与产品质量的异同点。

2．服务质量的构成要素

服务质量既是服务本身的特性与特征的总和，也是消费者感知的反应，因而服务质量既由服务的技术质量、职能质量、形象质量和真实瞬间构成，也由感知质量与预期质量的差距所体现。

（1）技术质量。技术质量是指服务过程的产出，即顾客从服务过程中所得到的东西，如航空公司为旅客提供飞机、舱位等。对技术质量，顾客容易感知，也便于评价，如民航的舱位是否宽敞等。

（2）职能质量。职能质量是指服务推广的过程中顾客所感受到的服务人员在履行职责时的行为、态度、穿着和仪表等给顾客带来的利益和享受。职能质量完全取决于顾客的主观感受，难以进行客观评价。技术质量与职能质量构成了感知服务质量的基本内容。

（3）形象质量。形象质量是指企业在社会公众心目中形成的总体印象。它包括企业的整体形象和企业所在地区的形象两个层次。企业形象通过视觉识别系统、理念识别系统和行为识别系统多层次地体现。顾客可从企业的资源、组织结构、市场运作和企业行为方式等多个侧面认识企业形象。企业形象质量是顾客感知服务质量的过滤器。如果企业拥有良好的企业形象，少许的失误会赢得顾客的谅解；如果失误频繁，则必然会破坏形象；假如企业形象不佳，则企业的任何细微的失误都会给顾客造成很坏的印象。

（4）真实瞬间。真实瞬间则是服务过程中顾客与企业进行服务接触的过程。这个过程是一个特定的时间和地点，是企业向顾客展示自己服务质量的时机。真实瞬间是顾客对服务质量的感知，如果在这一瞬间服务质量出了问题，企业将无法补救。真实瞬间是服务质量构成的特殊因素，是有形产品质量所不包括的因素。

顾客光顾一家服务组织时，他要经历"真实瞬间"。因此，服务的生产和传递过程应计划周密，执行有序，防止棘手的"真实瞬间"出现。如果出现失控状况并任其发展，出现质量问题的危险性就会大大增加。一旦"真实瞬间"失控，服务质量就会退回原始状态，服务过程的职能质量更身受其害，进一步累及服务质量。

3. 服务质量指标

（1）顾客满意指标。顾客满意指标有助于我们确定什么是最重要的服务问题，并使我们可以估计和了解顾客在每个关键问题上对经营者表现出来的看法。顾客满意状况的调查一般由独立的商业研究代理机构来完成。

（2）服务问卷。服务问卷用来衡量顾客的满意程度，是衡量与当地顾客关系是否有效的重要指标，帮助每个部门评价其顾客享受到的服务的质量。同时，它还有力地表明经营者致力于提供优质服务的决心。通过服务问卷调查，顾客的反馈表明他们喜欢有机会做出评论。

（3）投诉处理措施。投诉处理措施提供关于最新的发展趋势和当前顾客关注领域的信息，并使经营者能够对问题做出反应。投诉是一个警告信号，能够表明服务没有达到顾客的要求，而且它们常常是最先表明顾客不满意并在考虑转移其他业务时的信号。投诉得到解决的顾客往往会表示出极高的满意度，这种状况往往会影响其他的潜在顾客。实行投诉处理措施是为了提供一种在公司内处理投诉的一致的方法。

1）投诉处理措施的优点：① 帮助员工认识到顾客何时投诉、如何投诉及如何解决投诉。② 帮助员工了解投诉的根本原因，并采取相应的改正行动。

2）处理顾客投诉的运作方式：① 有投诉时，填写投诉活动表，并交给相关部门采取行动和进行后续工作。② 将每个投诉编号，以便对特定问题进行查找和分类，由协调员整理和核对表格，并将一份复印件交给代理机构。③ 各部门每月都会收到一份报告，说明本月各类投诉的比例，还提供与同行业平均水平的对比结果。

（4）服务绩效指标。服务绩效指标是用来独立评估服务水平的指标,并根据公司确定的标准来衡量所取得的进展。这一项很重要,因为经过一段时间后顾客的期望会提高,为了吸引和留住顾客,我们必须达到或超过这一期望。衡量该指标使用的三种技术是销售现场措施、电话措施和神秘购物,后者是最重要的技术,大约占该指标的70%。

> **实例 6-5**
>
> **麦当劳提供服务的四大标准**
>
> 麦当劳"小到洗手有程序,大到管理有手册"。麦当劳公司的创始人雷·克洛克说:"麦当劳食谱提供的肉、蛋、鱼、面包、奶制品及土豆是良好的有营养的食品,是多数人在家享用的食品。为我们的顾客提供优质、服务、清洁和物有所值的食物,是我们对顾客的唯一承诺。"
>
> 麦当劳的黄金准则是顾客至上,顾客永远第一。提供服务的最高标准是质量(Quality)、服务(Service)、清洁(Cleanliness)和价值(Value)。质量意味着保证顾客购买的食品配方最佳,标准严格,准备程序可靠,以保证产品安全、健康、美味。麦当劳为保障食品品质制定了极其严格的标准。例如,牛肉食品要经过40多项品质检查;食品制作后超过一定期限(汉堡包的时限是10分钟、炸薯条是7分钟),即丢弃不卖;规定肉饼必须由83%的肩肉与17%的上等五花肉混制等。严格的标准使顾客在任何时间、任何地点所品尝的麦当劳食品都是同一品质的。服务是指按照细心、关心和爱心的原则,提供热情、周到、快捷的服务。迅速、友好的服务一直是麦当劳成功的基础,他们使用改善服务的方法,提供令顾客满意及超出顾客预期的服务。清洁是指麦当劳制定了必须严格遵守的清洁工作标准,这意味着从厨房、餐厅到休息室和停车场的设施都是最干净整洁的。价值被定义为花钱购买的全部体验,是指麦当劳餐厅是在明亮、舒适宜人的环境中,为顾客提供价格合理、品质优秀的快餐。在麦当劳,全部体验包括可口的食物、友善的员工,整洁的环境,快捷、恰到好处的服务,还有快乐。四大标准不仅体现了麦当劳的经营理念,而且因为有详细严格的量化标准,成为所有麦当劳餐厅从业人员的行为规范。这是麦当劳规范化管理的重要内容。
>
> **提示:** 从麦当劳规范化管理对保证服务质量提供了哪些有益的启示来分析。

6.4.2 服务质量测定

1. 服务质量测定的标准

服务质量的测定是服务企业对顾客感知服务质量的调研、测算和认定。从管理角度出发,优质服务必须符合以下标准。

（1）规范化和技能化。顾客相信服务供应方及其员工有必要的知识和技能，规范作业，能解决顾客的疑难问题。

（2）态度和行为。顾客感到服务人员（一线员工）用友好的方式主动关心照顾他们，并以实际行动为顾客排忧解难（有关过程标准）。

（3）可亲近和灵活性。顾客认为服务供应商的地理位置、营业时间、员工和营运系统的设计和操作便于服务，并能灵活地根据顾客要求随时加以调整（有关过程标准）。

（4）可靠性和忠诚性。顾客确信，无论发生什么情况，他们能够依赖服务供应者、它的员工和营运系统。服务供应者能够遵守承诺，尽心竭力地满足顾客的最大利益（有关过程标准）。

（5）自我修复。顾客知道，无论何时出现意外，服务供应者将迅速有效地采取行动，控制局面，寻找新的、可行的补救措施（有关过程标准）。

（6）名誉和可信性。顾客相信服务供应者的经营活动可以依赖，物有所值；相信它的优良业绩，可与顾客共同分享（有关形象标准）。

在6个标准规范中，规范化和技能化与技术质量有关，名誉和可信性与形象有关，而其余4项标准都与过程有关，代表了职能质量。

这6个可感知服务标准是在大量实证和理论研究的基础上得出的，有一定的实用价值，可以作为管理的指南。当然仅靠这6个标准，管理还是不够充分的。对于各种行业和各种顾客，各个标准主次排序可能有所不同，特殊情况下，还会出现不属于6个标准的其他标准。

由于价格对质量的作用不明显，这里对服务质量的价格没有展开充分的讨论。通常，服务价格与顾客对服务或服务质量的预期有关，如果认为价格过高，顾客就会放弃购买。同时，价格对预期也有影响，但是某些情况下价格似乎是一种质量标准，尤其在服务质量十分抽象的情况下，较高的价格在顾客心目中代表着较高的服务质量。

与服务感知质量相关的服务是可感知、可监控的，如果顾客对消费毫无控制能力，他就会感到不满足。例如，如果供应者剥夺了顾客的监督控制权利，那么在其他情况下可以忍受的拥挤和等待也会引起很大的不满。顾客想有这样一种感觉，他对服务交易有一定的控制能力，不会总是受供应者摆布。如果这种需求得以满足，将大大提高满意程度。管理者应该认真考虑建立监督控制机制。

可感知的监督控制和自我修复之间的关系是十分明显的。如有突发事件发生，如火车误点，由于缺少监督，乘客丧失对局势的控制能力，很快会造成一种紧张不安的气氛。如果这时运输公司员工能够迅速、及时和有效地向乘客说明缘由，并告知晚点的准确时间，乘客们即使不喜欢这种事件，但毕竟对情况有所了解，有了一定的控制能力，至少也要比一无所知好得多。自我修复，就不单是告诉乘客目前的困境，而应该采取措施为乘客解决一定的实际问题，如生活问题等。

总之,在谈论可知的服务质量时,让顾客对服务消费有一定的控制能力,往往是挽救危机的一个有效途径,也是提高服务质量的一个有效手段。

2. 服务质量测定的其他评价因素

服务质量测定具有复杂性、多因素性,其他评价因素如表 6-3 所示。

表 6-3　服务质量测定的其他评价因素

评价因素	具体表现举例
1. 方便：顾客对获得服务的难易程度的评价	电话预约服务的难易和效率 顾客服务等待时间的长短 服务时间的长短 服务场所地理位置的远近
2. 交流：顾客对能否和服务人员顺利交流意见及获得多方面信息的评价	服务人员对英语、普通话等语言工具的掌握程度 服务人员对服务内容介绍和对服务档次——价格比的建议 服务人员对其他相关服务情况的介绍和建议
3. 信誉：顾客对企业可信度、企业形象、知名度等的评价	企业名称 企业竞争实力 企业以往发生失败服务的频率和采取的弥补措施
4. 理解：顾客对企业和服务人员对其需求的理解程度的评价	企业提供的服务的完善程度 对顾客特殊需求的感知 对顾客需求的预见性 对老顾客的了解程度

3. 服务质量测定的方法

服务质量测定一般采取评分量化的方式进行,具体程序如下。

（1）测定顾客的预期服务质量。

（2）测定顾客的感知服务质量。

（3）确定服务质量,即服务质量=预期服务质量–感知服务质量。

实例 6-6

国航上海分公司全流程服务质量管理打造优质服务链

为了全面提升服务品质,以优质的服务迎接上海世博会,2010 年 1 月,中国国际航空股份有限公司上海分公司（国航上海分公司）创新了服务质量管理模式,成立了服务质量提升推进小组,将服务质量检查、考核、培训、评价有机结合起来,对服务质量进行全流程监管。

为加大对一线服务单位的服务监管力度，国航上海分公司在一线单位聘请了兼职服务质量监察员，由监察员负责监控本单位的服务质量，承担服务质量检查、服务建议收集、信息反馈等职责。另外，服务质量提升推进小组根据各单位的业务特点和服务薄弱环节，制作了相应的《服务质量检查单》，形成检查单检查制度，使服务质量检查更具有针对性。对于检查中发现的问题，小组以《整改通知单》的形式告知相关单位，督促其及时整改，并以不定期抽查的形式跟踪检查整改情况。值得一提的是，公司2010年将服务质量的检查结果与绩效考核挂钩，增加了工作人员服务的热情与责任心。

第二个环节是服务质量评价，通过分析《旅客满意度调查表》发现服务过程中存在的缺陷，通过小组制作的《服务质量评估报告》及时掌握服务工作的总体情况。《服务质量评估报告》的内容分为三部分，第一部分是当月服务质量总体评价，小组以《旅客满意度调查表》、日常服务质量检查情况及各单位兼职服务质量监察员的信息反馈为依据，分析该单位当月服务质量总体情况，列明存在的短板，并有针对性地制定改进措施和预防方法。第二部分是服务信息提示，小组就近期服务工作的重点和实际工作情况发布相应的服务提示。第三部分是选取近期一件有代表性的案例进行分析，提高大家的服务意识、业务技能，避免同样的问题重复发生。最后，小组根据服务工作的总体情况，选择培训的内容，安排不同的培训形式，确保培训取得实效。

提示： 从完善服务质量测定、保证服务质量方面来分析。

主要概念

质量管理　　全面质量管理　　QC小组　　服务质量

课堂讨论题

1. 分析 ISO 9000 系列标准在质量管理中的地位和作用。
2. 服务质量有何特点？

自测题

1. 判断题
（1）全面质量管理的一个重要观点是，质量是由设计和使用过程决定的。　　（　　）
（2）质量管理体系评审使企业中的重要资源——人的质量得到最大的提高。　　（　　）
（3）因果分析图法主要用于找出影响商品质量的主要问题。　　（　　）

（4）质量改进团队中的QC小组是质量管理的正式组织。　　　　　（　　）
（5）预期服务质量是影响顾客对整体服务质量的感知的重要前提。　（　　）
（6）顾客满意指标是衡量服务质量的关键指标。　　　　　　　　　（　　）

2．填空题

（1）质量管理经历了检验、_____和_____质量管理三阶段。
（2）质量管理体系评审按其目的分为_____和_____两种类型。
（3）称为朱兰管理模式三部曲的是_____、_____和质量改进三个环节。
（4）预期服务质量的影响因素包括市场沟通、_____和_____三个方面。

3．选择题

（1）属于质量内在特性的有（　　）。

A．结构性能　　　　B．口感　　　　　C．可靠性
D．安全　　　　　　E．使用费用

（2）我国质量管理体系认证的实施和监督可分为的四个阶段是（　　）。

A．提出申请　　　　B．体系审核　　　C．缴纳费用
D．审批发证　　　　E．认证监督

（3）用来区分商品质量波动究竟是偶然原因还是系统原因引起的方法是（　　）。

A．直方图法　　　　B．控制图法　　　C．散布图法
D．排列图法　　　　E．因果分析图法

（4）构成服务质量要素的有服务的（　　）。

A．技术质量　　　　B．预期质量　　　C．职能质量
D．形象质量　　　　E．真实瞬间

4．简答题

（1）简述质量管理与质量策划的关系。
（2）如何建立质量管理体系？
（3）什么是PDCA循环？其有何特点？
（4）简述服务质量的测定标准。

实训题

1．技能题

质量管理常见的工具和技术有哪些？各有何特点？在质量管理工作中如何运用？

训练建议：

运用所学知识，对质量管理常见的工具和技术进行分析，提出在质量管理工作中运用的思考和建议。

2. 案例分析

某医药公司购进药品质量管理制度

（1）严格执行"按需进货，择优采购，质量第一"的原则。

1）在采购药品时应对供货方的法定资格、履约能力、质量信誉等进行调查和评价，并建立合格供货方档案。

2）对所购药品的合法性进行审核（应有法定批准文号，质量标准，包装、标志应符合有关规定和运输要求，进口药品应有符合规定的、加盖了原供货单位质量管理机构印章的《进口药品注册证》、《进口药品检验报告书》或《进口药品通关单》的复印件，港澳台药品必须有《医药产品注册证》）。

3）药品采购应制订计划，并有质量管理人员参加，采购药品应签订书面采购合同，明确质量条款。

4）采购合同如果不是以书面形式确立的，购销双方应提前签订注明各自质量责任的质量保证协议书，协议书应明确有效期。

5）购进药品应按规定在计算机中建立药品购进记录，药品购进记录应注明药品名称、剂型、规格、有效期、生产企业、供货单位、购进数量、购货日期等项内容。

6）购进药品应有合法票据，做到票、账、物相符，票据和记录应按规定妥善保管。

（2）药品付款凭证应由验收人员验收合格签章后方能签转财务部门付款。凡验收不合格，或者未经验收人员签章的，一律不准签转付款。

（3）进货人员应定期与供货方联系，及时掌握供货方质量情况，配合质量管理部共同做好药品质量管理工作，协助处理质量问题。

（4）首营企业（指购进药品时，与本企业首次发生供需关系的药品生产或经营企业）和首营品种（指本企业向某一药品生产企业首次购进的药品）应按本企业有关制度的规定办理审核手续。

（5）业务人员应及时了解药品库存结构情况，合理制订业务购进计划，避免药品因积压、过期失效造成损失。

问题：思考公司购进药品质量管理制度能否保证公司购进药品的质量，并据此制定一份日用商品购进质量管理制度。

苏宁阳光服务承诺

至真至诚，苏宁服务。服务是苏宁的唯一产品，顾客满意是苏宁服务的终极目标。

（1）产品丰富，质量可靠。作为全国连锁的大型上市公司，苏宁与各供应商建立了长期的战略合作关系，依托"工商共赢"的资源优势，产品线丰富。对所有的商品严把质量关，让您放心购物。

（2）轻松购物，随心所欲。您可享受网上订购（www.suning.cn）、电话订购和异地购物全国提货等多样化的服务。

（3）诚信促销，健康消费。定期举办各类促销活动，诚信为本，让您真正感受科学消费、健康消费。

（4）全天热线，沟通无限。24小时客户服务热线4008365365，随时为您受理各类咨询、预约、投诉等信息，一个电话解决一切问题。拨打全国客户服务热线025-85616666全面了解苏宁连锁发展资讯。

（5）方便快捷，送装及时。基于集成化网络管理和先进的信息管理，为您提供方便快捷的送货、安装、维修服务。

（6）精湛技术，专业保修。依托多年服务积累及强大的培训体系为您提供专业服务保障。

（7）透明标准，退换无忧。商品（通信、IT等除外）自购买之日起，经检测属性能故障，7日内为您办理退换货服务，15日内为您办理换货服务（包装完好、附件齐全）。

（8）会员积分，至尊享受。您购物即可成为苏宁阳光系列会员，并可享受积分购物、会员特价、会员沙龙、联盟商家等更多的增值服务，令您处处感受到优越和尊贵。

（9）绿色通道，亲情关爱。为老、弱、病、残、孕及有应急需求的顾客提供全程导购、送货、安装的服务。满足您的需求是我们的义务，解决您的困难是我们的职责，我们诚心为您服务。

（10）缤纷服务，阳光体验。阳光服务进社区、消费手册、月度顾客交流会、私人家电顾问、顾客意见箱等阳光系列服务，给您更多关怀，更多满意，更多感动。

问题：

（1）你认为苏宁阳光服务承诺是否科学合理？

（2）根据上述案例，编制一份你所熟悉行业的服务承诺书。

3．模拟实训

考察某企业服务质量管理实况，分析其特点，并提出改进建议。

实训建议：

（1）同学们3～5人一组，考察某企业服务质量管理实况。

（2）运用所学知识，针对该企业服务质量管理实况，分析其特点，提出改进建议。

（3）各组在班级进行交流、讨论，教师点评。

第 7 章

企业文化与形象管理

◇ **本章学习目标** ◇

知识目标：认识企业文化的基本功能，了解企业文化和企业形象的关系，掌握企业文化和企业形象的概念、企业文化的结构和 CIS 的构成要素。

技能目标：把握企业形象的特征，熟悉企业文化建设和企业形象塑造。

能力目标：初步具有应用企业文化理论，分析与处理企业文化建设和企业形象塑造中实际问题的能力。

引导案例

苏宁的企业文化

企业的基本法：以市场为导向，持续增强企业赢利能力；多元化、连锁化、信息化，追求更高的企业价值；以顾客为导向，持续增强企业控制能力，重目标、重执行、重结果，追求更高的顾客满意；矢志不移，持之以恒，打造中国最优秀的连锁服务品牌。

企业精神：执着拼搏，永不言败。价值观：做百年苏宁，国家、企业、员工，利益共享；树家庭氛围，沟通、指导、协助，责任共担。管理理念：制度重于权力，同事重于亲朋。经营理念：整合社会资源，合作共赢，满足顾客需要，至真至诚。竞争观：创新标准，超越竞争。服务观：至真至诚，苏宁服务；服务是苏宁的唯一产品，顾客满意是苏宁服务的终极目标。人才观：人品优先，能力适度，敬业为本，团队第一。

员工职业道德：维护企业利益，严禁包庇纵容；结交往来礼物，严禁索贿索酬；做人诚实守信，严禁欺瞒推诿；做事勤俭节约，严禁铺张虚荣。管理人员行为准则：管理就是服务，切忌权力本位；制度重在执行，切忌流于形式；奖惩依据结果，切忌主观印象。服务人员行为准则：微笑发自内心，切忌虚情假意；服务细致入微，切忌敷衍了事；技能精益求精，切忌得过且过。

一个企业能够实现持续快速的成长，必然有其内在的企业文化基因。在苏宁成功的背后，独特的苏宁文化体系发挥了巨大的支撑作用，成为成就百年老店的基础与保障。

思考题：试分析苏宁企业文化在苏宁快速发展中的作用。

7.1 企业文化与形象概述

7.1.1 企业文化

1. 企业文化的概念

现代企业文化，是以企业哲学为主导，以企业价值观为核心，以企业精神为灵魂，以企业道德为准则，以企业环境为保证，以企业形象为重点，以企业创新为动力的系统理念，是在一定的历史条件下，现代企业在长期的生产经营过程和变革的实践中逐步形成的，是具有现代企业个性的共同思想、价值观念、经营理念、群体意识、行动方式、行为规范的总和。

2. 企业文化的结构

企业文化的结构如图7-1所示。

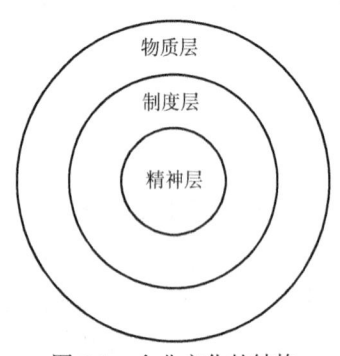

图7-1 企业文化的结构

（1）精神层（观念层）。精神层主要指企业的领导和员工共同信守的基本信念、价值标准、职业道德及精神风貌。精神层是企业文化的核心和灵魂，是形成物质层和制度层的基础和原因。企业文化中有无精神层是衡量一个企业是否形成了自己的企业文化的标志和标准。企业文化精神层包括以下几个方面。

1）企业最高目标（企业愿景）。企业最高目标是企业全体员工凝聚力的焦点，是企业共同价值观的集中表现，也是企业对员工进行考核和实施奖惩的主要依据。企业最高目标又反映了企业领导者和员工的追求层次和理想抱负，是企业文化建设的出发点和归宿。在美国，许多公司把它称为"企业愿景"。

2）企业哲学。企业哲学又称企业经营哲学，指企业领导者为实现企业目标而在整个生产经营管理活动中的基本信念，是企业领导者对企业长远发展目标、生产经营方针、发展战略和策略的哲学思考。企业哲学是在企业长期的生产经营活动中自觉形成的，并为全体员工所认可和接受，具有相对稳定性。

3）企业核心价值观。企业核心价值观是指企业全体员工共同信奉的价值标准和基本信念，也可称为企业的基本信仰。这是企业文化观念层的核心，也是企业文化中最稳定的内容。随着企业内外环境的改变，企业的竞争策略、经营理念和管理模式可以调整变化，但其核心价值观是不会轻易变化的，而是长期坚持不变的。

4）企业精神。企业精神是指企业有意识地提倡、培养员工群体的优良精神风貌，是对企业现有的观念意识、传统习惯、行为方式中的积极因素进行总结、提炼及倡导的结果，是全体员工有意识地实践所体现出来的。

5）企业风气。企业风气是指企业及其员工在生产经营活动中逐步形成的一种带有普遍性的、重复出现且相对稳定的行为心理状态，是影响整个企业生活的重要因素。企业风气是企业文化的直观表现，企业文化是企业风气的本质内涵，人们总是通过企业全体员工的言行举止感受企业风气的存在，并通过它体会出企业全体员工所共同遵守的价值观念，从而深刻地感受到该企业的企业文化。

6）企业道德。道德是指人们共同生活及其行为的准则和规范。企业道德是指企业内部调整人与人、单位与单位、个人与集体、个人与社会、企业与社会之间关系的行为准则。企业道德就其内容结构来看，主要包含调节员工与员工、员工与企业、企业与社会三方面关系的行为准则和规范。作为微观的意识形态，它是企业文化的重要组成部分。

7）企业宗旨。企业宗旨是指企业存在的价值及其作为经济单位对社会的承诺。作为从事生产、流通、服务活动的经济单位，企业对内、对外都承担着义务。对内，企业要保证自身的生存和发展，使员工得到基本的生活保障并不断改善他们的生活福利待遇，帮助员工实现人生价值。对外，企业要生产出合格的产品，提供优质的服务，满足消费者的需要，从而为社会的物质文明和精神文明进步做出贡献。

教学互动 7-1

为什么说精神层是企业文化的核心和灵魂？

（2）制度层（行为层）。制度层是企业文化的中间层次，主要是指对企业组织和企业员工的行为产生规范性、约束性影响的部分，集中体现了企业文化的物质层和精神层对员工和企业组织行为的要求。制度层规定了企业成员在共同的生产经营活动中应当遵守的行为准则，主要包括以下三个方面。

1）一般制度。一般制度是指企业中存在的一些带有普遍意义的工作制度和管理制度，以及各种责任制度。这些成文的制度与约定及不成文的企业规范和习惯，对企业员工的行为起着约束的作用，保证整个企业能够分工协作、井然有序、高效运转。

2）特殊制度。特殊制度主要指企业的非程序化制度，与一般制度相比，特殊制度更能够反映一个企业的管理特点和文化特色。众所周知，"日清日高"制度（OEC）、"三工并存"制度、"三干"制度、"中层干部受控"制度等，均是海尔集团的特殊制度。有良好的企业文化的企业，必然有多种多样的特殊制度；企业文化贫乏的企业，则往往忽视特殊制度的建设。

3）企业风俗。企业风俗是指企业长期相沿、约定俗成的典礼、仪式、行为习惯、节日、活动等，如歌咏比赛、体育比赛、集体婚礼等。企业风俗与一般制度、特殊制度不同，它不是准确的文字条目形式，也不需要强制执行，完全依靠习惯、偏好的势力维持。企业风俗由精神层所主导，又反作用于精神层。企业风俗可以自然形成，又可以人为开发，一种活动、一种习惯一旦被全体员工所共同接受并沿袭下来，就成为企业风俗的内容。

（3）物质层。物质层是企业文化的表层部分。它是企业创造的物质文化，是形成企业文化精神层和制度层的条件。从物质层中往往能折射出企业的经营思想、管理哲学、工作作风和审美意识。它主要包括以下几个方面。

1）视觉识别要素。企业名称、标志、标准字、标准色等，是企业物质文化的最集中的外在体现。

2）物质环境。企业的自然环境、建筑风格、办公室和车间的设计和布置方式、绿化美化情况、污染的治理等，是人们对企业的第一印象。这些无一不是企业文化的反映。

3）产品特色。包括产品的功能特点、式样、外观和包装等。产品的这些要素是企业文化的具体反映。

4）技术工艺设备特性。产品的技术工艺要求不同，所使用的设备不同，也必然反映出文化的不同。

5）厂徽、厂旗、厂歌、厂服、厂花。这些因素中包含了很强烈的企业物质文化内容，是企业文化较为形象化的反映。

6）企业的文化体育生活设施。这些用于企业文化建设活动的设施带有很浓厚的企业文化色彩。

7）企业造型和纪念性建筑。包括企业环境中的雕塑、纪念碑、纪念墙、英模塑像、纪念林等。

8）企业纪念品和日常用品。企业定制的纪念品、礼品和日常办公用品等往往具有很强的个性特点，鲜明地反映了企业文化品位。

9）企业的文化传播网络。包括企业自办的报纸、刊物、有线广播、闭路电视、计算机网络、宣传栏（宣传册）、广告牌、招贴画等。

可见，企业文化的三个层次是紧密联系的。物质层是企业文化的外在表现和载体，是制度层和精神层的物质基础；制度层则约束和规范着物质层及精神层的建设，没有严格的规章制度，企业文化建设无从谈起；精神层是形成物质层和制度层的思想基础，也是企业文化的核心和灵魂。

3. 企业文化的基本功能

企业文化作为一种新的管理方式，不仅强化了传统管理方式的一些功能，而且还具有很多传统管理方式不能完全替代的功能。

（1）凝聚功能。企业文化像一根纽带，把员工个人的追求和企业的追求紧紧联系在一起，像磁石一般，将分散的员工个体力量聚合成团队的整体力量。企业文化比企业外在的硬性管理方法更具内在凝聚力和感召力，使每个员工产生浓厚的归属感、荣誉感和目标服从感。企业文化的这种凝聚功能尤其在企业的危难之际和创业之时更显示出其巨大的力量。

（2）导向功能。企业文化的导向功能主要表现在企业价值观对企业主体行为，即企业领导者和广大员工行为的引导上。由于企业价值观是企业多数人的"共识"，因此，这种导向功能对多数人来讲是建立在自觉的基础之上的。他们能够自觉地把自己的一言一行经常对照企业价值观进行检查，纠正偏差，发扬优点，改正缺点，力求使自己的行为符合企业目标的要求。对少数未取得"共识"的人来讲，这种导向功能就带有某种"强制"性质，企业的目标、规章制度、传统、风气等迫使他们按照企业整体价值取向行事。

实例 7-1

企业文化为先导的有效管理

浙江万丰奥特集团在激烈的市场竞争中脱颖而出，进入中国汽车零部件企业20强，主要由于在8年的艰辛创业过程中既坚持资本的积累，又注重体制的创新，更注重优良文化的再塑造，创立了以卓尔不群、冲破传统观念束缚的"野马"精神为灵魂的万丰文化，并以此为先导实施有效管理，从而使企业走上了一条持续、稳健的发展之路。企业文化为先导的有效管理的内涵是，以塑造"野马"精神为灵魂的企业文化为先导，根据企业外部环境的变化需要，确定以培育国际品牌为中心的企业经营战略，在对企业的有形资源和无形资源实行有效管理的整合中，使企业的经营者和全体员工都不断更新、增加自己的知识和丰富自己的经验，人人都保持高涨的士气、旺盛的精神，迅速适应环境的变化，从而增强万丰的凝聚力，提高核心竞争力，呈现出健康、稳健、快速的发展态势。

提示： 企业文化是企业管理的重要方式，充分发挥其功能有利于企业有效管理。

（3）激励功能。企业文化能够最大限度地激发员工的积极性和首创精神，使他们以主人翁的姿态，关心企业的发展，贡献自己的聪明才智。一种积极的企业文化具有良好的激励功能，能够使员工士气步入良性循环轨道，并长期处于最佳状态。日本人提出"车厢理论"，即强调在一个目标轨道上，每节车厢（个人）都有动力，这样的列车动力强劲，速度就快。这种理论比单纯强调"火车头"的作用更科学。

（4）约束功能。企业文化对员工行为具有无形的约束力。企业文化把以尊重个人感情为基础的、无形的外部控制和以群体目标为己任的内在自我控制有机地融合在一起，实现外部约束和自我约束的统一。

（5）协调功能。企业文化的形成使得企业员工有了共同的价值观念，对众多问题的认识趋于一致，增加了相互间的共同语言和信任，使大家在较好的文化氛围中相互交流和沟通，减少各种摩擦和矛盾，使企业上下左右的关系较为密切、和谐，各种活动更加协调，个人工作也比较心情舒畅。企业文化充当着企业"协调者"的角色。

（6）维系功能。企业文化像一根无形纽带，维系一个企业的正常运行。应该说，维系一个企业正常运行的有三根纽带，即资本纽带、权力纽带和文化纽带。在这三根纽带中，文化纽带是韧性最强、最能突出企业个性的纽带，同时也是维系企业内部力量统一，维系企业与社会良好关系，保持企业持久繁荣的最重要的精神力量。

（7）教化功能。人的素质是企业素质的核心，人的素质能否提高，很大程度上取决于他所处的环境和条件。优秀的企业文化体现卓越、成效和创新意识。具有优秀文化的集体是一所"学校"，为人们积极进取创造良好的学习、实践环境和条件，具有提高人员素质的教化功能。

（8）优化功能。优秀的企业文化一旦形成，就会产生一种无形力量，对企业经营管理的方方面面起到优化作用。企业文化的优化功能，不仅体现在"过程"之后，即对错误结果进行修正，而且体现在"过程"之前和"过程"之中，对组织活动和个人行为起到必要的预防、警示和监督作用。

（9）辐射功能。企业文化比较集中地体现了企业的基本宗旨、经营哲学和行为准则。优秀的企业文化通过企业与外界的每次接触，向社会大众展示着本企业成功的管理风格、良好的经营状态和积极的精神风貌，从而为企业塑造良好的整体形象，树立信誉，扩大影响。企业文化是企业一项巨大的无形资产，为企业带来高美誉度和高生产力。

相关链接7-1

一汽集团：企业文化引领四次创业

在一汽集团57年的辉煌历史长河中，随着产品系列的不断拓宽和汽车销量的持续增长，与时俱进的企业文化和核心价值观在一汽四次创业的不同时期发挥着重要作用，引领企业的经济建设迅猛发展。

1953年7月15日，当镌刻着毛主席题词的"第一汽车制造厂奠基纪念"的白玉基石植入充满创业激情的热土时，我国汽车工业从这里起步。在"三年建厂，结束了中国不能生产汽车的历史"的第一次创业中，孕育了一汽人的创业精神。一汽的第一代创业者一边建设、一边学习，以自力更生、艰苦创业的实干精神，一丝不苟、精雕细刻的严细精神，不为名利、顾全大局的奉献精神，为厂争名、为国争光的进取精神，实现了中国汽车的从无到有。第一次创业所形成的创业精神,对一汽乃至中国汽车工业发展奠定了重要基础。

在"换型改造——产品一步跨越30年"的第二次创业中迸发出来的换型意识,培育了"争第一、创新业"的企业精神。改革开放,国门打开,面对世界汽车工业新技术的挑战,一汽人果断摒弃"30年一贯制"的局面,于1983年7月15日打响了"换型改造"的攻坚战。"厂兴我荣,厂衰我耻"成为员工战胜困难的强大精神力量,迸发了万众一心的换型意识,培育了"争第一、创新业"的企业精神。一汽人以"手把红旗不放,站在排头不让"的劲头,以"用第一的质量造名牌汽车,把第一的服务送广大用户"的质量追求,使产品一步跨越30年。

在"上轻轿——实现体制、产品和市场结构转变"的第三次创业中,坚持"民族品牌、开放发展",圆了轿车梦。面对外国品牌汽车蜂拥而至的残酷现实,一汽人勇敢担起了"发展轻轿、挡住进口"的责任,本着边建设、边组装、边国产化的原则,实施3万辆轿车先导工程建设。1991年以来,通过分开、分立、分流、分离的步骤,实施企业改革和调整;完成了具有世界先进制造工艺水平的解放卡车基地、经济型轿车基地、轻微型车基地、新能源客车基地等自主基地的建设。"解放""红旗""夏利""奔腾""威志"等自主品牌的产品链得到拓展,重型柴油机、电控共轨、V12缸发动机、AMT变速箱等核心技术研发取得新突破。

在"干自主——做强做大一汽自主事业"的第四次创业中,形成了"争第一、创新业、担责任"的核心价值观。2008年6月,一汽召开了第六轮战略研讨会,统一了思想认识,明确了目标任务,达成了"凝心聚力,统一思想干自主;厘清思路,统一目标干自主;科学配置,统一资源干自主"的共识,确立了"力争用三年时间,使自主战线经营面貌明显改观,使自主产品竞争力明显改观"的"三年两改观"近期目标,明确了争做有国际竞争力大企业集团,建设"自主一汽、实力一汽、和谐一汽"的长期奋斗目标。2009年7月,一汽召开了第七轮战略研讨会,进一步用科学发展观审视了一汽的自主发展思路,完善了"三年两改观"行动目标,明确了实现经营面貌明显改观的管理载体,清晰了实现产品竞争力明显改观的路线图,为一汽自主事业赢来了新的发展高潮。

回顾历史,一汽从建厂开始,就把自己的发展和进步与国家和民族的命运紧紧联系在一起。一代又一代一汽人用创造一个又一个"第一"的坚韧奋斗,不负祖国和人民的重托,无愧"共和国长子"的使命,勇于担负中央企业应尽的政治、经济、社会责任,昂扬争创中国汽车行业全优第一。

7.1.2 企业形象

1. 企业形象的概念

企业形象是指社会公众或消费者按照一定的标准和要求,对某个企业经过主观努力所形成和表现出来的形象特征所形成的整体看法和最终印象及其转化成的基本信念和综合评价。

2．企业形象的特征

企业形象在现代社会条件下，一般具备以下几个特征：主观性与客观性的统一；同质性与多质性的统一；确定性与可变性的统一；主动性与被动性的统一；有形性与无形性的统一；整合性与单一性的统一。

3．企业形象战略（CIS）的构成要素

CIS 又称企业识别系统，它是一个企业为了塑造企业形象，通过统一的视觉设计，运用整体传达沟通系统，将企业的经营理念、企业文化及企业经营活动等传达给相关者及社会公众，使社会公众对企业产生一致的认同感和价值感，从而提高企业竞争能力的经营战略。它由三大要素构成，即理念识别（MI）、行为识别（BI）和视觉识别（VI）。

（1）理念识别（MI）。企业的理念是指经营企业的指导思想，它是由企业的价值观念、企业精神、企业信仰、企业目标、经营方针及企业风格等方面内容所组成的。企业经营理念是企业的灵魂，企业的成功也来自成功的理念。所以说，确立企业经营理念是塑造企业形象的开端，也是实施 CIS 的第一步。

（2）行为识别（BI）。行为识别又称活动识别，是企业理念精神及其经营价值观念的动态化体现。企业在对内和对外的各种沟通中所表达的行为识别是塑造企业形象和实施 CIS 的主要支柱。企业行为识别分为两部分：一是对内部，包括员工教育、领导培训、设备更新、新品开发、生产环境治理、福利实施、文明礼貌规范、未来发展前景等；二是对外部，包括市场调研、公共关系、促销活动、售后服务、公益性事业、广告活动、各种展示活动、慈善活动等。在这些企业行为中，要具体体现出企业理念，从而在企业内部提高全体员工的凝聚力和积极进取精神，在社会公众或消费者中树立起良好的企业形象。

（3）视觉识别（VI）。视觉识别是对企业理念的静态表现，也是对企业形象的直观表现。企业的视觉识别传达，就是把抽象的企业理念形象化、视觉化，也就是把企业名称、企业商标、品牌、标志、企业色彩、企业象征图案、企业富有个性的形象，具体、简明、生动地展示出来，在消费者和社会公众心目中留下深刻的视觉印象，从而加深对本企业的了解和认识，产生对企业的信赖和好感。

> **教学互动 7-2**
> 试分析海尔的企业形象战略（CIS）。

企业的理念识别是内在的、无形的，行为识别是动态的、转瞬即逝的，因而需要借助看得见的、静态的视觉符号把企业理念和行为识别传递给社会公众。视觉识别符号能固定在产品和各种视觉传媒上，具有长期、反复传播的特点。所以，视觉传达被称为企业通向

公众眼睛的桥梁。在国外,人们把企业识别系统视为一棵大树,企业理念识别是树的根,行为识别是树的枝,视觉识别是树的叶,三者是不可分割的整体。

实例 7-2

马自达公司——CIS 策划获大益

日本马自达公司确立了公司"进取性、高品质、丰富的人性"的企业精神,决定将企业名称与商标合一,将 MAZDA 作为公司名称,并借助各种沟通机会与咨询媒介,设计出完整的 CI 视觉识别系统。

为推广 MAZDA 新形象,公司广泛宣传 CI 系统,连商店本身均加以重新设计,使其从硬件、软件等方面充分体现公司的特殊个性,并从素材、机能、工程、管理等方面实行标准化设计制作,从而将成本减少了三成。

"四角之蓝色于天空中更显其色",这是 MAZDA 设计的特色,并具有环保意识,能产生清爽、干净、高品质及值得信赖的感受。MAZDA 所有看板都是以四方蓝色为中心,以黑色为底色的图案,具有简洁醒目的效果;在产品包装上,公司将已使用 20 年的 Arrow 牌机油全部改换为 MAZDA 品牌,以达到统一形象的目的;在自用车辆上,特以两条蓝色线条做辅助,配上标志,来表现公司的服务精神、信赖感及动感;在名片、信封等文具和所使用的账票上,均彻底贯彻了 CI 的目标和要求。

提示:从企业形象战略作用角度理解。

4. 企业文化与企业形象

从企业形象的构成来看,它的三个层次——理念形象、行为形象和视觉形象与企业文化的精神层、制度层、物质层之间存在着一一对应关系(见图 7-2),这种一一对应关系是由它们自身的内涵和外延决定的。

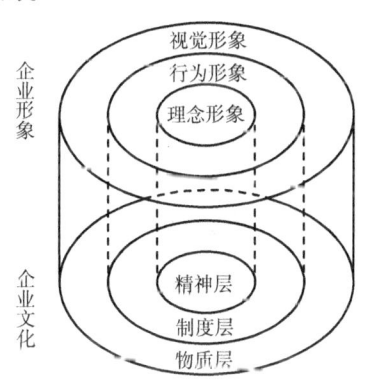

图 7-2 企业文化与企业形象的层次对应关系

企业文化与企业形象是两个不同的范畴,两者所涉及的使用范围和侧重点都是不同的,主要表现在以下几个方面。

（1）着眼点不同。企业形象着眼于企业给社会公众产生的印象和影响，企业文化则着眼于企业内蕴力量的聚集；企业形象可进行理性策划、强力推行，企业文化则是在潜移默化中逐步形成的。

（2）形成历史不同。企业形象通过关键时机的重大调整和重新设计，就可以推出新的形象；企业文化则是企业行为长期沉淀的结果，它不可能一朝一夕即造就一个企业的文化，具有历史的长期性。企业形象面向未来，企业文化关联传统。

（3）认知顺序不同。企业形象引起公众的注意往往是由表及里、由具体到抽象的过程；企业文化的辐射则是从里向外的过程。

（4）评价层面不同。企业形象的评价多从企业的社会反映层面来考核，企业文化则要从企业的深层管理及经营业绩来进行评价。前者的评价依据易流于表层，后者的评价依据则要深入里层。

7.2 企业文化建设与形象塑造

7.2.1 企业文化建设

企业文化建设包括三个层次的活动：在观念上培育企业核心价值观；在制度和行为上建立完善、科学的管理制度，形成具有特色的管理模式；在物质上构建良好的企业文化环境及文化传播网络。

建设企业文化的重点有：企业领导者的倡导是搞好企业文化建设的关键；提高员工素质是搞好企业文化建设的基础；建立企业利益共同体是搞好企业文化建设的保证；从实际出发是搞好企业文化建设的基本原则；企业文化与企业目标的统一是搞好企业文化建设的重要途径；开展形式多样、丰富多彩、健康有益的文化娱乐活动，陶冶干部员工的情操是进行企业文化建设的有效方法；变自然企业文化为人为企业文化是搞好企业文化建设的重要标志。

建设企业文化的基本程序如下。

1. 企业文化现状的调查研究与评价

建设一种新文化，必须对现有文化进行清理，即通过调查研究，把握企业现有的文化状况及影响因素，对现有文化的优势、劣势及总体适应性做出适当的评价，为企业文化的科学定格做好准备。调研和评价的主要内容包括：① 企业的经营领域及竞争特点。② 企业管理的成功经验及优良传统。③ 企业领导者的个人修养和精神风范。④ 企业员工的素质及需求特点。⑤ 企业现有的"文化理念"及其适应性。⑥ 企业发展面临的主要矛盾和障碍。⑦ 企业所处地区的经济与人文环境。

2. 企业文化理念的定格设计

（1）企业文化理念的定格设计的内容。企业文化理念的定格设计，是在分析、总结和评价企业现有文化状况的基础上，充分考虑到企业内外环境因素的影响，用确切的文字语言,把主导的企业价值观、道德观和行为准则表述出来,形成固定的文化理念体系的过程。

企业文化理念体系的定格设计大体包括以下内容:企业的事业领域;企业使命和战略目标;企业基本价值观;企业伦理道德和职业道德;企业精神及企业风尚;企业经营理念和经营方针;企业管理理念及人才观;企业服务理念及服务规范;员工基本行为准则;企业的主打理念及文化形象定位。

> **实例 7-3**
>
> **打出文化牌**
>
> 在实施文化战略方面,万向集团董事长鲁冠球一直不遗余力。鲁冠球在经营实践中琢磨出带有企业文化内涵的企业哲学、企业宗旨、企业理念、企业精神、企业道德等。他的经营哲学是:财散则人聚,财聚则人散;取之而有道,用之而欢乐。他的管理哲学是:人人头上一方天,个个争当一把手。他的人本哲学是:两袋投入,使员工身心与物质受益。他的企业宗旨是:为顾客创造价值,为股东创造生产单位,为员工创造前途,为社会创造繁荣。他的企业理念是:使万向成长为拥有核心竞争能力和核心价值的现代大公司;人尽其才、物尽其用、钱尽其值、各尽其能;一天做一件实事,一月做一件新事,一年做一件大事,一生做一件有意义的事。他的企业精神是:务实、创新、卓越。他的企业道德是:外树企业形象,内育职业忠诚。
>
> 提示:从企业文化的核心层,即观念层考虑。

(2)企业文化理念定格设计的原则。从实际出发和积极创新相结合;体现共性与创造个性相结合;领导组织、专家帮助和群众参与相结合;理念概括的系统性、科学性与表现形式的多样性相结合。

3. 企业文化的传播、推展与实践巩固

(1)企业文化理念的传播。要使已定格的文化理念能够在较短的时间内得到员工的认同并付诸实践,积极的灌输和有效的传播是必不可少的。具体措施有:组织编写企业文化手册;举办文化理念导入仪式;强化文化训导;开展文化演讲传播活动;利用或"制造"重大事件;建立文化网络;营造文化氛围。

(2)企业文化的推展与实践巩固。在创造良好的文化环境的基础上,通过有效的形式,强化和固化文化理念,使先进的文化理念变成员工可执行的规范、可模仿的标杆,积极践行,由精神转化为物质。

1)积极创造适应新的企业文化运行机制的条件。与企业管理改革和思想政治工作创新相结合,推进科学管理和民主管理,开发人力资源,加强员工的道德、业务培训,提高员工队伍的整体素质,创造民主和谐的文化环境,建设牢固的企业精神共同体。

2）利用制度、行为准则、规范等进行强化。要巩固无形的企业价值观念，不能单纯停留在口号上，必须寓无形于有形之中，把它渗透到企业的每项规章制度、政策及工作规范、标准和行为准则当中，使员工从事每项工作、参与每项活动都能够感受到企业文化在其中的引导和控制作用。

3）以各种活动为载体，推展企业文化。例如，赋予科技攻关、生产劳动竞赛、主体营销与服务等活动文化主题，开展如英模报告会、读书会、经验交流会、文艺晚会、表彰会、运动会、合理化建议评奖会等文化、文娱、体育活动，让员工潜移默化地接受新的价值观，指导自己的行为。

4）企业领导者以身作则、率先示范。企业领导者在企业文化建设中既要积极倡导，更要身体力行，当好表率，让员工看到企业提倡什么、反对什么，以及应以什么样的规范和作风从事工作。

5）鼓励正确行为，建立激励机制。对符合企业价值标准的行为不断地给予鼓励和激励，如表扬、授予荣誉称号、晋升职务等，是巩固企业文化不可或缺的重要一环。

6）塑造品牌与形象，增加文化价值。企业文化最终要转化为生产力。通过与CI、CS等科学方法相结合的方式，把企业抽象的文化理念注入有形的品牌和形象当中，既能够提高企业及品牌的文化含量，增加企业的无形资产价值，使社会进一步认可企业；同时也是对企业文化理念的检验和考验，使企业产生压力，自觉改进不足，推动企业文化健康发展。

4. 企业文化的完善与创新

企业文化在实践中得到推展和巩固以后，尽管其核心的和有特色的内容不易改变，但随着企业经营管理实践的发展、内外环境的改变，企业文化还是需要不断充实、完善和发展的。

企业文化的完善提高，既是企业文化建设一个过程的结束，又是下一个过程的开始，是一个承上启下的过程。企业文化建设与企业文化的演变规律相适应，是一个不断积累、传播、冲突、选择、整合、变革的过程，循环往复，永无休止。企业文化建设的任务在更多情况下是积极的积累、传播、充实、完善，只有当企业内外环境发生了急剧变化，企业文化产生了激烈冲突，需要选择、整合和变迁的时候，企业文化建设的任务才是对原有文化实行彻底的扬弃，重新构塑和创造新型的企业文化。

7.2.2　企业形象的塑造

塑造企业形象的目的就是要提高企业在社会上的知名度、形象度和美誉度，从而增强企业在市场中的竞争能力。企业形象塑造的程序包括企业形象调研、企业形象定位、企业形象创意、企业形象实践、企业形象检测、企业形象调整这六个环节。

1. 企业形象调研

企业形象调研是指企业全面了解社会公众对本企业的已有行动和政策的意见、态度及本企业在社会公众心目中的地位及其实际评价。其目的在于把握社会公众对企业的真实态度及企业在社会公众心目中的实际形象，以便有的放矢地进行塑造企业形象的工作。企业形象调研的方法有文献分析法、公众访谈法、实地观察法、问卷调查法、通信调查法和追踪调查法。

在信息调查的基础上，要进行信息研究和分析。企业形象分析可遵循以下三个具体步骤：① 汇总、识别、整理信息。② 确定组织形象存在和面临的问题。③ 排列问题等级，以确定形象塑造的主攻方向或突破口。

2. 企业形象定位

企业形象定位就是确定一个企业在公众心目中应有的特殊形象和位置。这是根据企业自身的特点、同类企业的特点、目标公众的特点三个要素来确定的。

3. 企业形象创意

企业形象创意是指企业形象塑造过程中的意境创造和策划的过程，是企业形象塑造的重要环节。创意的成功与否，是决定企业形象是否具有时代特点和蓬勃生机，是否具有感染力和形象力的关键问题。企业形象创意的总体要求是：① 企业形象的时代感。② 企业形象的新颖感。③ 企业形象的动态感。

4. 企业形象实践

企业形象实践是指公共关系主体运用一定手段，作用于公共关系客体并使之发生适应主体需要的变化的一种活动。企业形象实践是企业形象塑造的具体实施程序中的重要环节，包括形象传播和形象沟通两个方面的内容。

（1）企业形象传播。传播是企业形象实践的第一项工作。作为一个形象塑造过程，传播就是传播者运用一定的传播媒介与传播对象相互作用的过程，即企业形象主体和客体相互作用的过程。企业形象实践是企业形象塑造的实际贯彻、执行阶段。因此，传播的目的，就是将企业形象信息传递给社会公众，使企业形象深植公众心中。企业形象传播的常见形式有：① 充分利用大众传媒。② 充分利用宣传性传媒。③ 精心组织公共关系活动。

（2）企业形象沟通。沟通是企业形象实践的第二项工作。作为形象塑造过程，沟通就是通过语言、文字或社交方式的交互作用，引起公众的思想和情感变化，传递深层的企业形象信息，使其接受和认可企业形象的过程。沟通是企业形象实践的纵深发展，是人际传播媒介的生动运用，是企业形象实践的重要环节。企业形象沟通应科学地选择沟通媒介，合理地制定传播内容，正确地应用沟通技巧。

5. 企业形象检测

企业形象检测有两层含义：① 当企业形象在实践中受到严重损害的时候，运用科学手段检讨、分析、测定企业形象受损的原因、程度，并提出相应的挽救形象的措施。② 对已经确立或初步确立的企业形象，运用科学手段进行检查、检验、评估，从中看到企业形象塑造的效果，找到企业形象塑造存在的问题，确定完善企业形象的进一步目标。

企业形象检测的途径有：① 根据大众传播媒介的传播情况检测。② 利用企业形象广告效果检测。③ 综合企业内部的积累资料检测。④ 综合企业外部的反馈资料检测。

6. 企业形象调整

企业形象调整是根据企业形象检测的结果，通过科学的手段和方法，对企业形象所做的进一步加工、修正、完善的努力。

企业形象调整的目标是改正不利形象，强化特殊形象，建立有效形象，实现理想形象。

企业形象调整大致包括对企业形象塑造目标的调整；对企业形象定位的调整；对企业形象实施与传播沟通过程的调整。

实例 7-4

古井——导入 CIS

古井集团认识到，企业的竞争力=企业实力+销售力+形象力。全面导入和使用 CIS 这一利器，塑造企业形象，积累无形资产，刷新企业面貌，创造整体效益，是古井下一步腾飞的必然选择。在导入 CIS 活动中，他们提炼和明确了这种理念和一系列规范，并创造了崭新的视觉形象统一体系。

以古井标志为例。在冉冉升起的朝阳背景上，"井"字拔地而起，象征着实力雄厚的古井集团朝气蓬勃、蒸蒸日上。"井"字以中国传统书法的笔力及特有的表现力，以及现代构成的造型原理，形成了一个既有传统美感，又有现代意识的古井标志。红、黑两色与线条的动感具有强烈的视觉冲击效果，同时也体现出古井集团独树一帜、敢为人先的企业精神与以"古井贡"为龙头的全方位发展的战略方针。以 CIS 基础设计为起点，古井集团广泛开展 CIS 宣传与传播。《古井报》、电视专栏《古井风》及企业内各种媒体对 CIS 知识进行了广泛宣传，"古井 CIS 宣言"号召全体古井人积极参与古井企业形象塑造，以崭新的形象迎来古井的新时代。

提示：企业 CIS 的导入是一个系统过程。

相关链接 7-2

万科企业股份有限公司职业规范
（致全体员工的公开信）

各位同事：

致力于建设"阳光照亮的体制"，坚持规范、诚信、进取的经营之道，是万科基本的价值理念。"成为中国房地产行业领跑者"的企业愿景正鼓舞着万科人不断地超越自我，超越客户的期望。永怀理想与激情，坚守高尚的职业道德和情操，是每个万科人都应该具备的职业人格。

万科一贯秉承"以人为本"的待人之道，对万科而言，一切热忱投入、出色完成本员工作的人是公司最宝贵的资源。任何员工的失足和堕落，都会给公司造成巨大损失,对其个人和家庭也是莫大的不幸。因此,遵守《员工职务行为准则》,是员工对自身负责任的表现,是对个人最好的保护。

万科所有员工,无一例外地受到该准则的约束。不遵守该准则将被视为失职行为,因此可能会被公司解除劳动合同。所有员工每年都须接受该准则的培训,并须在日常工作中时刻牢记和遵守该准则的一切规定。每个经理除了需要以更高的标准履行职责外,还须对其下属遵守该准则的情况负责。

定期学习该准则并检视自己的行为,应该成为每个万科员工的自觉行动。如对该准则有任何疑问,请与你的上司或人力资源部联系,请他们给予解答。

该准则仅仅是一种基本的行为规范,每个万科人都被期望表现出更高标准的职业素养,为公司创造优秀业绩。

凭着高尚的职业操守,我们赢得尊重!

7.2.3 企业社会责任

1. 什么是企业社会责任

企业社会责任是指企业在创造利润、对股东承担法律责任的同时,还要承担对员工、消费者、社区和环境的责任。企业应该是一个双重责任主体,不仅要对盈利负责,而且要对环境负责,并承担相应的社会责任。企业的社会责任要求企业必须超越把利润作为唯一目标的传统理念,强调在生产过程中对人的价值的关注,强调对环境、消费者、社会的贡献。

企业社会责任不仅仅只是社会压力和法律约束的产物,更应该成为企业的自律行为。企业文化是企业社会责任建设不可或缺的依托和载体,是建立企业社会责任的重要途径和保证。企业应按照社会公众的期盼和要求,参照企业社会责任标准进行自我行为的修正,塑造出一个富有社会责任的企业形象。

2. 企业社会责任的范围

总体上看,企业社会责任的范围非常宽泛,因为企业作为社会的一员,其商业运作必须符合可持续发展的思想;除了考虑自身的财政和经营状况外,也要加入其对社会和自然环境所造成影响的考量。综合来说,企业社会责任的范围主要包括如下几个方面。

(1)遵纪守法、照章纳税。这也是企业对政府的主要责任。在现代社会的政府制度框架下,企业要扮演好社会公民的角色,自觉按照政府有关法律、法规的规定,合法经营、照章纳税,承担政府规定的其他责任和义务,并接受政府的监督和依法干预。

(2)诚信经营。为了维护市场的秩序,保障人民群众的利益,企业必须承担起诚信责任,确保产品货真价实。即按照管理道德的要求,严格遵守有关法律规定,对消费者、商业伙伴等要做到诚信,对提供的产品质量和服务质量承担责任,履行对消费者在产品质量和服务质量方面的承诺,不能损害消费者和其他商业伙伴的利益。

(3)可持续发展。企业的使命是追求卓越,打造"百年老店"。一方面,可持续发展要求科学决策,注重长远发展,增强核心竞争力,不断扩大企业规模,重质增效;另一方面,与节约资源相适应,站在全局立场上,高度关注节约资源,降低能耗,降低企业生产成本。

(4)绿色环保。实践证明,工业文明在给人类社会带来前所未有的繁荣的同时,也给我们赖以生存的自然环境造成了灾难性的影响。企业对自然环境的污染和消耗起了主要的作用。为了人类的生存和经济持续发展,企业要树立绿色经济的观念,担当起保护环境、维护自然的重任。

(5)关心员工。企业对员工的责任属于内部利益相关者问题。人力资源是社会的宝贵财富,也是企业发展的支撑力量。保障企业员工的生命健康和确保员工的工作与收入待遇,不仅关系到企业的持续健康发展,而且也关系到社会的发展与稳定。企业必须以相当大的注意力来考虑员工的地位、待遇和满足感,承担起保护员工生命健康、确保员工待遇、关心员工发展的责任。

(6)服务社区。企业是所在社区的组成部分,与所在社区建立和谐融洽的相互关系是企业一项重要的社会责任。企业对社区的责任就是回馈社区,如为社区提供就业机会,为社区的公益事业提供慈善捐助,向社区公开企业经营的有关信息等。有社会责任的企业意识到通过适当的方式把利润中的一部分回报给所在社区是其应尽的义务。世界著名的管理大师孔茨和韦里克认为,企业必须同其所在的社会环境进行联系,对社会环境的变化做出及时反应,成为社区活动的积极参加者。

主要概念

企业文化　　企业形象　　企业识别系统　　企业形象塑造

课堂讨论题

1. 谈谈你对企业形象与企业文化的关系的认识。
2. 企业文化可分为几个层次?各包含哪些内容?

自测题

1. 判断题

(1)企业愿景即企业最高目标。　　　　　　　　　　　　　　　　　　(　　)

(2)企业文化的精神层是形成物质层和制度层的思想基础,是企业文化的核心和灵魂。

(　　)

(3)企业形象可进行理性策划,强力推行。企业文化的辐射则是从外向里的过程。

(　　)

(4)意境分析是企业形象创意的灵魂和核心。　　　　　　　　　　　　(　　)

（5）企业文化理念的定格设计由企业领导者个人完成即可。　　　（　）
（6）企业发展中所面临的主要矛盾和障碍往往是变革、建设现有文化的突破口。
　　　　　　　　　　　　　　　　　　　　　　　　　　　　（　）

2．填空题

（1）企业文化一般可分为_____、_____和_____三个层次。
（2）_____是搞好企业文化建设的关键，_____是搞好企业文化建设的基础。
（3）企业形象塑造的程序包括企业形象调研、____、____、____、____和企业形象调整六个环节。
（4）在国外，人们把企业识别系统视为一棵大树，_____是树的根，_____是树的枝，_____是树的叶，三者不可分割。

3．选择题

（1）下列属于企业文化精神层的有（　　）。
　A．企业愿景　　　B．企业精神　　　C．企业哲学
　D．企业风俗　　　E．产品特色
（2）CIS 的核心是（　　）。
　A．VI　　　　　　B．CI　　　　　　C．BI
　D．MI　　　　　　E．AI
（3）确定一个企业在其公众心目中应有的特殊形象和位置，称作（　　）。
　A．形象创意　　　B．形象实践　　　C．形象调研
　D．形象定位　　　E．形象认可
（4）企业文化的（　　）能把分散的员工个体力量聚合成团队的整体力量。
　A．凝聚功能　　　B．导向功能　　　C．约束功能
　D．激励功能　　　E．控制功能

4．简答题

（1）企业文化有哪些基本功能？
（2）简述企业形象的特征。
（3）阐述企业文化与企业形象的关系。
（4）联系实际谈谈如何塑造企业文化。
（5）简述企业社会责任的范围。

实 训 题

1．技能题

分析某一企业的 CIS 的运用。

训练建议：

（1）实地调研或网上收集运用 CIS 有特色的公司。

（2）从观念识别、行为识别、视觉识别三方面分析企业 CIS 的运用并做出评价。

（3）在班级进行交流、讨论，教师点评。

2．案例分析

M 公司企业文化建设

M 公司是一家投资近 3 亿美元、年销售收入高达 10 亿元人民币的中外合资企业。中方选派的张总经理到任不久便在公司成立了企业文化建设委员会，希望在不久的将来可建立 M 公司自己的文化。企业文化建设委员会经过研究开始了工作。

（1）员工座右铭活动。每个新入公司的员工应自己掏钱买一棵公司指定的树，然后亲手种在公司的地域之内。这棵树上挂上种植人的姓名，并由种植人负责照看，员工树与公司一起成长。与此同时，在经过公司的新员工培训后，提出自己的人生座右铭。

（2）集思广益活动。员工有建议、有设想，就可把这些写出来贴在公司各处安放的集思广益招贴板上，如果其他人对这些意见有不同看法或更进一步的想法，可以把自己的意见贴在旁边，以期讨论。每周五，部门、车间等安排 1 小时的时间讨论本周内尤其是本部门内的各项建议，以期取得一致意见，安排具体改进的人员和任务。

（3）文化活动。公司开展了一系列文化活动，让每个员工都参与活动，充分展示他们各自的才能，同时让每个员工参加这些活动并比赛评奖。更有意思的是，公司将食堂的桌椅都设计得富有变化，如桌子的形状有三角形、六角形、长方形、正方形、圆形等，椅子的色彩也富有变化。

一段时间后，上述这些活动变得难以深入展开了，因为老是这些活动，便成了形式化，员工们也开始厌倦。怎么办？是公司的理念未定，还是企业文化本身就很难从变化中建立？张总经理也陷入深思，他希望从更高层次上来看待企业文化的问题，但从何处着手呢？

问题：你如何评价 M 公司企业文化建设委员会所做的企业文化建设工作？有什么建议？

3．模拟实训

收集一个典型企业案例或资料，应用所学知识分析其企业文化，并写成简要书面分析报告，在班级组织交流与讨论。

实训建议：

（1）实地调研或网上收集 CIS 企业文化建设有特色的企业资料。

（2）从企业的概况，企业文化建设的具体做法、特色、取得的成效、存在的问题及建议等方面完成分析报告。

（3）在班级进行交流、讨论，教师点评。

第 8 章

企业商品经营管理

本章学习目标

知识目标：认识商品购销运存各环节对企业经营活动的影响，了解商品采购的原则、物流管理和销售管理的主要内容。

技能目标：熟悉商品采购、物流和销售的程序，掌握商品采购和物流的作业流程。

能力目标：能根据企业经营状况，科学、合理地组织商品的采购、物流管理和销售。

引导案例

世界零售大王沃尔玛

2013年，沃尔玛又以4 691.62亿美元的销售额名列世界500强第二位。沃尔玛的成功，很大程度上归功于它的低价策略，特别是一直坚持的"天天低价"法则。沃尔玛创始人山姆·沃尔顿1962年创立第一家连锁店时，靠的就是薄利多销。当年，山姆对其商店的顾客定位是中下阶层，主要经营服装、饮食及各种日常用品，最重要的是以低于别家商店的价格出售，因而吸引了众多顾客。连锁店越开越多，但"天天低价"的承诺始终没有变。"女裤理论"就是对沃尔玛营销策略的最好阐释：女裤的进价每条0.8美元，售价1.2美元。如果降到每条1美元，虽然会少赚一半的钱，却能卖出3倍的货，从而增加1/3的利润。沃尔玛倡导的是低成本、低费用结构、低价格，让利给消费者的经营思想，那么沃尔玛的利润来源到底在哪里？

归纳起来，沃尔玛的低成本主要依靠下列一些基本手段来实现：把好管理费用控制关；控制广告支出；与供应商合作共生；采取仓储式经营，降低非实效开支；物流管理低成本。

思考题：你认为沃尔玛利用了哪些先进技术来提高企业运营效率？企业实现低成本的关键因素有哪些？

8.1 企业商品采购管理

商品采购是企业生产经营的基础,没有商品的采购,就没有商品的生产和销售。现代经营者认为"采购好的商品等于卖出一半"。

8.1.1 商品采购概述

1. 商品采购的含义

狭义的商品采购讲的就是买东西,扩展开来就是企业根据需求提出采购计划,审核计划,选好供应商,经过商务谈判确定价格、交货及相关条件,最终签订合同并按要求收货付款的过程。这种以货币换取物品的方式,就是"购买",可以说是最普通的采购途径。个人也好,企业机构也好,满足消费或生产的需求十之八九都是以"购买"的方式来进行的。

广义的商品采购是指除了以购买的方式获取物品之外,还可以通过下列途径取得物品的使用权,以达到满足需求的目的。广义的商品采购主要有租赁、借贷和交换三种途径。

综合以上说明,我们可以知道,商品采购就是单位或个人为了满足某种特定的需要,以购买、租赁、借贷、交换等各种途径,取得商品或劳务的使用权或所有权的活动过程。在日常经营活动中,我们所讲的商品采购主要是以购买方式为主的商品采购活动。

2. 商品采购的分类

(1)根据采购商品的用途,可分为工业采购和消费采购。工业采购通常是企业为了取得经营或生产所需的产品和服务而按一定代价同外部进行的交易活动。消费采购与工业采购有很大不同,消费采购活动是个人行为,而工业采购通常是机关、企业等机构的集体行为。

工业采购和消费采购相比,无论在采购的目的、动机,还是在采购决策和特点方面都有着明显的差别。工业采购往往同供应商建立起长期合作关系,动机是理性的,一般定多人参与,是一个程序化的过程,采购数量通常比较大,价格也比较稳定。而消费采购的随意性比较大,主要为满足个人消费需求,采购动机带有个人喜好,采购量也比较小。

(2)根据商品输出的结果,可分为有形采购和无形采购。

1)有形采购。采购输出的结果是有形的物品,如一支圆珠笔、一台计算机、一块电路板等,像这样的采购称为有形采购。有形采购主要采购具有实物形态的物品,如原料、辅料、机具及设备、办公用品。

2)无形采购。无形采购是相对于有形采购而言的,其采购输出的结果是不具有实物形态的技术和服务等,如一项服务、一种软件、一项技术、保险及工程发包等。无形采购主要是咨询服务采购和技术采购,或者采购设备时附带的服务。

3. 商品采购的作用

在现代企业的经营管理中,采购已显得越来越重要。一般情况下,企业产品的成本中外购部分占了比较大的比例（60%~70%）。因此，零部件及原材料的采购成功与否在一定程度上影响着企业竞争力的大小，采购与采购管理往往是竞争优势的来源之一。随着全球市场一体化和信息时代的到来，专业生产能够发挥更加巨大的作用，导致企业采购的比重大大增加，也使采购及其管理的作用提升到一个新的高度。

（1）商品采购在成本控制中的作用。有资料表明，在企业的产品成本构成中，采购的原材料及零部件成本占企业总成本的比重随行业的不同而不同，在30%~90%，平均水平在60%以上。从世界范围来说，一个典型的企业，其采购成本（包括原材料、零部件）一般要占60%，而工资和福利要占20%，管理费用占15%，利润占5%。从这个比例中，我们可以清楚地看出采购成本是企业成本控制中的主体和核心部分，采购成本控制是企业成本控制中最有价值的部分。

（2）商品采购在供应中的作用。从商品生产和交换的整体供应链中，我们可以看出每个企业都既是顾客又是供应商。另外，顾客的要求也越来越高，要求企业按库存生产，随时满足顾客需求，但是库存的增加会使企业的费用也相应地增加，同时，激烈的市场竞争又要求企业按订单进行生产。这样一来就产生了一对矛盾。为了解决这对矛盾，企业只有将供应商纳入自身的生产经营过程，将采购及供应商的活动看作自身供应链的一个有机组成部分，才能加快物料及信息在整体供应链中的流动，从而可以将顾客所希望的库存成品向前推进为半成品，进一步推进为原材料，这样既可减少整个供应链的物料及资金负担（降低成本、加快资金周转等）；又可以及时将原材料、半成品转化成最终产品以满足客户的需要。在整体的供应链管理过程中，"即时生产"是既能缩短生产周期、降低成本和库存，同时又能以最快的速度交货，满足顾客需求的有效做法，而供应商的"即时供应"则是开展"即时生产"的主要内容。因此，从供应的角度来说，采购是整体供应链管理中"上游控制"的主导力量。

（3）商品采购在企业经营中的作用。随着现代经济的发展，许多企业都将供应商看作自身企业产品开发与生产的延伸，从而与供应商建立合作伙伴关系，在自己不用直接进行投资的前提下，充分利用供应商的能力为自己开发生产产品。这样，一方面可以节省资金，降低投资风险；另一方面又可以利用供应商的专业技术优势和现有的规模生产能力以最快的速度形成生产能力，扩大产品生产规模。现在很多企业对供应商的利用范围逐步扩大，从原来的局限于原材料和零部件扩展到半成品甚至成品。通过以上的分析，我们可以了解到采购对于一个企业来讲不仅仅是买东西，而且是企业经营的核心环节，是企业获取利润的主要资源，对企业的产品开发、质量保证、整体供应链及经营管理都起着极为重要的作用。因此，我们要从传统采购的误区中走出来，正确地认识采购的地位。这既是现代企业在全球化、信息化的激烈竞争中赖以生存的一个基本保障，也是现代企业不断发展壮大的必然要求。

（4）商品采购在项目管理中的作用。我们知道，任何项目的执行都离不开采购活动。例如，农业项目需要采购农用机械、农用工具、种子、农药、化肥，水利项目需要采购钢筋、水泥等，土建工程项目需要选定承包商来提供施工服务，技术援助项目需要聘请咨询专家。通过以上举例，我们可以看出采购工作是项目实施中的重要环节，而且也关系到项目建设的成败。如果采购工作做得不好，不仅会影响项目的顺利实施，而且会影响项目的预计效益，甚至会导致项目失败。

4．商品采购的任务

商品采购的任务主要包括以下几点：提高质量；控制成本；建立供应配套体系；与供应商建立合作关系；树立企业形象；管理信息。

8.1.2 商品采购计划管理

计划是指我们对未来所要做的一些事情所做的安排，我们在现实工作中常常要制订各种各样的计划。而制订采购计划的目的就是要根据市场的需求、企业的生产能力和采购环境容量等因素，制定采购清单和采购日程表。正确地编制企业商品采购计划，对于加强物资管理、保证生产所需、促进物资节约、降低产品成本、加速资金周转，都有着重要的作用。

1．企业商品采购计划应遵守的原则

（1）市场导向原则。

（2）系统性原则。

（3）勤进快销原则。

（4）经济核算原则。

实例 8-1

北京市玻璃公司西单分公司，2011 年实现销售收入 5 000 万元，利润 136.5 万元。2012 年 1—7 月完成销售额 1 500 万元，实现利税 56 万元，在北京市特种玻璃销售行业中居领先地位。一个仅有几十万元流动资金的公司，在一年内实现以上的成绩，与在采购上实行以销定进的原则是分不开的。这就要求既不能盲目进货，也不能盲目销货，要一手托两家，钱货两清楚。为此，该公司每次进货之前都要在确认一批货能销出 60% 以上时，才拍板定案。这样既保证了回款率，也防止了压货。

提示：从企业商品采购计划应遵守的原则角度分析。

2．商品采购计划影响因素

影响商品采购计划的因素主要有下列各项：年度销售计划；年度生产计划；用料清单；存量管制卡；物料标准成本的设定；生产效率；价格预期。

3．商品采购计划的编制

（1）编制采购计划的目的。商品采购计划是为维持正常的产销活动，在某一特定时期内，决定应在何时购入何种材料的评估作业。此项计划应该达到以下目的：预计材料需用时间与数量，防止供应中断，影响产销活动；避免材料储存过多，积压资金，以及占用存放的空间；配合企业生产计划资金调度；使采购部门事先准备，选择有利时机购入材料；确定材料耗用标准，以便管制材料采购数量及成本。

（2）采购计划细分程序。采购计划的制订需要具有丰富的采购计划制订经验、采购经验、开发经验、生产经验等复合知识的人来进行，并且要和认证与订单等部门协作进行。编制采购计划环节是整个采购运作的第一步，包含两部分的内容：采购认证计划和采购订单计划的制订。目前公认的采购计划的主要环节有以下几个。

1）准备认证计划：接收开发批量需求；接收余量需求；准备认证环境资料；制定认证计划说明书。

2）评估认证需求：分析开发批量需求；分析余量需求；确定认证需求。

3）计算认证容量：分析项目认证资料；计算总体认证容量；计算承接认证容量；确定剩余认证容量。

4）制订认证计划：对比需求与容量；综合平衡；确定余量认证计划；制订计划。

5）准备订单计划：接收市场需求；接收生产需求；准备订单环境资料；制定订单计划说明书。订单环境资料主要包括：订单物料的供应商消息；订单比例信息；最小包装信息；订单周期（从下单到交货的时间间隔，一般以天为单位）。

6）评估订单需求：分析市场需求；分析生产需求；确定订单需求。

7）计算订单容量：分析项目供应资料；计算总体订单容量；计算承接订单容量；确定剩余订单容量。

8）制订订单计划：对比需求与容量；综合平衡；确定余量认证计划；制订计划。

教学互动 8-1

你对商品采购计划编制的依据和商品采购计划的作用有哪些新思考？

8.1.3 商品采购策略

商品采购策略是指为适应市场的发展变化，根据供求规律和产销特点及其对进货的要求，来确定采购商品的技巧、计谋和谋略。企业正确地选择商品采购策略，既可以广泛争取货源，降低成本，又可以杜绝伪劣滞销商品的流入，从而加速企业资金周转，改善企业经营状况，提高企业经济效益。

1．商品市场生命周期各阶段的采购策略

（1）导入期。在导入期，商品刚投入市场，消费者对新产品不了解，产品设计还有待证实、改善，成本还有待降低，产量和销量都极为有限，增长也比较缓慢。在此期间经营该商品一般较有风险，但同时也存在机会，因而需要很好地研究需求，确定采购后，要注意严格控制进货量，宜少不宜多。但不可消极等待、拒绝进货，以防止失去有生命力的商品的销售机会。

（2）成长期。在成长期，商品经过广告宣传、试销、改进定型，已被广大消费者认识接受，生产与销售量得到快速增长。此时，生产企业应积极组织原材料，扩大生产，满足市场需要，提高市场占有率。商业企业应抓住时机，积极扩大进货，并加大促销力度，迅速占领销售市场。

（3）成熟期。在成熟期，商品销路已被打开，市场上商品量已达到顶点，销量增长相对稳定并有下降趋势。这个时期，企业在经营上必须掌握好火候，适当控制进货量和生产量，不宜更多储备，采取商品销多少进多少和生产用多少原材料就进多少的策略，以免造成积压浪费。

（4）衰退期。在衰退期，已经有越来越多的新商品代替了老商品，市场销售量开始大幅度下降，商品面临着被淘汰的形势。此时，企业应严格控制进货，或者停止进货，要采取果断措施进行甩卖，争取早日处理完存货，转销或转产其他商品。

2．商品采购的时机策略

企业为了不失时机地采购商品，使商品库存量经常保持在保证生产销售需要的水平，就必须选择适当的采购时间。企业所采购的商品十分广泛，不同的商品有不同的产销特点和供求规律，因此，采购时机的选择也应视商品的不同而有所不同。企业经常采用的策略一般有以下几种。

（1）常年性商品采购时机选择。常年性商品是常年生产、常年需要的商品，在经营上没有十分明显的淡旺季变化。它在采购过程中可按采购时点选择进货时机。所谓按采购时点选择进货时机，是指通过计算核定商品的合理库存量，当商品实际库存量下降到核定的合理库存量时，就开始进货，这个开始进货的库存时点称为采购点，如图8-1所示。

从图8-1可以看出，从采购点开始采购到可以销售或进入生产过程，一般需有一定的间隔时间（备运时间），而库存量通过日常销售或生产在下降。如果库存量下降到采购点以下才开始采购，就要冒脱销和停产的风险。如果库存量尚未下降到采购点就提前采购，就要冒积压的风险。因此，当库存量下降到采购点时，就开始采购，即库存商品在备运时间即将售完和用完，正好货也到达补足，既不会断档或积压，又可使库存量减少，节约保管费用。因此，采购点是开始采购的最适宜时间。

1）采购点的确定。采购点是据以采购的库存量，它的确定是该策略的关键。一般根据以下三个因素确定：备运时间，这是指从开始采购到销售或生产的间隔时间；平均日销售量或日生产耗用量；安全库存量，这是防止由生产或消费需要发生变化和延期交货引起缺货的额外库存量。

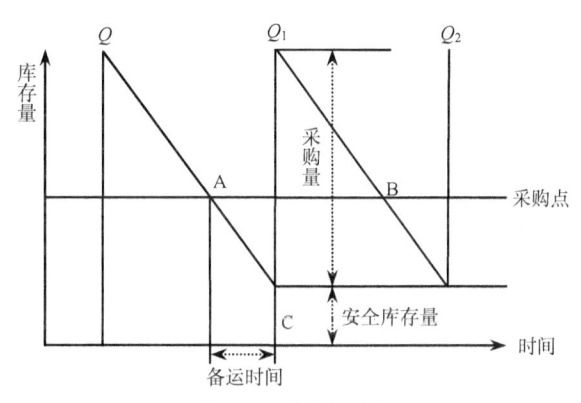

图8-1 采购点确定

2）采购点的计算。在销售和进货时间固定不变的情况下，采购点的计算公式是：

$$采购点=平均日销售量×备运时间$$

如果销售和进货期时间变化，则：

$$采购点=平均日销售量×备运时间+安全库存量$$

实际上，安全库存量是通过概率和统计方法进行计算的。

（2）季节性商品采购时机选择。大多数商品的生产和销售是有季节性的。究其原因，首先，消费上的季节性，如电扇、保暖内衣、凉鞋等；其次，受消费习惯的影响，如中秋节的月饼、春节及元旦等节日的礼物等；再次，社会购买力也受到季节性的影响，如农村在农作物收获后不久，购买力相对提高。商品销售淡旺季的变化，虽然因地区不同、商品不同及企业不同而有所区别，但它有一定的规律性，企业必须根据这一规律性，变换生产品种和进货品种，合理安排生产和销售。具体应考虑以下三方面因素：商品货源情况和需求情况；商品运输时间；商品原有库存量。

（3）流行性商品采购时机选择。流行性商品是指在一定时期为众多消费者接受和使用的时尚产品。当商品正处于流行期时，销售形成热潮；过了流行期，商品就成为滞销商品，这种现象虽然是一种特殊的社会消费形态，但也有其自身的运动规律。其变化过程一般可分为四个阶段：第一阶段是少数时髦人物采用；第二阶段是时髦人物的追随者采用；第三阶段是多数人采用；第四阶段是落伍者采用。在不同阶段，商品的供求状况是不同的。因此，对该类商品的采购要正确研究它的发展过程，测定商品流行的前兆期和流行时间的长短，以此来决定流行商品的采购时机。

3. 商品经济采购批量策略

经济采购批量又称最佳进货批量，是指在一定时期内进货总量不变的条件下，使采购费用和储存费用总和最小的采购批量。

（1）采购费用与储存费用的概念。采购费用是随采购次数变动而变动的费用，包括差旅费、业务费等。该费用与采购批量成反比关系，即采购批量越大，采购次数越少，从而使采购费用下降。储存费用是随储存量变动而变动的费用，包括仓储费、占用资金、利息费用、商品损耗费用等。该费用与采购批量成正比例关系，因为采购批量越大，平均储存量越大，储存费用越高。

（2）经济采购批量的计算方法。经济采购批量计算公式如下：

$$Q = \sqrt{\frac{2DC_1}{C_2}}$$

式中，Q 为经济采购批量；D 为一定时期内采购总量；C_1 为每次采购费用；C_2 为单位商品储存费用。

单位商品储存费用 C_2 可通过商品单价 C 和该类商品年储存费率 k（%）来计算，即

$$C_2 = Ck$$

某类商品年储存费率 k =该类商品年总储存费÷该类商品年平均库存额×100%

因此，经济采购批量也可用下式计算：

$$Q = \sqrt{\frac{2DC_1}{Ck}}$$

（3）经济采购批量的限制条件。经济采购批量运用必须符合一定的条件，主要包括：① 商品的采购需要应当均衡稳定，计划期（如1年）的采购总量是一定的，并且是已知的。② 货源充足，库存不允许发生短缺。③ 商品单价和运费率固定，不受采购批量大小的影响。④ 每次的采购费用和每单位商品的储存费用均为常数。⑤ 仓储和资金条件等不受限制。许多日用工业品适于用经济采购批量法采购，因为大多数日用工业品属于常年生产、销售均匀的商品。

实例 8-2

某商品经预测1年的销售量为12 000件，估计每次进货费用为60元，每件年储存费用4元，每次采购数量相同，求经济采购批量和进货间隔期。

8.1.4 商品采购业务流程

1. 商品采购业务流程

商品采购业务流程如图8-2所示。其中需要说明的内容如下。

第 8 章 企业商品经营管理

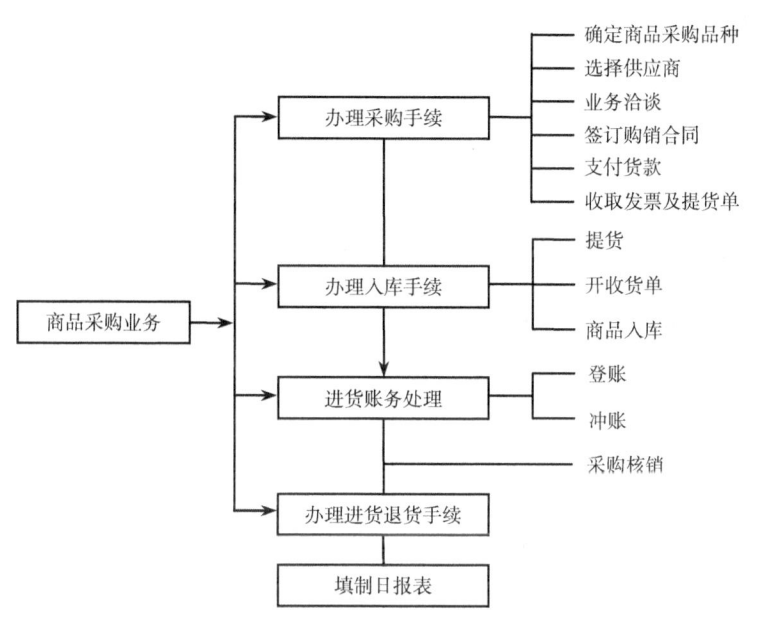

图 8-2 商品采购业务流程

（1）收取发票及提货单。采购员支付货款后，应及时索取发票和提货单，前者包括增值税专用发票和普通发票两种；后者即销售发货单（提单联），如表 8-1 所示。

表 8-1 发布单样品

发货单　　　　No.___

购买者（全称）	发货仓库	储存凭证或栈单号
所属局或地区	仓库地址	年　月　日

货号、品名、规格、牌号	国别及产地	包装及件数	单位	数量	单价	总价	实发数
危险品标志章及备注	运费¥		容器押金¥		总金额		
	人民币（大写）						

审核：　　　　制单：

第二联：购买者凭以提货

（2）提货。根据供方提供的发票和提货单到供方储运部门办理提货手续。
（3）开收货单，如表8-2所示。

表8-2 收货单样品

收货单 No._____

供货单位_____ 合同号码_____ 开单日期：年 月 日 储存仓库_____
发票号码_____ 交货时间_____ 储存凭证或桩脚号码_____

货号、品名、规格、牌号	国别及产地	包装及件数	单位	应收数	实收数	单价	实收数金额

提运员：	提运地点：	备注	出厂日期：年 月 日	进货存根联
运输工具：	车船号：			
接运、进仓、送货日期：年 月 日	提货单号：		储存期限：	

仓库主管：　　　点验员：　　　复核：　　　制单：

收货单一式四联，业务员填写供货单位、合同号码、开单日期、发票号码、交货时间、货物品名、规格、产地、包装及件数、单位、应收数、单价、运输工具、进仓日期、提货单号等内容后交保管员。待保管员填上实收数，留下第二联后，采购员再填写实收金额，留下第一、第三联，将第四联交业务经理留存（见图8-3）。

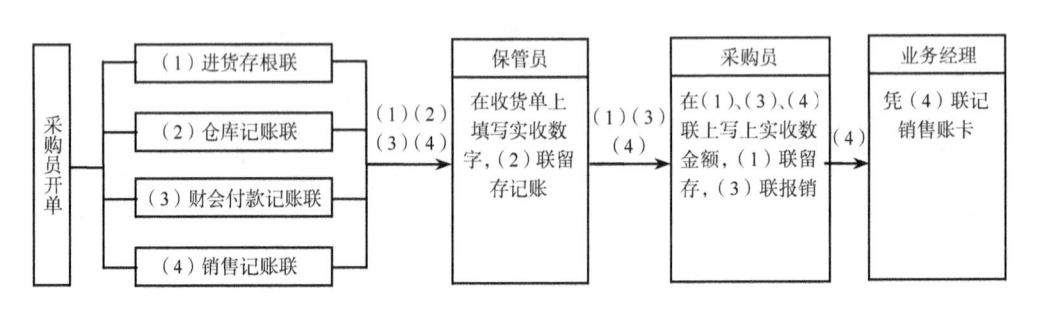

图8-3 收货单流转程序

采购员采购商品后，凭收货单第三联及增值税专用发票第二、第三联到财务部门入账。

2．合同参考文本
表8-3是一份合同样本。

表 8-3　家具买卖合同（示范文本）

合同编号：

出卖人：_____　　签订地点：_____

买受人：_____　　签订时间：_____年____月____日

第一条　　家具名称、数量、价款

家具名称	商标或品牌	规格型号	材质	颜色	生产厂家	数量	单价	金额

合计人民币金额（大写）：

（注：空格如不够用，可以另续）

第二条　　质量标准：_____

第三条　　家具保修期为_____月，在保修期内出现家具质量问题，由出卖人在_____天内修理好或更换，修理不好或不能更换的，予以退货。

第四条　　定做家具图纸提供办法及要求：_____

第五条　　交货时间：_____

第六条　　交（提）货方式、地点：_____

第七条　　运输方式及费用负担：_____

第八条　　检验标准、方法及提出异议的期限：_____

第九条　　付款方式及期限：_____

第十条　　违约责任：_____
　　　　　_____

第十一条　合同争议的解决方式：合同履行过程中发生的争议，由双方当事人协商解决；也可由有关部门调解；协商或调解不成的，按下列第_____种方式解决。

　　（一）提交_____仲裁委员会仲裁；

　　（二）依法向人民法院起诉。

第十二条　其他约定事项：_____

出卖人名称（章）：	买受人名称（章）：
住所：	住所：
委托代理人：	委托代理人：
电话：	电话：
开户银行：	开户银行：
账号：	账号：
邮政编码：	邮政编码：
监制部门：	印制单位：

> **实例 8-3**
>
> **如何使采购费用和储存费用之和最小**
>
> 某企业一年销售某食品1 000箱,并假设每个月的销售量基本相等。一个极端是一次订购全年需要的1 000箱,这样仅仅花费一次采购费用,但储存费用必然增加,因为1 000箱食品必须到年末才能销完。另一个极端是每次采购1箱,这样采购费用势必增加,但储存费用将大大降低,因为每次采购1箱可以直接上架出售。因此,这里有一个如何使采购费用和储存费用之和最小的批量问题。请谈谈你的思路。
>
> **提示**:根据经济采购批量策略来思考。

8.2 企业物流管理

8.2.1 商品运输管理

在商业社会中,因为市场的广阔性,商品的生产和消费不可能在同一个地方进行,因此,一般来说,商品都是集中生产、分散消费的。为了实现商品的价值和使用价值,使商品的交易过程能够顺利完成,必须经过运输这一环节,把商品从生产地运到消费地,以满足社会消费的需要和进行商品的再生产。如果我们将原材料供应商、工厂、仓库及客户看作物流系统中的固定节点,那么,商品的运输过程正是连接这些节点的纽带,是商品在系统中的流动载体。因此,我们把商品运输称为物流的动脉。

1. 商品运输原则

以最快的速度,经最少的环节,走最短的路程,支付最省的费用,把商品运往购货单位,经济合理地完成运输任务。

(1)及时。及时是指商品运输要按计划期限完成,不拖拉,不延误,以最短时间迅速完成商品运输任务,满足市场和生产的需要。

(2)准确。准确是指在整个运输过程中切实防止各种运输事故的发生,做到不错、不乱、不差、交接手续清楚、责任明确、准确无误地完成商品运输任务。

(3)安全。安全是指商品在整个运输过程中,不发生霉烂、残损、丢失、污染、渗漏、爆炸和燃烧等事故,保证人身、商品、设备的安全。

(4)经济。经济是指在商品的运输过程中,要采取经济合理的运输方案,合理选择运输路线和运输工具,合理利用一切设备,节约人力、物力、财力,减少运输费用开支,提高运输效益。

2. 商品运输方式和运输形式

(1)运输方式。不同运输方式适合不同的运输情况,合理地选择运输方式不仅能提高运输效率，降低运输成本，还会对整个物流系统的合理化产生有效的影响。因此，了解各种运输方式及其特点，掌握运输方式选择的原则，对优化物流系统的合理组织活动是十分重要的。在商品运输过程中，可供企业选择的运输方式主要有：铁路运输、公路运输、水路运输、航空运输和管道运输。

1）铁路运输。铁路运输是货物运输的主要承担者。它运输量大、费用低、安全，受气候、季节等自然条件影响较小，有较高的准确性和连续性。但小批量商品需要拼装整车，整车需要按线路、到站编配，在途时间较长，有些地方不能直达，需要中转分运。所以，铁路运输适合大宗商品的远程运输。

2）公路运输。公路运输一般指汽车运输，也是物资运输的一种主要方式。汽车运输装卸时间短，换装环节少，可以进行直达运输，灵活、迅速、及时、方便，同时，受地形影响小，活动范围大。其短距离运输的成本低于铁路运输。它的缺点是能耗大，长距离运输成本高，适用于短途运输。

3）水路运输。水路运输量大、运费低、耗能小。但受自然地理条件的限制，不够灵活，连续性差，换装环节多，速度慢，货运时间长。

4）航空运输。航空运输速度最快，但运费最贵。其特点是交货迅速，货物破损率低，节省包装、保险和储存费用，可以运往世界各地而不受地面条件限制。适用于体轻、贵重、易损、鲜活或急需的商品。

5）管道运输。管道运输是一种新型的现代化运输工具，不需要包装，能够大量、平稳地运输，运输费用低而效率高，最符合经济原则。但它的使用范围有限。

（2）运输形式。运输形式是指商品从生产者手中转移到消费者手中的运送形式，主要有以下几种。

1）直达运输。直达运输是指一种商品根据物流公司与其客户之间的订货合同，通过一种运输方式直接运送到消费者手中。这种运输形式减少了转运环节，能够充分利用运输线路、运输设施和运输能力，速度快、耗损少、费用低。

2）中转运输。中转运输有两种情况：一种是在商品从发运地到收货地不能一次直接运达，必须中途变换运输方式或运输工具，而又不能办理联运的情况下采用的中转运输；另一种是商品从发运地到收货地虽可一次到达，但为了节约运费和加速商品流转，而合装整车发运到适当的地点进行中转分运。

3）联运。联运是指商品从发送地点直到收货地点的运输全过程中，由两种或两种以上不同的运输方式衔接运送，把商品从一个国家或地区运到另一个国家或地区的运输形式，如铁路与水路联运、铁路与公路联运、铁路与水路和公路联运等。联运形式通过将各种不同的单一运输方式有机结合起来，达到迅速、安全、便利、经济的要求，有利于促进各种运输方式的协作配合，充分利用各种运输方式的运输能力，减少商品在途的停歇时间，加快商品运输，节省运输费用，具有较高的社会效益和经济效益。

4）专业化运输。专业化运输是指运输工具的专业化。一些运输工具专门用于某种商品的运输，如水泥车专门用于运送水泥产品，油罐车专门用于运送石油和石油产品等。专业化运输形式特别适用于对运输有特别要求的商品，它对于保障安全、保护易损货物、节省包装等，有着重要意义和作用。

5）集装箱运输。集装箱运输是将一定数量单位的商品装入标准规格的集装箱，以集装箱作为集装、运送单位，利用多式联运等方式，将商品运送到目的地的现代化运输手段。由于集装箱能把零星的商品汇成一组大的单位，使商品集装单元化，加之它在运输过程中采用装卸机械作业，可减少换装造成的商品破损，保证商品运输安全，节省商品包装材料，简化货运作业手续，提高装卸作业效率，提高商品运送速度，加速车船周转，可以利用车船装载能力，降低流通费用，便于实现作业机械化与自动化以及管理现代化，所以，这是一种新型的、高效率的运输形式。为了提高中国对外贸易运输工作的效率和质量，扩大对外贸易往来，中国已对亚洲、欧洲、美洲和大洋洲大部分地区开辟了正式的集装箱运输航线。

> **教学互动**8-2
> 你认为现阶段我国联运的困境在哪里？

3. 运输合理化

在发送地与到达地之间，往往有多条运输线路，存在多种运输方式。研究运输合理化的目的，是在保证商品及时、安全运输前提下，提高物流公司综合水平，降低运输费用。运输合理化标准的确立，必须符合这一基本目的的要求。组织商品合理运输，必须从实际出发，根据当前的交通运输条件，合理选择运输线路和运输工具，保证运输任务的完成。因此，必须加强运输环节的联系，做到环环紧扣、密切协作，使商品合理运输的工作得以顺利进行。

（1）影响运输合理化的因素。运输合理化是由各种经济的、技术的和社会的因素相互作用的结果。影响运输合理化的因素主要有以下几个。

1）运输距离。在运输过程中，运输时间、货损、运费、车辆或船舶周转等运输的若干技术经济指标，都与运输距离有一定的比例关系。因此，运输距离长短是运输是否合理的一个基本因素，缩短运输距离既具有宏观的社会效益，也具有微观的企业效益。

2）运输环节。因为运输业务活动需要进行装卸、搬运、包装等工作，多一道环节，就会增加起运的运费和总运费，因此，减少运输环节，尤其同类运输工具的运输环节，对合理运输有促进作用。

3）运输工具。各种运输工具都有其使用的优势领域，对运输工具进行优化选择，要根据不同商品的特点，分别利用公路、铁路、水路、航空等不同方式，选择最佳的运输线路合理使用运力，以最大限度地发挥所用运输工具的作用。

4）运输时间。运输是物流过程中需要花费较多时间的环节，尤其是远程运输。在全部物流时间中，运输时间占绝大部分，因而运输时间的缩短对整个物流时间的缩短有决定性的作用。此外，运输时间短，有利于运输工具的加速周转，充分发挥运力的作用；有利于货主资金的周转；有利于运输线路通过能力的提高，对运输合理化有很大贡献。

5）运输费用。运输费用的高低在很大程度上决定了企业的竞争能力。实际上，运输费用的降低，无论是对货主企业来讲还是对物流经营企业来讲，都是运输合理化的一个重要指标。

上述因素既互相联系，又互相影响，有的还相互矛盾，如在一定条件下，运输时间短了，费用却不一定省，这就要求进行综合分析，寻求最佳方案。在一般情况下，运输时间快，运输费用省，是考虑合理运输的关键，因为这两项因素集中体现了物流过程中的经济效益。

（2）不合理运输的表现。不合理运输是针对合理运输而言的。不合理运输违反客观经济效果，违反商品合理流向和各种动力的合理分工。不充分利用运输工具的装载能力，环节过多的运输，是导致运力紧张、流通不畅和运费增加的重要原因。不合理的运输一般有以下几个方面。

1）对流运输。对流运输是指同一种物资或两种能够互相代用的物资，在同一运输线或平行线上做相对方向的运输，与相对方向路线的全部或一部分发生对流。对流运输又分两种情况：一是明显的对流运输，即在同一运输线上的对流，如一方面把甲地的物资运往乙地，而另一方面又把乙地同样的物资运往甲地。产生这种状况，大多是由于货主所属地区不同，企业不同所造成的。二是隐蔽性的对流运输，即把同种物资采用不同的运输方式在平行的两条路线上朝着相反的方向运输。

2）倒流运输。倒流运输是指物资从产地运往销地，然后又从销地运回产地的一种回流运输现象。倒流运输有两种形式：一是同一物资由销地运回产地或转运地；二是由乙产地将甲产地能够生产且已够消费的同种物资运往甲地，而甲产地的同种物资又运往丙地。

3）迂回运输。迂回运输是指物资运输舍近求远、绕道而行的现象。商品运输过程中的计划不周、组织不善或调运差错都容易出现迂回运输。

4）重复运输。重复运输是指同一批货物由产地运抵目的地，没有任何加工和必要的作业，也不是为联运及中转需要，又重新装运到别处的现象。它是物资流通过程中多余的中转、倒装，虚耗装卸费用，造成车船非生产性停留，增加了车船、货物作业量，延缓了流通速度，增大了货损，也增加了费用。

5）过远运输。过远运输是一种舍近求远的商品运输现象，不就地或就近获取某种物资，却舍近求远从外地或远处运来同种物资，从而拉长运输距离，造成运力浪费。

6）运力选择不当。未考虑各种运输工具的优缺点而进行不适当的选择造成的不合理重复运输。

（3）运输合理化的有效措施。运输合理化是一个系统分析过程，常采用定性与定量相结合的方法，对运输的各个环节和总体进行分析研究。运输合理化的有效措施有以下几个方面。

1）提高运输工具实载率。实载率有两个含义：一是单车实际载重与运距之乘积和标定载重与行驶里程之乘积的比率，这在安排单车、单船运输时，是作为判断装载合理与否的重要指标；二是车船的统计指标，即一定时期内车船实际完成的物品周转量（以吨公里计）占车船载重吨位与行驶公里乘积的百分比。

提高实载率的意义在于：充分利用运输工具的额定能力，减少车船空驶和不满载行驶的时间，减少浪费，从而求得运输的合理化。

2）减少动力投入，增加运输能力。运输的投入主要是能耗和基础设施的建设。在运输设施固定的情况下，尽量减少能源动力投入，从而大大节约运费，降低单位货物的运输成本，达到合理化的目的。例如，在铁路运输中，在机车能力允许的情况下，多加挂车皮；在内河运输中，将驳船编成队行，由机动船顶推前进；在公路运输中，实行汽车挂车运输，以增加运输能力等。

3）发展运输社会化。运输社会化是指发展运输的大生产优势，实行专业分工，打破一家一户自成运输体系的状况。一家一户的运输小生产，车辆自有，自我服务，不能形成规模，且运量需求有限，难于自我调剂，因而经常容易出现空驶、运力选择不当（因为运输工具有限，选择范围太窄）、不能满载等浪费现象，且配套的接发货设施、装卸搬运设施也很难有效运行，所以浪费很大。实行运输社会化，可以统一安排运输工具，避免对流、倒流、空驶、运力不当等多种不合理形式，不但可以追求组织效益，而且可以追求规模效益，所以发展社会化的运输体系是运输合理化非常重要的措施。

4）开展中短距离铁路、公路分流，"以公代铁"运输。这种运输合理化的表现主要有两点：一是对于比较紧张的铁路运输，有公路分流后，可以得到一定程度的缓解，从而加大这一区段的运输通过能力；二是充分利用公路从门到门和中途运输中速度快且灵活机动的优势，实现铁路运输服务难以达到的水平。

5）尽量发展直达运输。直达运输，是指在组织货物运输过程中，越过商业、物资仓库环节或铁路、交通中转环节，把货物从产地或起运地直接运到销地或用户，以减少中间环节。直达的优势尤其在一次运输批量和用户一次需求量达到了一整车时表现最为突出。此外，在生产资料、生活资料运输中，通过直达，建立稳定的产销关系和运输系统，有利于提高运输的计划水平。

近几年，直达运输的比重逐步增加，为减少物流中间环节创造了条件。需要一提的是，如同其他合理化措施一样，直达运输的合理性也在一定条件下才会有所表现，如果从用户需要量看，批量大到一定程度，直达是合理的，批量较小时中转是合理的。

6）配载运输。配载运输是充分利用运输工具的载重量和容积，合理安排装载的货物及载运方法以求合理化的一种运输方式。配载运输往往是轻重商品的混合配载，在以重质物品运输为主的情况下，同时搭载一些轻泡物品，如在海运矿石、黄沙等重质货物时，在上面捎运木材、毛竹等。在基本不增加运力投入，也不减少重质物品运量的情况下，解决了轻泡物品的搭运，因而效果显著。

7）发展特殊运输技术和运输工具。

实例 8-4

有一批商品重 450 吨，从甲地运往乙地，有公路、铁路、水路三条路线可供选择，运输里程分别为 300 公里、420 公里、550 公里；运价（每吨公里）分别为 0.3 元、0.2 元、0.1 元，杂费每吨分别为 1.5 元、1 元、2 元；运输损耗：公路运输为每吨 2 元，铁路、水路需中转，每吨损耗为 10 元；中转费用均为每吨 3 元；港口和火车站离乙地还分别有 30 公里和 10 公里的公路，汽车运输按每辆标重 4 吨计。请比较并选择合理的运输路线。

提示：从运费最节省的运输路线来分析。

相关链接 8-1

物流管理

物流管理（Logistics Management）是指在社会生产过程中，根据物质资料实体流动的规律，应用管理的基本原理和科学方法，对物流活动进行计划、组织、指挥、协调、控制和监督，使各项物流活动实现最佳的协调与配合，以降低物流成本，提高物流效率和经济效益。现代物流管理建立在系统论、信息论和控制论基础上，采购、仓储、配送、运输是物流体系的四个核心。

实施物流管理的目的就是要在尽可能最低的总成本条件下实现既定的客户服务水平，即寻求服务优势和成本优势的一种动态平衡，并由此创造企业在竞争中的战略优势。根据这个目标，物流管理要解决的基本问题，简单地说，就是把合适的产品以合适的数量和合适的价格在合适的时间和合适的地点提供给客户。

物流管理强调运用系统方法解决问题。现代物流通常被认为是由运输、存储、包装、装卸、流通加工、配送和信息诸环节构成的。各环节原本都有各自的功能、利益和观念。系统方法就是利用现代管理方法和现代技术，使各个环节共享总体信息，把所有环节作为一个一体化的系统来进行组织和管理，以使系统能够在尽可能低的总成本条件下，提供有竞争优势的客户服务。系统方法认为，系统的效益并不是它们各个局部环节效益的简单相加。系统方法意味着，对于出现的某一个方面的问题，要对全部的影响因素进行分析和评价。从这一思想出发，物流系统并不简单地追求在各个环

> 节上各自的最低成本,因为物流各环节的效益之间存在相互影响、相互制约的倾向,存在交替易损的关系。比如,过分强调包装材料的节约,就可能因其易于破损造成运输和装卸费用的上升。因此,系统方法强调要进行总成本分析,以及避免次佳效应和成本权衡应用的分析,以达到总成本最低,同时满足既定的客户服务水平的目的。

8.2.2 商品储存管理

企业为了满足顾客需要,必须在顾客指定的时间、地点将商品交付给顾客使用。为了实现这个目标,除了需要快速的运输以外,还需要企业能够拥有一定的商品库存,以便能够应付顾客的紧急需要。而且,这个仓库应该离顾客越近越好,这样,才能更加迅速地满足顾客的需要,创造最佳的企业形象。因此,商品储存系统是企业物流系统中一个不可缺少的组成部分,它处在整个物流过程的节点上。只有经过这个节点,整个物流过程才能够实现,因此,我们称它为物流的中心。

1. 商品储存管理概述

所谓商品储存,就是指在商品生产出来之后,到达消费者手中之前所进行的商品保管的过程,具体来说,就是在保证商品的质量和数量的前提下,根据一定的管理规则,在一定的时间内将商品存放在一定场所的活动。它是物流系统的一个重要组成部分。

(1)商品储存管理的意义。有利于准确及时地为生产和销售提供商品供给,确保生产和销售的正常进行;有利于保证商品质量,减少损耗,降低产品成本;有利于合理储备,加速资金周转,提高企业经济效益;有利于确保商品的储存安全,确保企业的生产经营成果。

(2)商品储存管理的主要内容。

1)商品储存量。商品储存量是指企业为满足市场需求或本企业生产经营消耗的需要在预定时间内的商品库存量。一般来讲,既不短缺又不积压且尽可能少的储存量为合理的商品储存量。

2)商品储存结构。商品储存结构是指不同品种、规格和花色商品的构成比例。商品储存结构要以销售或消耗结构为转移,达到产销(耗)存一致。符合产销(耗)存一致的结构也就是合理的储存结构。

3)商品储存时间。商品储存不得超过一定的时间界限,否则,将会出现变质或亏损。在保质和保本期内的储存为合理的储存。

4)商品储存空间。商品储存空间是指商品在生产进行过程中,结合市场需要,商品储存在各个环节、各个空间位置上的合理摆布。

(3)商品储存管理的原则。

1)仓储商品存在的问题。物品堆放不整齐,通道被阻塞;无区位标识,查找物品较困难;物品或包装箱上无物品名称、编码标识;堆放物品无安全意识,存在隐患;呆废物品未及时处理；需退回供方的不合格品未及时退回；发料未按先进先出的原则发放；账货不符；记账方法不正确；仓库无采购订单，未按订单收货；物料编码不正确或无编码；未按时盘点；仓库资料保留不善。

2）储存管理的具体原则。针对上述问题，在储存管理方面，应注意遵循以下具体原则：

- 仓管员应依物料的特性、体积、重量、数量，分库、分类、分区存放。
- 仓库人员应绘制仓库平面图，标明各类商品存放位置，并贴于明显处。
- 各类商品应堆放整齐，标识清楚。
- 已验收商品、待验收商品和不合格商品应分区存放，并标识清楚。
- 每月应核对物料账，遇有账货不符，应及时追查原因，经公司负责人核准后方可调整。
- 仓库应设置相应的消防设备和报警装置。
- 仓库内应随时保持清洁、干燥和通风。
- 易燃易爆商品应与其他商品隔离保管，并于明显处标示"严禁烟火"。
- 建立健全岗位责任制，加强火源、电源管理，做好防火、防汛、防盗、防虫、防潮等工作。

3）储存管理的要求。储存管理要求做到"三化""三保""三清""两齐""三一致""五防"。

- "三化"：仓库规范化、存放系列化、养护经常化。
- "三保"：保质、保量、保安全。
- "三清"：材料清、规格清、数量清。
- "两齐"：库位整齐、工位整齐。
- "三一致"：账、物、卡一致。
- "五防"：防火、防潮、防盗、防虫、防变形。

2. 商品出入库操作程序

（1）商品入库操作程序。商品的入库是商品储存业务活动的起点。

1）入库商品的接收。入库商品的接收主要有四种方式：车站码头接货、专用铁路线或码头接货、到供货方仓库提货、本库接货。

2）入库商品的验收。入库商品的验收工作，主要包括数量、质量和包装三方面的验收。在数量和质量验收方面应分别按商品的性质、到货情况来确定验收的标准和方法。

3）验收发现问题的处理。验收中出现的问题，大体有如下几种情况：数量不符；质量问题；包装问题；单货不符或单证不全。

4）办理商品入库手续。商品经过质量和数量验收后，由商品检查人员或保管员在商品入库凭证上盖章签收。仓库留存商品入库保管联应注明商品存入的库房、货位，以便统计、记账。同时，将商品入库凭证的有关联迅速送回存货单位，作为正式收货的凭证。

（2）商品出库操作程序。商品的出库是仓库根据销货单将商品交付给收货人的作业过程，标志着商品储存阶段的结束。商品出库的程序主要包括：核对出库凭证、配货、复核、点交、清理、办理出库手续和发货。其过程为：出库准备；核对出库凭证；备货；复核；编配包装、理货待运；办清交接、放行出库；记账。

图 8-4 为简略的商品储存业务流程。

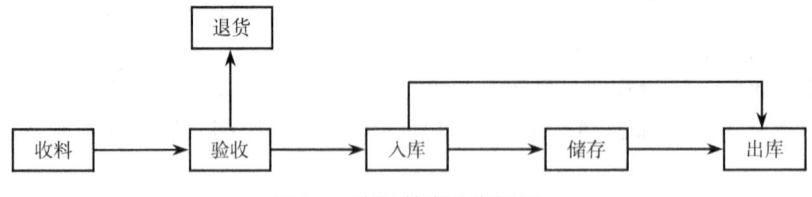

图 8-4　商品储存业务流程

3. 商品库存管理模式

科学的库存管理模式既能保证供给，满足市场需求，又可以减少采购次数及管理费用，这无疑是企业管理者期盼达到的目标。这里介绍几种科学的库存管理模式。

（1）定期观测库存控制模式。定期观测库存控制模式又称定期控制或订货间隔期法，其模式如图 8-5 所示。它是一种以固定检查和订货间隔期为基础的库存控制法。在这个控制模式中，以固定的订货间隔期 T 提出订货。不存在固定的订货点，但有固定的订货间隔期 T。每次订货的数量不固定，需要根据某种规则补充到目标库存 S 中。目标库存 S 与订货间隔期 T 是事先确定的主要参数，其中 S 的确定主要考虑为库存设定一个控制限额。订货量由以下规则确定：

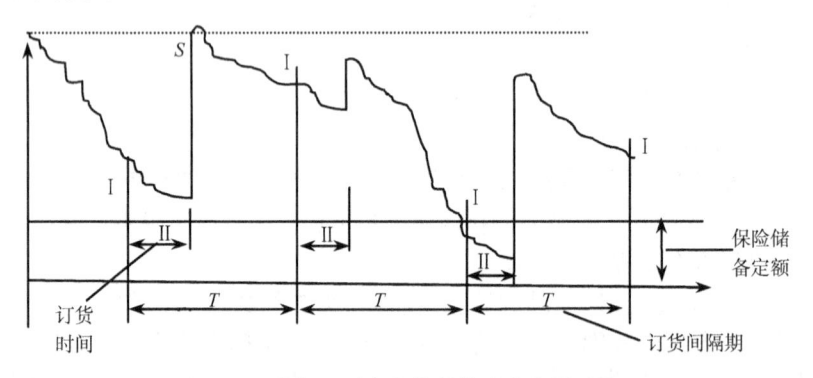

图 8-5　定期观测库存控制模式库存量动态

设订货的实际库存为 I，则当 I 大于 S 时，不订货；当 I 小于 S 时，需要订货。可按下述公式确定订货量 Q：

订货量=平均每日需用量×（订货时间+订货间隔期）+保险储备定额−实际库存量−订货余额

上式中订货余额是上次已订货,但尚未到货的数量。

这种控制方式可以省去许多库存检查工作,在规定订货的时候检查库存,简化了工作。其缺点是如果某时期需求量突然增大,有时会发生缺货。所以,这种方式主要用于重要性较低的物资。

(2) ABC重点控制模式。ABC重点控制模式是把物资按品种和占用资金大小分类,再按各类重要程度不同分别控制,抓住重点和主要矛盾,进行重点控制。重点控制模式的基本原理是从错综复杂、品种繁多的物资中,抓住重点、照顾一般。重点控制模式的具体做法是先把物资分类,再针对重要程度不同的各类物资分别管理。库存物资按企业的物资品种及占用资金多少进行分类,可分为A、B、C三大类。

A类物资,品种占15%左右,占用资金75%左右;B类物资,品种占30%左右,占用资金20%左右;C类物资,品种占55%左右,占用资金5%左右。这三类物资重要程度不同:A类物资最重要,是主要矛盾;B类物资次之;C类物资再次之。这就为物资库存管理工作抓住重点、照顾一般提供了数量上的依据,针对各类物资分别进行控制。对A类物资要重点、严格控制。对A类物资的采购订货,必须尽量缩短供应间隔时间,选择最优的订购批量,在库存控制中,采取重点措施加强控制。对B类物资也应引起重视,适当控制。在采购中,其订货数量可适当照顾到供应企业确定合理的生产批量及选择合理的运输方式。对C类物资放宽控制或一般控制。由于品种繁多复杂,资金占用又小,如果订货次数过于频繁,不仅工作量大,而且从经济效果上也没有必要。一般来说,根据供应条件,规定该物资的最大储备量和最小储备量,当储备量降到最小时,一次订货到最大储备量,以后订购量照此办理,不必重新计算。这样就有利于采购部门和仓库部门集中精力抓好A类和B类物资的采购和控制。但这不是绝对的,若对此类物资放任不管,有时也会造成严重损失。

实行ABC重点控制模式的好处是可以对物资控制做到重点与一般相结合,有利于建立正常的物资秩序,降低库存,节约仓库管理费用,加速资金周转,提高经济效益。同时,这种方法方便运用,易于推广,有利于简化控制工作。因此,这种库存管理方法往往并不是单独使用,而是作为进行库存管理时首先要做的一件事,将物品分类后,再针对不同的类别选取不同的库存控制模式。

(3) 库存最优控制模式。最优的库存控制应该是既满足生产需要,保证生产正常进行,又最经济。因此,研究库存最优控制模式的中心问题,是要计算确定在各种条件下的最优订购批量,即经济订购批量。这个经济订购批量是指能使订购费用与保管费用总和最低的一次订购批量。在允许缺货的条件下,经济订购批量的总费用包括订购费用、保管费用和缺货损失费用。订购费用、保管费用较易理解;缺货损失费用指因停工待料而采取应急措施所花的费用。它包括停工损失费、加班工资或因对客户延期交货而支出的违约罚金,以及因采取临时性补救措施而发生的额外采购支出等。生产比较稳定的企业应尽量避免这类费用;对于生产不稳定的企业,允许一定程度的缺货是一项很重要的库存策略。通常来说,在生产不稳定的情况下,要想完全避免缺货,必然要大大提高库存量和库存费用,而当库存费用超过缺货损失费用时,显然是不划算的。

下面我们介绍简单条件下的最优控制模式。所谓简单条件,是指假定在控制过程中所涉及的物资品种单一,不允许出现缺货现象,采购条件中不规定价格折扣条款,每批订货均能一次到货。在这种条件下建立的经济订购控制模式为基本模式。此时控制的存储总费用只包括订购费用和保管费用两项。这两类费用与物资的订购次数和订购数量有密切的关系。在物资总需要量一定的条件下,由于订购次数多,每次订购批量就小,订购费用就多,而保管费用则少;反之,每次订购数量大,订购费用就小,而保管费用则多。因此,订购费用和保管费用两者是相互矛盾的。确定简单条件下的经济订购批量,就是要选择一个最适当的订购批量,使订购费用和保管费用两者的总和为最低。

经济订购批量的基本模式为:

$$Q \text{ 或 EOQ} = \sqrt{\frac{2RS}{CK}}$$

式中,K 是保管费用率;R 是年物资需要量;S 是每次订购费用;C 是物资单价;Q 或 EOQ 是经济订购批量。

(4)仓库定额管理模式。仓库定额管理是指在储存商品的业务活动中,对人力、物力、财力的占用及消耗所规定的数量和质量指标。常用的定额指标有以下几个。

1)单位面积的储存量定额。其计算公式如下:

每平方米储存量=日平均储存量(吨)÷仓库实际面积(平方米)
仓库实际面积=库房面积-障碍物占用面积

2)账货相符率定额。账货相符率定额是指商品账货相符的笔数占储存商品总笔数的比率。其计算公式如下:

账货相符率=账货相符的笔数÷库存商品总笔数

3)收发差错率定额。收发差错率定额指仓库在收发作业中发生的差错累计笔数占总收发货笔数的比率,差错表现在数量、质量、规格、价格、金额等方面。其计算公式如下:

收发差错率(‰)=收发差错累计笔数÷收发货累计笔数×1000‰

4)商品保管损失定额。商品保管损失定额的计算有两种方法:一是计算每吨商品的保管损失额;二是求损失占平均库存总额的比率(保管损失率)。其计算公式如下:

保管损失(元/吨)=保管损失额(元)÷平均库存量(吨)
保管损失率(‰)=保管损失额÷平均库存总额×1000‰

5）保管费用定额。保管费用定额是指保管一吨商品平均支付的费用。其计算公式如下：

$$保管费用（元/吨）=保管费用额（元）÷平均储存量（吨）$$

6）工作量定额。工作量定额是考核仓库工作人员劳动效率的重要指标。其计算公式如下：

$$保管人员的平均工作量=保管品种数÷保管人员数$$
$$=保管吨数÷保管人员数$$
$$=收发货笔数÷保管人员数$$
$$=收发货吨数÷保管人员数$$

8.2.3 商品配送管理

1. 配送的概念和特征

（1）配送的概念。物流学界对配送的定义是：根据用户的订货要求和时间计划，对商品进行拣选、加工、包装、分割、组配等作业，并按时送达指定地点的物流活动。一般来说，配送一定是根据用户的要求，在物流据点内进行分拣、配货等工作，并将配好的货物适时地送交收货人的过程。它是物流中一种特殊的、综合的活动形式。它既包含了商流活动，也包含了物流活动中若干功能要素，将商流与物流紧密、有效地结合起来。

（2）配送的特征。

1）配送是从物流据点到用户之间的一种特殊送货形式，这种特殊形式表现在配送的主体是专门经营物流的企业；配送是中转环节的送货，与通常的直达运输有所不同。

2）配送是连接物流其他功能的物流服务形式。在配送（分拣、加工、配货、送货）中所包含的那种部分运输（送货）作业在整个运送的过程中处于"二次运送""终端运送"的地位。

3）配送体现了配货与送货过程的有机结合而极大地方便了用户，体现了较高的物流服务水准，即完全按用户对货物种类、品种、数量、时间等方面的要求而进行运送作业。

4）配送是复杂的作业体系，通常伴随较高的作业成本。配送成本较高，就既要提高物流服务质量，又要采取降低配送成本的措施，因此，提高配送作业设计等组织管理水平就显得十分重要。在配送中心大量采用各种传输设备、分拣设备，可以实现一些环节的专业分拣或流水作业方式，降低有关成本费用。

5）配送在固定设施、移动设备、专用工具组织形式等方面都可形成系统化的运作体系。

2. 配送中心的要求和功能

（1）配送中心的要求。配送中心是指从事配送业务的物流场所或组织，应基本符合下列要求：主要为特定的用户服务；配送功能健全；有完善的信息网络；辐射范围小；多品种、小批量；以配送为主，储存为辅。

（2）配送中心的主要功能。

1）集货。配送中心为实现按用户需要配送，需从众多供应商手中采购大量的品种比较齐全的商品。

2）储存保管。为保证正常配送的需要，配送中心应保持一定的储备，同时做好这些储备的保管工作。

3）分货、拣货、配货。将储存货物按用户要求分拣配齐之后，送到指定配货场，经配送送至用户。这是配送中心的主要功能之一。

4）装卸搬运。集货、储存、分拣、配货等过程，都需要进行装卸搬运。装卸搬运作业效率的高低、质量的好坏直接影响到配送的速度和质量。

5）加工。配送过程中，为解决生产中大批量、少品种和消费中的小批量、多样化要求的矛盾，按照用户对商品的不同要求，应对商品进行分割、分装、配装、配载等加工活动。

6）送货。将配好的商品按到达点或到达路线进行送货。运输车辆可借用社会运输车辆，也可自配专业运输队。

7）物流信息情报收集、汇总、储存及传递。配送中心必须有灵敏、完整的信息情报系统，这是保证配送中心业务顺利进行的关键。

3．配送的类型

（1）按实施配送组织者的不同，配送可以分为以下几种。

1）配送中心配送。配送中心配送是由专职从事配送业务的配送中心所组织的配送。配送中心配送的规模较大，专业性强，和用户有固定配送关系。配送中心配送是配送的主要形式。

2）仓库配送。仓库配送是由仓库组织的配送。仓库配送既可以将仓库改造为配送中心，也可以是仓库在保持原有功能的基础上增加一部分配送功能。由于仓库的设施不是专门按配送中心的要求设计和建立的，所以仓库配送的规模比配送中心配送规模小，配送的专业化程度低。

（2）按配送服务方式的不同，配送可以分为以下几种。

1）定时配送。定时配送是指按规定时间间隔进行配送，如数天或数小时一次等，每次配送的品种及数量可以按计划执行，也可以在配送之前以商定的联络方式通知配送的品种及数量。具体来讲，定时配送又可以分为当日配送和准时配送两种形式。

2）定量配送。定量配送是指按照规定的批量，在一个指定的时间范围内进行配送。

3）定时、定量配送。定时、定量配送是按照所规定的配送时间和配送数量进行的配送。

4）定时、定路线配送。定时、定路线配送是指在规定的运行路线上，制定配送车辆到达时间表，按运行时间进行配送，用户可以按照规定的路线及规定的时间到指定的位置接货，是一种高水平的配送服务方式。

5）即时配送。即时配送是指完全按照用户突然提出的时间、数量随即进行配送的方式，这是有很高灵活性的一种应急的方式。

4. 配送作业流程及配送作业方式

（1）配送作业流程。配送的一般作业流程如下：

进货→储存→分拣→配货→加工→配装→送货。

（2）配送作业方式。配送作业可以利用全自动化的分拣设备进行，也可利用手工分拣。作业一般可采用播种方式、摘果方式和混合方式。

1）播种方式。播种方式是将不同用户需要配送的同种物资集中搬运到发货场所，然后将每个用户的需用量区分开，直至配货完毕。这种方式适合用户要货的品种单一、用户数量较多的情形。

2）摘果方式。搬运车巡回于保管场所，按配送要求从某个货位上取下某种商品，巡回完毕也就完成了一次配货作业；再将配好的商品放在发货场所指定的位置或直接发货，再对下一个分店进行配货。对要货数量少的分店，一次也可完成数个分店的配货。这种方式适合分店数量较少，分店要货比较分散的情形。

3）混合方式。为了提高效率、降低成本，也可以两种方式混合使用，一般先用摘果方式，然后采用播种方式。

8.3 企业商品销售管理

8.3.1 商品销售概述

1. 商品销售的概念

所谓商品销售，就是商品所有者通过商品货币关系向货币所有者让渡商品的经济活动。从整个社会流通过程来看，商品销售包括两大类。

（1）生产销售。生产销售具体有两种形式，一是生产者将商品直接出售给消费者，包括生产消费者与生活消费者；二是生产者将商品出售给商业企业，供做转售。

（2）商业销售。商业销售有两种形式，一是批发销售，即将商品批量转售给批发商或零售商，供做转售，或者批量供应给生产者做生产消费；二是零售销售，即将商品直接向消费者或社会集团出售。到此，商品已退出流通领域而进入消费领域。生产销售和商业销售构成销售的全过程。

2. 商品销售的原则

（1）商品销售的社会性原则。商品销售的社会性原则是指企业在进行商品销售时，既要关心企业自身的经济利益，还必须积极地、自觉地履行社会责任。

（2）商品销售的效益性原则。商品销售的效益性原则是指企业的销售活动必须讲究赢利，以尽可能少的费用争取最好的经济效益。

（3）商品销售的市场适应性原则。商品销售的市场适应性原则是指企业的销售活动必须认真研究市场的需求变化，以适应消费者的各种需求为目标。

（4）商品销售的安全性原则。商品销售的安全性原则是指在激烈的市场竞争中，企业要能为自己创造一个稳定的销售局面，从而保证企业经营的安全。

3. 销售业务流程

（1）生产企业销售业务流程。生产企业商品销售的基本过程是：挂牌标价、洽谈业务、签订合同、收取货款和发运商品、开具增值税专用发票、开具发货票（提货单）、提供售后服务和客户回访。

（2）商业企业销售业务流程。

1）批发企业商品销售过程。批发企业商品销售具体步骤如图 8-6 所示。

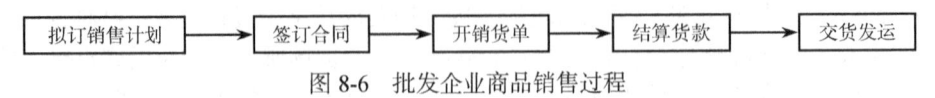

拟订销售计划 → 签订合同 → 开销货单 → 结算货款 → 交货发运

图 8-6　批发企业商品销售过程

- 拟订销售计划。商品销售计划是商品流通企业商品流转计划的主要组成部分，是编制其他专业计划的依据。它是根据企业经营思想和销售原则，在市场调查和预测的基础上制定的，是经营决策的具体化和数量化。
- 签订合同。批发企业的商品销售，尤其对外地商品的销售，大多是期货交易，一般要经历签订合同这一过程。合同应在对各款交易条件进行充分协商、平等互利的基础上签订。
- 开销货单。销货单是供需双方办理商品购销业务的依据和凭证。因此，批发开单必须按照客户的要货单或合同规定的要货时间、要货品种、规格数量及时开单，全面、及时地履行合同规定的企业应承担的义务。
- 结算货款。结算货款是实现商品价值转移的全过程，经过货款结算，商品已全面售出。具体地说，企业财务部门按开单员送来的调拨供应单、销售发票，进行数量、单价、金额的复核；同时，按不同结算方式办妥结算手续。
- 交货发运。交货发运是商品实体从销方流向购方的空间转移过程。仓储部门接到有关销售单据后，应按照不同发货仓库进行分单，保管员按规定的品名、规格、等级、数量进行配货。储运部门在接到仓库报货通知后，应及时填制托运单，向运输部门落实整车或零担运输工作。

2）零售企业商品销售过程。零售企业商品销售过程如图 8-7 所示。

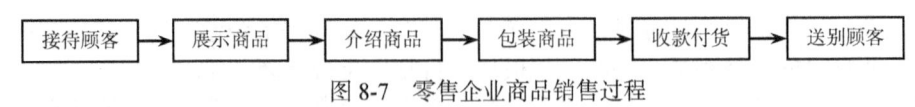

接待顾客 → 展示商品 → 介绍商品 → 包装商品 → 收款付货 → 送别顾客

图 8-7　零售企业商品销售过程

- 接待顾客。首先，要有正确的等待顾客的姿态。售货员应穿着商店规定的服装，精神饱满，仪容仪表大方；同时，售货员要站在规定的位置，以正确的姿态站立，不允许闲扯聊天，背对顾客，背靠货架等。其次，顾客进店后，要善于观察顾客的来意，用不同的方式接待。再次，售货员要正确掌握与顾客打招呼的时机，过早或过迟都会影响顾客的购买行为。

- 展示商品。展示是一种形象化的介绍商品的形式，它由售货员施展特定的手法技巧，让商品自身说话。在展示商品时，要体现商品的特点，让顾客进行充分的比较和选择。同时，展示商品要轻拿轻放，动作平稳。
- 介绍商品。售货员在掌握了有关商品知识和观察了解了顾客心理的前提下，向顾客推荐商品。推荐并介绍的作用在于使顾客了解商品，便于选择。因此在介绍商品时，应做到实事求是、态度诚恳、讲究方式、有问必答。
- 包装商品。达成交易后，有的商品要包装。包装要结实、美观、大方。零售企业应尽量用印有店名、店址和经营范围的包装纸和包装袋包装商品，以起到广告宣传的作用。
- 收款付货。包装好商品之后，要开票收款，不论是售货员经手还是收款员经手收款，都要贯彻"货出去，钱进来"的原则，遵守唱收唱付的操作规程，然后将包装好的商品与发票双手递交给顾客，以示礼貌。
- 送别顾客。最后，顾客离柜时，应向顾客道别致意，使顾客高兴而来，满意而归。即使没有达成交易，也应以诚相待，表示对顾客的重视和关心，维护企业的良好形象。

实例 8-5

美国有一家公司，为了保鲜和方便购买，每条鱼都用塑料袋包装好再销售。但是有一位顾客向公司投诉，说公司的鱼不新鲜，他宁愿到鱼市去买活蹦乱跳的鲜鱼。公司解释，这些鱼都是早晨从码头运到柜台上的，非常新鲜。但是那位顾客坚持认为，你们的鱼都有包装，而且是超级市场的那种包装。

此时公司才明白，给鲜鱼套上塑料袋，使不少顾客产生了怀疑心理。于是他们当机立断，增设了一个鱼柜，里面放上水，把没有包装的鱼放到里面，顾客可以挑选和观察，同时在另一个柜台上仍然摆放有包装的鱼。如此安排后，一些顾客喜欢刚从水里取出来的鱼，而带包装的鱼也照常出售。一个星期之后，公司发现鱼的总销售量比原来增加了一倍。

提示：从顾客心理角度来分析。

8.3.2 商品销售渠道

商品销售渠道是指商品从生产者手里转移到消费者手里所经过的途径、环节等。由于生产者和消费者分布地理位置的间隔，以及商品生产时间和消费时间的间隔等，使得商品的销售渠道对于沟通并满足生产者和消费者各自的需要十分重要，已经成为不可缺少的纽带。

1. 商品销售渠道的结构

商品销售渠道的结构主要是指企业在商品流通过程中的组织形式，即商品从生产领域进入消费领域的运动过程中走什么样的路线，由哪些环节来参与买卖。由于商品经济的不断发展，生产和消费在时间、空间和集散上的矛盾更为突出，必然需要中间商来充当生产者和消费者之间的中间人。因此销售渠道实际上就是商品流通过程中所经历的商业环节。目前所建立的销售渠道是多种多样的，但其基本结构表现为四种，如图8-8所示。

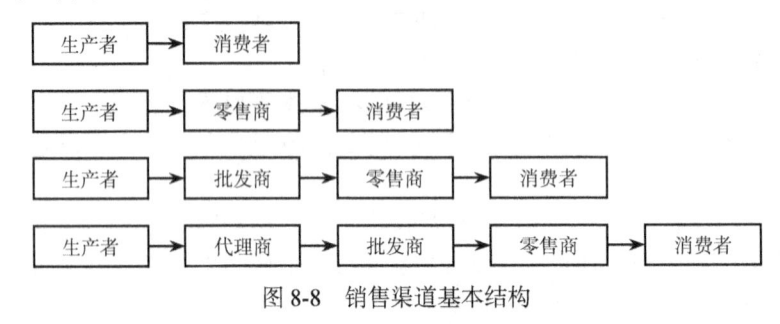

```
生产者 → 消费者
生产者 → 零售商 → 消费者
生产者 → 批发商 → 零售商 → 消费者
生产者 → 代理商 → 批发商 → 零售商 → 消费者
```

图8-8 销售渠道基本结构

（1）生产者→消费者，又称直接渠道或零层渠道。这是一种最短、最简单的销售渠道，没有中间商，消费品的生产企业派推销员直接与顾客接触，拜访客户，通过各种方式如邮购、电话销售、上门推销、电视直销、生产企业自己开办销售处等方法，把本企业生产的产品直接销售给最终消费者。

（2）生产者→零售商→消费者，又称一层渠道。生产者把产品供应给零售商，然后再由零售商将产品分销给消费者。目前，国外一些大型百货商店、超级市场、连锁商店都有自己的采购中心或进货部，进货后自己再销售。

（3）生产者→批发商→零售商→消费者，又称二层渠道。是生产者把商品销售给批发商（可以有几道批发环节），再由批发商转卖给零售商，由零售商最后卖给消费者，中间需经过两道以上的商业环节。这是目前市场销售渠道最主要、最基本的形式，为一般日用消费品的销售所广泛采用。

（4）生产者→代理商→批发商→零售商→消费者，又称三层渠道，是指生产者把商品委托给代理商，再由代理商把商品销售给商业部门。

2. 商品销售渠道的选择策略

对企业来说，要拓展商品的销路，实现企业的经济利益，就要制定适当的销售渠道策略，即确定销售渠道的长短和宽窄，以保证销售渠道的畅通。

（1）销售渠道长短的选择。销售渠道的长短，是指商品在流通过程中经历的中间环节的多少。中间环节多，渠道就长；中间环节少，渠道就短。

1）适合选择短渠道的情况。

- 从产品因素来看，商品单价昂贵的，体积大的，重量重的，款式变化快的，易坏易腐的，构造复杂而要求附加较多技术服务的，以及新投入市场的新产品，可采用短渠道。
- 从市场因素来看，商品市场销路窄的，顾客比较集中或距离生产厂家较近的，市场季节性明显而顾客采购量又很大的，以及顾客不经常购买的耐用品，可采用短渠道。
- 从企业本身因素来看，企业资金雄厚，声誉高，销售能力强，有能力或有必要建立自己的销售系统，而且愿为顾客提供更多的销售前后服务的，可采用短渠道。

2）适合选择长渠道的情况。
- 从产品因素来看，商品单价较低的，体积小的，重量较轻的，款式变化较慢的，容易运输储备的，构造不过于复杂而要求附加技术服务少的，可采用长渠道。
- 从市场因素来看，商品市场销路广的，顾客比较分散或距离生产厂家较远的，顾客需要经常购买或日常必用的，市场季节性不明显或需求不集中的，可采用长渠道。
- 从企业本身因素来看，企业资金力量薄弱，销售力量不足或没有必要建立自己的销售系统，没有能力或没有必要为最终顾客提供较多服务，而必须依靠中间商扩大市场的，以及从经济效益上分析认为使用中间商更为有利的，也可采用长渠道。

（2）销售渠道宽窄的选择。所谓销售渠道的宽窄，是指商品流通所使用的分销渠道的多少。宽的销售渠道，即要利用较多的批发商和大量的中间商，使商品在广泛的市场面上销售；窄的销售渠道，即要利用较少的批发商和少数的中间商，使商品在有限的市场面上销售。一般来说，选择销售渠道宽窄的策略有以下几种。

1）广泛分销的策略。通过许多中间商的帮助，使产品较快地在广泛的市场面上销售。一般销售量大的生活日用品都适合采用这种销售渠道。

2）选择性分销策略。通过少数中间商的帮助，使商品在较少的商店和有选择的市场面上销售。一些价格较高或产量有限的商品，特别是一些名牌产品和贵重商品，都适合采用这种销售渠道。

3）专营性分销策略。生产厂家只选择一家中间商，或者只是有限的联号商店，在有限的市场面上销售产品。一般有特色的商品常采用这种策略。

3. 商品销售方式

企业的商品销售是通过一定的方式来进行的。不同类型的企业，不同的商品，不同的销售对象，需要采取不同的销售方式。目前，销售方式有很多，企业应根据具体情况合理选择销售方式。

（1）按商品所有权的转移来划分。

1）经销方式。经销是生产厂家将产品成批量地销售给流通企业，流通企业取得商品的所有权，再将商品进行转卖的商品销售方式。生产企业选择经销的销售方式一般基于以下考虑：能加速企业资金周转，使企业能集中精力进行新产品的开发；利用经销商在销售方面的优势，增加产品的销售量，提高市场占有率；避免产品滞销给企业带来的风险。选择一个合适的经销商是该种销售方式的关键。一般来说，企业往往从经销商的从业年限、经验和专长、利润记录、偿付能力、协作性和声誉等方面进行评价。经销的形式有总经销和一般经销。

2）自销方式。自销是生产厂家自己组建销售队伍，自己构建销售网络体系，直接销售本企业产品的销售方式。

3）代销方式。代销是指这样一种销售方式，中间商接收厂商的委托，以中间商的名义销售产品，盈亏由厂商自行负责，中间商只根据售出产品的数量获取佣金。在代销活动中，代理商与委托人只是委托代理关系，没有发生商品所有权的转移。代理商只在代理期间有商品的处理权，并且要以委托方的名义进行。代销双方通常要签订协议。代销方不承担交易风险，其主要职责是促成交易。

- 代理制。代理制是指厂商委托授予独立的代理商以代理销售权。代理商在销售代理权限内代理委托人收集订单、销售商品及办理其他与销售有关的事务，如广告、售后服务、仓储等，代理商在销售完成后领取一定的佣金。销售代理按不同的标准划分，按代理商是否拥有独家代理权，分为独家销售代理和多家销售代理；按代理商的层次，可分为总代理和分代理。

- 租赁销售。所谓租赁，是指出租人依照租赁契约的规定，在一定时间内把租赁物租给承租人使用，承租人分期付给一定租赁费的融资和融物相结合的经济行为。现代租赁主要有融资性租赁和经营性租赁。融资性租赁是指承租人选定机器设备后，由出租人购置后再出租给承租人使用，承租人按期交付租金的一种融物与融资的经济活动。它是现代租赁中影响最大、应用最广、成交额最多的一种形式。经营性租赁是指出租方既为承租方提供融资便利，又提供设备维修、保养等服务，同时还承担设备过时风险的中短期融物与融资相结合的经济行为。

（2）按商品销售方法来划分。

1）门市销售。门市销售是商品流通企业通过固定的营业场所销售商品的方式。这种方式易于组织和管理，顾客集中，便于挑选商品，销售效率较高。大多数的商品均可采用，是一种最基本的销售方式。它主要包括以下几类：封闭式售货、敞开式售货、自选式售货。

2）会议销售。会议销售是工商企业销售商品的一种主要形式，它由一家或几家公司主办，一般在商品销售旺季之前召开。具体可采用供货会、订货会、洽谈会等形式。

3）展览销售。展览销售是通过举办展览会，将商品实物或图片、资料陈列展出，或将某类或某种商品的花色、规格、型号集中起来，在一定期限内展览销售的形式。

（3）其他销售方式，如函电销售、信贷销售、网上销售等。

除此之外，还有很多销售方式，工商企业应根据自身经营状况、产品特点、市场状况和经济管理体制及政策规定，选择有利于企业发展的销售方式。

8.3.3 批发商

1. 批发商的功能

批发商是分销渠道中的重要成员。批发指的是把产品出售给零售商、其他中间商或团体购买者，但不直接出售给最终顾客的一种活动。一个宣称"以批发价出售给每位顾客"的服装经销商，如果销售额中很大比例是直接出售给最终顾客的，它实际是一个零售商。产品出售价不是决定该商人是批发商还是零售商的标准，主要看出售给最终顾客的销售额比例。仓储式超市以接近批发价出售产品，但它仍是一个零售商。生产厂家和零售商可以越过批发商开展分销活动，生产厂家可以直接将产品出售给零售商或最终用户，而零售商也可以直接向生产厂家进货。但正如前面所述的那样，这并不等于可以不要批发商的批发功能了。事实上，一个市场的批发销售额往往要大于零售额，因为，第一，许多批发业务是直接针对工业用户而进行的；第二，在分销渠道中，一个产品往往要经过数个中间环节，因此批发额也就被计算数次，而零售只计算了一次。批发商之所以能在分销渠道中被广泛地使用，是因为批发商向渠道其他成员提供了许多不能替代的、更为有效的营销功能。

（1）批发商提供给生产厂家或其他供应商的营销功能。批发商提供给生产厂家或其他供应商的营销功能主要有以下方面。

1）销售。可以作为生产厂家销售力量的延伸，降低生产厂家的销售费用，并可以比厂家更好地接近地方小用户，比远在别地的厂家更容易得到购买力的信任。

2）仓储。可以提供仓储设施与力量，从而减轻厂家的仓储设施的投资压力，使厂家可以集中在生产制造上。

3）资金融通。可以降低仓储成本，降低厂家在库存产品上的资金占有，使厂家能在产品出售给最终用户以前回收货款，减少坏账风险和流动资金的投放。

4）收集提供市场信息。批发商凭借接近用户、接近市场的特点，可以向厂家提供市场信息、用户要求与需求动态，从而减少厂家对市场调研的投入需要。

5）降低风险。批发商由于承担了多种功能，从而为厂家承担了不少风险，如拥有产品所有权而承担风险；赊销时的销售信用风险；因库存产品而承担偷窃、损坏、变质或过时等而引起的损失风险。批发商的提前订货，也能帮助厂家安排好生产计划。

6）汇集产品。批发商可以从多个厂家进货，组成品种繁多齐全的产品组合，有助于零售商降低采购成本与精力，同时也有利于厂家产品的销售。

（2）批发商向客户企业提供的营销功能。批发商除了向厂家提供多种营销功能外，还能向客户企业如零售商提供多种营销功能，主要表现在以下几个方面。

1）采购。销售代理能预测客户的订购需求，及时采购产品以满足需求。

2）库存。减轻客户的库存压力，帮助客户避免过量采购或采购不足，并与客户共享大规模仓储所带来的经济效益。

3）收集市场信息。提供有关生产厂家和所生产产品的信息，评估产业发展变化趋势，从而使客户随时跟踪产品的发展动向。

4）资金融通。向客户提供销售信贷，承担库存费用，降低客户在仓储设施上的固定费用投资与支出。

5）承担风险。使客户不必过多地承担库存资金占用的风险，向被厂家拒绝赊卖的小企业提供产品。

6）交易。拥有产品所有权可以使客户不必直接与厂家打交道，可以使客户集中于销售工作，减轻采购的压力。

7）集中与汇总。为客户提供花色品种齐全的产品和多样的选择性，既满足需要，减轻客户的大量工作。

2. 批发商的类型

有许多类型的批发商，一般可以把它们分成四种类型：经销批发商、代理批发商、厂家批发机构和其他特种批发商，如图 8-9 所示。

经销批发商是指那些购买产品获得产品所有权，再转卖给最终用户，从中谋取经营差价的独立中间商。经销批发商可以根据其提供的功能范围与服务水平分为完全职能批发商和部分职能批发商。完全职能批发商能够为其上下客户提供几乎全部的营销功能，如仓储、推销、商业信贷、运输、促销支持、管理帮助、提供市场信息，以及对产品进行分类、分装、分等、包装和搭配等。完全职能批发商有许多具体种类，如综合性批发商，主要指经销产品种类齐全、产品线较宽的批发商，如日用、轻工、家电产品批发商；专业批发商，主要指经销某一大类产品的批发商，如药品药材经销企业、土副杂品经销批发商、厨具用品批发企业等。工业品分销商一般都属于专业批发商，生产厂家出于建立良好的生产—分销关系，往往努力与工业分销商建立互利伙伴关系，从而确保有较高的市场覆盖面。

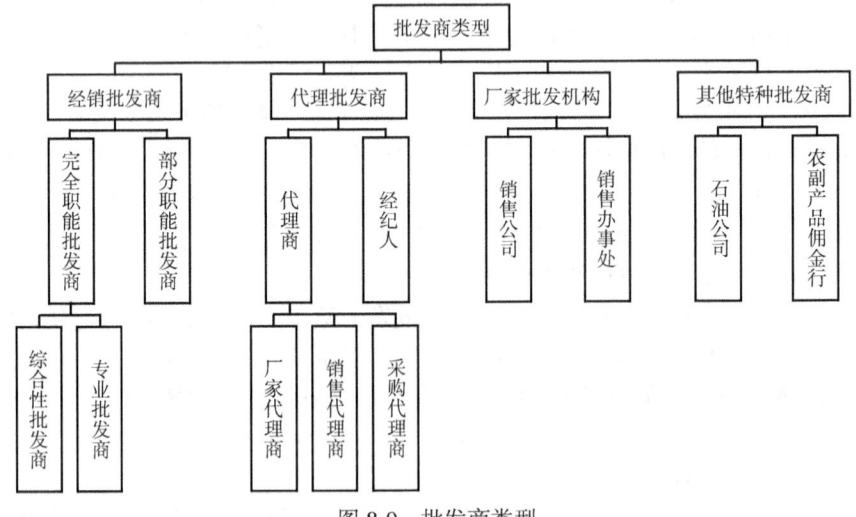

图 8-9 批发商类型

部分职能经销批发商一般只向客户提供极少的服务和营销功能，由客户自己来承担这方面的工作，作为补偿，批发价格一般较实惠。例如，普通商品专业市场中的日用小商品、普通服装、杂货及装修建材等一般采取现款交易、运货自理的批发方式，客户上门采购，当场付款，然后自己把货物运回自己的销售点。也有一些批发商把商品装上汽车或其他交通工具，逐家推销。他们一般执行批发销售与送货上门的职能，比较适合小型超市、杂货店、餐馆、医院、食堂和旅馆，现货现卖，大大方便了他们的采购。

代理批发商是指不获得产品所有权，只是代表买方或卖方接受委托进行产品交易的一类批发商。这类批发商也分为两种：一种是经纪人，另一种是代理商。就其功能来说，基本是一样的，只是后者比前者更正规，受托关系更长，代理权限更大，辅助功能更多一些。经纪人的主要作用是为买卖牵线搭桥，协助谈判，一般不存货，不涉及财务问题，不承担风险，由事先商定的比例按销售额提取佣金。

代理商也有几种主要种类。独立的厂家代理商是代理批发商的主要形式，他们代表两家或两家以上的厂家进行产品销售。厂家一般要求代理商不代理销售相互竞争的产品，但可以是互为补充的产品线。代理商也就价格、代理地区、订单处理方式、送货、商品担保及佣金标准等方面与厂家达成书面合同。中小型生产企业一般没有力量来进行产品的分销工作，常常采用代理的方式，而对于大生产企业，在开发新市场或自己一时无法全力投入销售力量的市场时也多利用厂家代理商。

另一种代理商是销售代理商。销售代理商可以提供厂家代理商的全部功能，但是销售代理商可以经营相互竞争的产品，在代理区域方面一般也没有严格的限制。还有一种是采购代理商，他们一般和买主建立长期的合作关系，为其寻找、购买合适的产品，进行选择、收货、验货、储存及送货等工作，并按商定的标准获得佣金。

厂家批发机构主要指生产厂家自行建立的批发单位，以自身的力量进行产品的分销工作。厂家批发机构一般有两种：一种是厂家外派外驻的销售办事处，主要进行联络、寻找客户、提供产品信息、接受订货、受理投诉及开展维修等工作，一般没有仓储存货，也不负责送货（接受订单后直接由厂家发货）。另一种是销售公司，是由厂家建立的销售机构，可以是分公司，也可以组建子公司。厂家销售公司除了具备办事处的功能外，一般还拥有仓储设施，有营业场所，有运输工具，可以全方位地开展产品的分销工作。

除了上述所讨论的批发商以外，还有一些其他类别的特种批发商。比较特殊的有成品油批发企业或石油公司。它们向加油站、燃料油用户、工业油用户及其他油品中介机构等批发石油制成品（主要是汽油、柴油和燃料油）。由于它们大多数拥有大型专用的生产设施，所以是比较特殊的一类批发商。

农副产品佣金行也是一种比较独特的批发商。它们从各家各户小批量买进产品，然后大批量卖给少数几个客户。像香港的瓜果蔬菜佣金行，向农户收集产品、分类、分级、打包，然后出售给市区中心商场或超市，扣除佣金后把销售款汇进农户的账上。为了吸引更多的农户投售,各佣金行总是千方百计地卖出一个好价钱,佣金行之间也相互竞争。

8.3.4 零售商

1. 零售的概念

所谓零售,是指向最终消费者个人或社会集团出售生活消费品或非生产性消费品及相关服务,以供其最终消费之用的全部活动。这一定义包括以下几点内容。

(1)零售是将商品及相关服务提供给消费者作为最终消费之用的活动。

(2)零售活动不仅向最终消费者出售商品,同时也提供相关服务。

(3)零售活动不一定非在零售店铺中进行,也可以利用一些使顾客便利的设施及方式进行。

(4)零售的顾客不限于个别的消费者,也包括集团消费者,非生产性购买的社会集团也可能是零售顾客。

2. 零售商

零售商是指以零售活动为基本职能的独立的中间商,介于制造商、批发商与消费者之间,是以营利为目的的从事零售活动的组织。

零售商活动具有交易小、交易频率高、即兴购买多、受情感影响较大、去商店购物仍是顾客的主要购物方式等特征。零售商从事的活动,就是把制造商生产出来的产品及相关服务出售给最终消费者,从而使产品和服务增值。零售商要成功地发挥批发商及其他供应商与最终消费者之间的中介作用,必须合理地安排以下活动:企业战略规划、组织系统设计、商店选址、商店设计、商品陈列、商品采购与存货、商品定价、商品促销、商店服务。

3. 零售业

零售业是指以向最终消费者(包括个人和社会集团)提供所需商品及其附带服务为主的行业。零售业是一个国家最古老的行业之一,也是一个国家最重要的行业之一。

4. 零售业态分类

业态一词来源于日语,主要指零售商业的经营形态,即根据"如何销售"这一命题来划分零售业。2004年10月1日由国家质量监督检验检疫总局、国家标准化管理委员联合颁布实施的《零售业态分类》(GB/T 18106—2004),将零售业态明确划分为17种。

(1)有店铺零售业态。当今,大多数消费者的选购是在店铺内进行的,商家不仅为消费者提供了丰富多彩的商品,而且还不断出现新的形式以满足不同消费者的购物需要。有店铺零售的具体形式有以下几种。

1)食杂店。食杂店以香烟、饮料、酒、休闲食品为主,采取柜台式和自选式相结合的销售方式,位于居民区内或传统商业区内,辐射半径 0.3 公里左右。目标顾客以相对固定的居民为主,营业面积一般在 100 平方米以内,营业时间 12 小时以上。

2)折扣店。折扣店位于居民区、交通要道等租金相对便宜的地区,辐射半径 2 公里左右，目标顾客主要为商圈内的居民，营业面积 300~500 平方米，采取开架自选、统一结算的售货方式。为顾客提供有限的服务，自有品牌占有较大的比例，商品平均价格低于市场平均水平。

3）便利商店。便利商店一般出售食品、小百货和应急用品，店址大多在居民小区或街道附近，营业时间长，方便顾客购买。

便利商店的特点：① 以开架自选为主，结算在进口（或出口）处的收银机处统一进行，可采取连锁经营方式。② 商品结构特点明显，有即时消费性、小容量、应急性等。③ 营业时间长，一般在 16 小时以上，甚至 24 小时，终年无休息。④ 选址在居民住宅区、主干线公路边及车站、医院、娱乐场所、机关、企事业所在地。⑤ 商圈范围窄小，一般设定在居民徒步购物 5~7 分钟到达范围内。⑥ 商店营业面积在 100 平方米左右，营业面积利用率高。⑦ 目标顾客主要为居民、单身者、年轻人，80%的顾客为有目的购买。⑧ 便利店的商品价格略高于一般零售业态的商品价格。

4）超级市场（超市）。超市是一种大型、低成本、低毛利、开架自助服务的零售形式，主要出售食品、家用日化产品和小百货商品等。超市最近几年在我国发展特别迅速，除了超市向消费者提供了开架自助自选的新型购物方式外，还在于大规模和连锁经营所带来的价格实惠和就近购物的便利性。便利与连锁经营已成为我国零售业发展的一个重要方向。

超级市场的特点：① 采取自选销售方式，出入口分设，结算在出口处的收银机处统一进行。② 商品构成以购买频率高的商品为主，经营的商品应以肉类、禽蛋、水果、水产品、冷冻食品、副食调料、粮油及其制品、奶及奶制品、熟食品及日用必需品为主。③ 选址在居民区、交通要道、商业区。④ 商圈范围较窄，以居民为主要销售对象。⑤ 商店营业面积在 500 平方米以上。⑥ 目标顾客以居民为主。

5）大型综合超市。大型综合超市是指采取自选销售方式，以销售大众化实用品为主，并将超级市场和折扣商店的经营优势合为一体的、满足顾客一次性购全的零售业态。

大型综合超市的特点：① 采取自选销售方式和连锁经营方式。② 商品构成为衣、食、用品齐全，重视本企业的品牌开发。③ 设有与商店营业面积相适应的停车场。④ 目标顾客为购买频率高的居民。⑤ 商圈范围较大。⑥ 商店营业面积一般在 2 500 平方米以上。⑦ 选址在城乡结合部、住宅区、交通要道。

6）百货商店。许多著名的大商场都是百货商店。百货商店经营的商品种类非常多，每一类商品中的品种规格也相对较多，是一个产品线既宽又深的商品零售商店。一般百货商店按商品大类划分成不同的部门，如服装部、钟表部、鞋帽箱包部等。因此，百货商店又称多部门商店。百货商店一般坐落于商业闹市中心，除了提供既宽又相对较深的商品组合外，还提供比较完全的各项服务及优良宽敞的购物环境，以塑造出时尚的形象。

百货商店的特点：① 采取柜台销售与开架销售结合的方式。② 商品结构种类齐全、少批量、高毛利，以经营男、女、儿童服装、服饰、衣料、家庭用品为主。③ 采取定价销售，可以退货，有导购、餐饮、娱乐场所等服务项目和设施，服务功能齐全。④ 选址在城市繁华区、交通要道。⑤ 商圈范围大，一般以流动人口为主要销售对象。⑥ 商店规模大，在 5 000 平方米以上。⑦ 商店设施豪华、店堂典雅、明快。⑧ 目标顾客为中高档消费者和追求时尚的年轻人。

随着零售市场竞争的激烈，百货商店日益受到来自专业商店、便利商店、专业批零市场等零售形式的强烈挑战，有些部门如普通服装、鞋子和家具等业务已大大萎缩。此外，市中心的交通拥挤、停车困难问题，商业中心退化和迁移问题也使在商业中心购物的吸引力大为下降。最近几年，百货商店的经济效益已连年下降，经营日益困难。

7）专卖店。专卖店位于市、区级商业中心、专业街及百货店、购物中心内，以销售某一品牌系列商品为主，销售量少、质优、高毛利，采取柜台销售或开架面售方式，讲究商店陈列、照明、包装、广告等，目标顾客以中高档消费者和追求时尚的年轻人为主，注重品牌声誉，从业人员具备丰富的专业知识，提供专业性服务。

8）专业商店。专业商店是指只售一两个大类的商品，但品种规格很多的商店，如西服店、妇女儿童用品商店、鞋帽店、五金商店等。专业商店的发展速度很快，在不同细分市场的服务方面、顾客定制商品方面及专业服务方面具有很强的竞争力。专业商店也是购物中心的主要组成商店。

专业商店的特点：① 采取定价销售和开架面售，可开展连锁经营。② 商品结构体现专业性、深度性，品种丰富，可供选择余地大，以某类商品为主，经营商品具有自己的特色，一般为高利润。③ 从业人员需要具备丰富的专业知识，可以退货。④ 选址多样化，多数店设在繁华商业区、商业街或百货店、购物中心内。⑤ 商圈范围不足。⑥ 营业面积根据主要商品特点而定。⑦ 目标顾客多为流动顾客，主要满足消费者对某类商品的选择性需求。

9）仓储式商店。仓储式商店一般坐落在市郊地区，规模很大，内部装修简单，无虚饰，商品成堆摆放，有的连运输包装也不拆开，像个大仓库。仓储式商店价格低廉，服务很少，一般商品起购数量较大，追求薄利多销。仓储式商店可以是一个大型超市，也可以是专业商店，如家具商场。大型的仓储式商店可以包含一个大超市，同时又有家电、计算机、家具及厨房用品等其他商品销售。

仓储商店的特点：① 选址在公路边、交通要道和利用闲置设施。② 主要的商圈人口为 5 万~7 万人。③ 商店营业面积大，一般在 4 000 平方米以上，部分商品部门采取租赁制，把无店名的专业连锁卖场和供应商引进店内经营。④ 商品构成以新开发上市的商品为主力商品，自有品牌占相当部分，主要面向广大的工薪阶层。⑤ 作为价格策略，每天都以较低价格销售全部商品。⑥ 作为商品策略，经营同其他零售业态能进行价格比较的，知名度、普及率都较高的商品或众所周知的商品。⑦ 商店设施简单化。⑧ 将超市开发的销售技术和管理理论、仓储商店的价格影响力、大型综合超市商品供应计划的方法及选址理论融为一体，灵活运用。⑨ 可实行连锁经营。⑩ 设有一定规模的停车场。

10）购物中心。购物中心是指企业有计划地开发、拥有、管理运营的各类零售业态、服务设施的集合体。

购物中心的特点：① 由发起者有计划地开发，实行商业型公司管理，中心内设商店管理委员会，开展广告宣传等共同活动，实行统一管理。② 内部结构由百货店或超级市场作为核心店，以及各类专业店、专卖店等零售业态和餐饮、娱乐设施构成。③ 服务功能齐全，集零售、餐饮、娱乐为一体，根据销售面积设相应规模的停车场。④ 选址为中心商业区或城乡结合部的交通要道。⑤ 商圈根据不同经营规模、经营商品而定。⑥ 设施豪华、店堂典雅、宽敞明亮，实行卖场租赁制。⑦ 目标顾客以流动顾客为主。⑧ 主要包括社区购物中心、市区购物中心、城郊购物中心三种类型。

- 社区购物中心。社区购物中心位于市、区级商业中心，商圈半径为 5~10 公里，建筑面积为 5 万平方米以内，20~40 个租赁店，包括大型综合超市、专业店、专卖店、饮食服务及其他店，各个租赁店独立开展经营活动，停车位 300~500 个。
- 市区购物中心。市区购物中心位于市级商业中心，商圈半径为 10~20 公里，建筑面积 10 万平方米以内，有 40~100 个租赁店，包括百货店、大型综合超市、各种专业店、专卖店、饮食店、杂品店及娱乐服务设施等，各个租赁店独立开展经营活动，停车位 500 个以上。
- 城郊购物中心。城郊购物中心位于城乡结合部的交通要道，商圈半径为 30~50 公里，建筑面积 10 万平方米以上，有 200 多个租赁店，包括百货店、大型综合超市、各种专业店、专卖店、饮食店、杂品店及娱乐服务设施等，各个租赁店独立开展经营活动，停车位 1 000 个以上。

11）家居建材商店。家居建材商店位于城乡结合部、交通要道或消费者自有房产比较高的地区，商品以改善、建设家庭居住环境有关的装饰、装修等用品、日用杂品、技术及服务为主，营业面积 6 000 平方米以上，采取开架自选方式，目标顾客以拥有自有房产的顾客为主，提供一站式购足和一条龙服务，停车位 300 个以上。

12）工厂直销中心。工厂直销中心一般远离市区，建筑面积 100~200 平方米，采用自选式售货方式，为品牌商品生产商直接设立，商品均为本企业的品牌，多家店共有 500 个以上停车位，目标顾客多为重视品牌的有目的的购买。

（2）无店铺零售业态。无店铺零售是指不需要消费者亲临店铺进行购物的一种零售形式。随着计算机技术、网络技术的发展，人们生活观念与方式的变化，外出就业的增多和购物方式的变化，使无店铺零售最近几年发展非常迅速，有些专家预测无店铺零售额将达到全部零售额的 1/3。无店铺零售的具体形式主要有以下几种。

1）直接邮购。直接邮购是向目标消费者邮寄信件、宣传小册子、价格表或商品目录等，消费者若需要购买，则根据要求向邮购公司发信汇款，邮购公司将所订商品邮寄或送货上门。直接邮购具有极高的目标市场选择性，可以实现个体化销售，也可以用来试探市场反应，预测市场需求量。直接邮购的单位促销成本与大众媒介相比较高，但是却有极高的目标消费者的反应率，综合促销效率并不低。

2）电话营销。电话营销是指经营者通过电话向顾客提供商品与服务信息，顾客再借助电话提出交易要求的营销行为。

电话营销的优势在于：① 能与顾客直接沟通，可及时收集反馈意见并回答提问。② 可随时掌握顾客态度，使更多的潜在顾客转化为现实顾客。

电话营销的劣势也相当明显：① 营销范围受到限制，在电话普及率低的地区难以开展。② 因干扰顾客的工作和休息所导致的负效应较大。③ 由于顾客既看不到实物，也读不到说明文字，易使顾客产生不信任感等。

3）电视营销（电视购物）。电视营销是指营销者购买一定时段的电视时间，播放某些产品的录像，介绍功能，告示价格，从而使顾客产生购买意向并最终达成交易的行为。其实质是电视广告的延伸。

电视营销的优点是：① 通过画面与声音的结合，使商品由静态转为动态，直观效果强烈。② 通过商品演示，使顾客注意力集中。③ 接受信息的人数相对较多。

电视营销的缺点是：① 制作成本高，播放费用昂贵。② 顾客很难将它与一般的电视广告相区分。③ 播放时间和次数有限，稍纵即逝。

为了克服上诉弊端，有些经营者创造了一种新的电视营销方式——家庭购物频道（Home Shopping Channels）。这种营销方式在 1986 年的美国营业额为 4.5 亿美元，而到 1991 年则增至 20 亿美元，2012 年的中国电视购物市场规模为 701.2 亿元人民币。

4）网上商店。网上商店又称虚拟商店或电子空间商店，是通过互联网或局域网进行销售，消费者可以在网上获得有关商品的供给信息。如想购买计算机，通过互联网就可以非常轻松便利地获得各家企业的报价，不需要去商店选择、采购。

5）自动售货。自动售货主要采用自动售货机的方式向消费者出售具有较高便利性价值的冲动性产品，如香烟、饮料、糖果、巧克力、报纸、车票等，有些国家还通过自动售货机出售丝袜、化妆品、笔记本、唱片、鲜花、冷冻鲜肉等。

相关链接 8-2

业态和业种

业态是指零售业为满足不同的消费需求而形成的不同经营形态。零售业态的分类主要依据零售业的选址、规模、目标顾客、商品结构、经营方式、服务功能等来确定。

业种是指按所经营的商品的类型划分或组建的零售商店。这种商店自古有之，如古代就存在的布店、粮店、肉店、鞋店、杂货店等。那时候，商店规模小，经营品种单一，人们进一家店仅能买到一种商品。

实例 8-6

24小时营业店是"半个家"

超市商店固然方便且商品品种齐全,但是其营业时间和面积却有一定限制,日本的商家看好这一机会,大力发展24小时营业的小商店。这种商店的营业面积不受限制,可大可小,食品、杂志等生活用品都可以在不大的空间里找到,这里还可以代交电话费。没有热情过多的服务员的废话搭讪,使得越来越多的顾客在随意感十足的感觉中走进商店,这为那些工作繁忙的上班族提供了莫大的方便。对那些工资不高且住处离公司较远的"单身贵族"来说,这些24小时营业店就像半个家一样,把生活日用品全准备齐了。听说有的人还养成了对这种店的依赖性,无论多晚回家,都要到店里买点东西才算结束这一天的工作。

失业人员增多后,24小时营业店又增加了新的经营品种,兼营"求职表"。贴近生活的服务,使得这种小店的经营状况越来越好,虽然够不上用"火爆"一词来形容,但是其势头确实像星星之火一样,已呈燎原之势,它的影响力和数量已经超过了以前的超市,并大有取代超市的势头。

提示:从给顾客带来的便利性角度分析。

主要概念

商品采购　销售渠道　批发商　零售

课堂讨论题

1. 商品采购的业务流程主要分为哪几步?
2. 物流运输的方式有哪些?企业如何做到合理化运输?

自测题

1. 判断题

(1) 租赁是一种广义的采购方式。　　　　　　　　　　　　　(　　)
(2) 采购是企业经营的核心环节。　　　　　　　　　　　　　(　　)
(3) 铁路运输是在干线运输中起主力运输作用的运输方式。　　(　　)
(4) 商品储存管理要求的"三保"就是"保质""保量""保时"。　(　　)

（5）便利店商品的价格一般高于其他零售业态的价格。　　　（　　）

2．填空题

（1）商品采购按其用途不同分为_____和_____。

（2）水路运输的特点是_____、_____、_____等。

（3）商品配送作业方式有_____、_____、_____。

（4）购物中心的类型主要有_____、_____、_____等。

3．选择题

（1）企业商品采购计划制订遵循的原则是（　　）。

A．市场导向　　　　B．系统性　　　　C．勤进快销

D．经济核算　　　　E．联合采购

（2）某企业全年需采购商品 24 000 件，每次采购费用 30 元，该商品每件 400 元，年平均储存费率 4%。

1）这种商品单位平均储存费用是（　　）元。

A．16　　　　B．4　　　　C．10　　　　D．12　　　　E．8

2）该商品的经济采购批量为每次（　　）件。

A．300　　　　B．400　　　　C．500　　　　D．600　　　　E．200

3）该商品年采购次数为（　　）次。

A．10　　　　B．20　　　　C．70　　　　D．80　　　　E．30

（3）对商品运输的要求是（　　）。

A．及时　　　　B．合理　　　　C．安全　　　　D．准确　　　　E．经济

4．简答题

（1）简述商品采购的作用和任务。

（2）货物入库需要哪些操作程序？

（3）简述商品储存管理的原则。

（4）零售商在日常经营时主要从事的活动有哪些？

（5）人们常说推销员是"见人说人话，见鬼说鬼话，人鬼不见说胡话"，这句话你是怎样理解的？

实训题

1．技能题

选择某一企业，为其拟订某一商品的采购计划。

训练建议：

（1）同学 3~5 人一组，实地调研或网上收集某中小企业经营情况。

（2）运用所学知识，拟订该企业某一商品的采购计划。
（3）各组在班级进行交流、讨论，教师点评。

2．案例分析

一位"吃过亏"的顾客的回答

一位汽车推销员正在电话里同顾客交谈。顾客虽然很有礼貌，但声音显得很强硬。

"不，谢谢你啦！我现在不需要购买新汽车，如果需要的话，我自己会找汽车经销商的。记得一年前，我经不起一个推销员的百般劝说，就向他买了一辆小汽车，可是还没开多长时间，那辆汽车就坏了。老实对你说吧，吃亏上当只有一次，我再也不会听你们那套销售经了。"

问题：该案例中的顾客为什么会有这么强烈的反应？假如你是推销员，你会怎样来面对这名顾客？

3．模拟实训

分组进行接待顾客的演练。要求学生熟知顾客服务规范，掌握接待顾客的步骤和技巧，分析接待顾客的演练是否适当，并提出改进意见。

实训建议：

（1）同学4~6人为一组，进行接待顾客演练。
（2）各组运用所学知识，分析运用了哪些步骤和技巧，并写出书面意见。
（3）各组在班级进行交流、讨论，教师点评。

第 9 章

企业诊断与发展

> ◇ **本章学习目标** ◇
>
> 知识目标：认识企业诊断的任务，熟悉企业投资的相关知识，掌握企业绩效评价的内容和指标，企业诊断的概念和内容，企业发展的类型。
>
> 技能目标：熟悉企业绩效评价的程序、方法与标准，企业诊断的程序，企业投资决策的评价方法。
>
> 能力目标：能够运用所学的知识进行简单的企业绩效评价和企业诊断。

引导案例

比亚迪多元化

在汽车行业风生水起的比亚迪是一个典型的多元化企业，它横跨 IT 零部件代工业务和汽车业务这两个领域，且成绩不错。2012 年，比亚迪旗下全新车型比亚迪速锐正式上市，速锐最大亮点就是全球领先的"遥控大玩具比亚迪车"及涡轮加压发动机，动力非凡。

比亚迪自己总结的成功根本是"把制造完全做透"。从 1995 年进入电池行业开始，比亚迪就高度重视制造，但这与其他企业只是重视产品的制造不同，比亚迪同时关注产品制造和生产方式。到目前为止，比亚迪 60%的电池生产设备都是自己制造的。通过这种方式，比亚迪制造出了比竞争对手价格低一半的电池，但利润率却高达 200%。现在比亚迪在世界电池产业里占据了高达 15%的市场份额，它的竞争对手正是赫赫有名的日本三洋。

2003 年，比亚迪将触角延伸到了汽车行业。没有人看好比亚迪这个大跨度的多元化，但是凭借其在制造上的核心竞争优势，比亚迪在汽车行业同样取得了成功。和进入电池行业时一样，比亚迪自己制造工厂、生产线甚至生产设备等。不仅如此，比亚迪还将供应链上的一个个环节进行分解，将其纳入了自己的制造体系，从而形成了垂直一体化的汽车制造体系。

正是这种制造体系使比亚迪汽车获得了强大的成本控制能力，频频掀起的价格战不断改写业界的价格底线，令竞争对手无法跟随。2008 年，比亚迪销量为 18 万多辆，同比增长高达 80%，2013 年销量达 50.6 万辆。比亚迪现拥有 IT、汽车和新能源三大产业，目前稳居全球第一大充电电池生产商地位，镍镉电池、手机锂电池出货量全球第一。

思考题：请比较奇瑞与比亚迪在多元化上的差异。

9.1 企业绩效评价

9.1.1 企业绩效评价的含义

企业绩效评价是指以企业出资人为中心的权益主体，为掌握企业经营状况和促进企业发展，采用科学的指标体系与系统化方法，对企业经营成果和经营者业绩所进行的考核与评价。企业绩效评价的基本内容有两个方面：一是对企业经营成果的考核与评价；二是对企业经营者业绩的考核与评价。

9.1.2 企业绩效评价的内容和指标

1. 企业绩效评价的内容

企业绩效评价的内容是按照工商类企业和金融类企业分别划定的。

（1）工商类企业绩效评价内容是按竞争性企业、非竞争性企业分别制定的。其中，竞争性企业绩效评价内容主要包括财务效益状况、资产营运状况、偿债能力状况和发展能力状况四个方面。

（2）金融类企业绩效评价内容主要包括企业财务状况、资产安全状况、资产流动状况和发展能力状况四个方面。

2. 企业绩效评价的指标

企业绩效评价指标体系是由基本指标、修正指标、评价指标和经济附加值四个层次构成的。

（1）基本指标。基本指标反映的是企业绩效评价内容的基本情况，可以形成企业绩效评价的基本结论。基本指标是评价企业绩效的核心指标，由反映四部分评价内容的八项计量指标构成。以下主要介绍其中四项。

1）财务效益状况。其指标计算公式为：

$$净资产收益率 = 净利润 \div 平均净资产 \times 100\%$$
$$总资产报酬率 = 息税前利润总额 \div 平均资产总额 \times 100\%$$

2）资产营运状况。其指标计算公式为：

$$总资产周转率（次）= 主管业务收入净额 \div 平均资产总额$$
$$流动资产周转率（次）= 主管业务收入净额 \div 平均流动资产总额$$

3）偿债能力状况。其指标计算公式为：

资产负债率=负债总额÷资产总额×100%

已获利息倍数=息税前利润总额÷利息支出

4）发展能力状况。其指标计算公式为：

销售（营业）增长率=本年主营业务收入增长额÷上年主管业务收入增长额×100%

资本积累率=本年所有者权益增长额÷年初所有者权益×100%

（2）修正指标。修正指标用来对基本指标形成的财务效益状况、资产营运状况、偿债能力状况、发展能力状况的初步评价结果进行修正，以产生较为全面、准确的企业绩效基本评价结果，具体由12项计量指标构成。以下主要介绍其中四项。

1）财务效益状况。其指标计算公式为：

资本保值增值率=扣除客观因素后的年末所有者权益÷年初所有者权益×100%

主管业务利润率=主营业务利润÷主营业务收入净额×100%

盈余现金保障倍数=经营现金净流量÷净利润

成本费用利润率=利润总额÷成本费用总额×100%

2）资产营运状况。其指标计算公式为：

存货周转率（次）=主营业务成本÷存货平均余额

应收账款周转率（次）=主营业务收入净额÷应收账款平均余额

不良资产比率=年末不良资产总额÷年末资产总额×100%

3）偿债能力状况。其指标计算公式为：

现金流动负债比率=经营现金净流量÷流动负债×100%

速动比率=速动资产÷流动负债×100%

4）发展能力状况。其指标计算公式为：

三年资本平均增长率=［(年末所有者权益总额÷三年前年末所有者权益总额)−1］×100%

三年销售平均增长率=［(当年主营业务收入总额÷三年前主营业务收入总额)−1］×100%

技术投入比率=当年技术转让费支出与研发投入÷主营业务收入净额×100%

（3）评价指标。评价指标是对影响企业经营绩效的非定量因素进行判断，以形成企业绩效评价的定性分析结论。评价指标是用于对基本指标和修正指标评价形成的评价结果进行定性分析验证，以进一步修正定量评价结果，使企业绩效评价结论更加全面、准确。评价指标主要由以下八项非计量指标构成：经营者基本素质；产品市场占有能力（服务满意度）；基础管理水平；发展创新能力；经营发展战略；在岗员工素质；技术装备更新水平（服务硬环境）；综合社会贡献。对于商贸和服务等企业，因经营性质不同，在运用评价指标时，可以用括号内的指标替代。

现在人们在绩效评价时越来越重视非财务性评价指标，从国内外目前的理论和实践来看，比较典型的非财务指标主要出自以下几个方面：市场占有率；产品品质；交货效率和可信赖程度；敏感性与应变能力；员工积极性；创新能力和技术领导定位；顾客满意度。

（4）经济附加值（Economic Value Added，EVA）。EVA 的提出是财务评价思想的一次创新，1993 年斯特恩·斯图尔特咨询公司首次提出后，迅速在世界范围内获得广泛的运用。该指标的创新之处在于全面考虑了企业的资本成本，同时从企业价值增值这一根本目的出发，对依据一般公认会计原则得出的利润进行调整，因此可以更为准确地评价企业绩效。其计算公式为：

$$经济附加值=税后利润-资本费用$$

其中：税后利润=营业利润-所得税额
　　　资本费用=总资本×平均资本费用率
　　　平均资本费用率=资本或股本费用率×资本构成率+负债费用率×负债构成率

> **教学互动 9-1**
>
> 相对于传统绩效评价指标，EVA 有何特点？

9.1.3 企业绩效评价的程序、方法与标准

1. 企业绩效评价的程序

（1）确定评价对象，下达评价通知书，组织成立评价工作组及专家咨询组。

（2）拟订评价工作方案，收集基础资料。

（3）评价工作组实施评价，征求专家意见并反馈给企业，撰写评价报告。

（4）评价工作组将评价报告送专家咨询组复核，向评价组织机构（委托人）送达评价报告和公布评价结果，建立评价项目档案。

2. 企业绩效评价的方法

企业绩效评价结果的基本计算方法是功效系数法，辅以综合分析判断法。这就是按照统一制定的多层次指标体系，以企业经营期间的各项指标的实际水平，对照全国统一测算和颁布的绩效评价标准值，分步得出绩效评价的初步结论、基本结论和综合结论。

（1）功效系数法。根据多目标规划原理，将所要考核的各项指标分别对照不同分类和分档的对应标准值，通过功效函数转化为可以度量计分的方法。

（2）综合分析判断法。综合考虑影响企业经济效益和经营者业绩的各项潜在的或非计量的因素，参照评议参考标准，对评议指标进行印象比较分析判断的方法。

3. 企业绩效评价的标准（标准值）

企业绩效评价标准值是对评价对象进行客观、公正、科学分析判断的标尺。根据企业绩效评价指标的不同性质，评价标准值可以分为计量指标评价标准值和非计量指标评价参考标准。

（1）计量指标评价标准值。这一标准值是基本指标和修正指标的评价对比依据。工商类企业的评价标准值由我国财政部统一测算和颁布。评价标准值划分为五档：优秀值、良好值、平均值、较低值、较差值。

（2）非计量指标评价参考标准。评价参考标准是评议指标的评价参考依据，主要依据有关法规、行业标准、国际公认标准和我国国情确定。评价参考标准也分为五档：优（A）、良（B）、中（C）、低（D）、差（E）。

9.2 企业诊断

9.2.1 企业诊断的概念

企业诊断又叫经营诊断、企业管理诊断，目前各国的称谓和定义不尽相同。中国企业联合企业管理诊断委员会的定义是："企业管理诊断是由具有诊断资格的专家，应企业的要求，为之提供各种知识和服务，或深入企业现场，运用各种科学方法，找出企业存在的主要问题，进行综合分析，查明问题的根源，提出切实可行的改善方案，进而指导实施，以改进企业经营，谋求可持续发展的一门系统科学。"

从上述定义可知：① 企业诊断的行为主体是有诊断资格的专家，当然还需要企业经营管理人员和一线员工的密切配合。② 企业有接受诊断的需求。③ 企业诊断要立足现场，运用科学的理论与方法，包括经济学、经营学、工业工程学、管理数学、会计学、数理统计学、运筹学、系统工程学、信息学、社会学、心理学、生态经济学等，进行定量和定性分析。④ 企业诊断有效地把握企业现状，正确地判断企业未来，提出可行的改善方案。⑤ 企业诊断要同时达到改进现实企业经营和有利于企业可持续发展的目标。⑥ 企业诊断是一门科学，是对企业经营进行综合评价进而实施建议、指导的系统工程。

企业诊断与企业咨询是一个问题的两个方面。对企业讲，企业咨询就是请别人在生产经营上给予忠告性的帮助；企业诊断则是咨询机构或经营顾问为了完成企业咨询的委托到企业进行调查诊断，帮助企业找出并指导企业解决经营管理上的问题。欧美习惯地称之为"企业咨询"，日本则习惯地称之为"企业诊断"。

9.2.2 企业诊断的任务

企业诊断的任务有三项：一是帮助企业找出或判断生产经营上的主要问题，找出主要原因，提出切实可行的改进方案；二是指导实施改进方案；三是传授经营管理理论和科学方法，培训各级管理干部，从根本上提高企业素质。具体任务如图 9-1 所示。

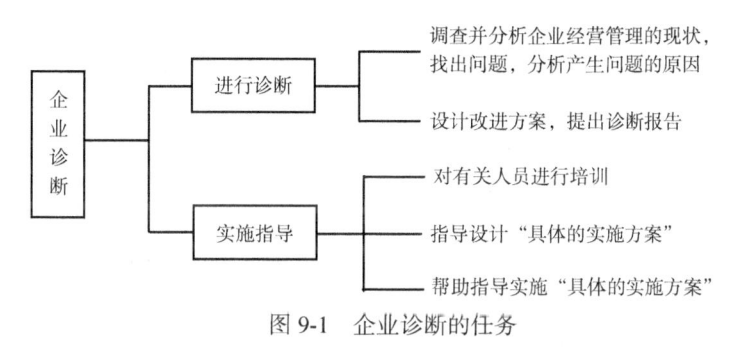

图 9-1 企业诊断的任务

9.2.3 企业诊断的类型

根据不同标准，可以将企业诊断划分为不同的类型。

（1）根据诊断人员的组成，可以分为外来专家诊断和企业内部自诊。

（2）根据诊断范围，可以分为全面诊断和专题诊断。

（3）根据诊断时间，可以分为一次性（短期）诊断和长期诊断。

（4）根据诊断内容，可以分为领导层诊断、经营战略诊断、管理组织诊断、生产管理诊断、物资管理诊断、质量管理诊断、财务成本管理诊断、市场营销管理诊断等。

9.2.4 企业诊断的程序

企业诊断工作程序大体上可分为预备诊断、正式诊断和方案实施指导三个阶段。

（1）预备诊断阶段。预备诊断的目的是为正式诊断确定方向，准备必要的资料，确定诊断课题，制订诊断计划。预备诊断又称预备调查。预备诊断阶段又可分为诊断洽谈和诊断准备两个阶段。

1）诊断洽谈。诊断机构在接到企业提出的诊断申请后，就诊断目标、内容、日期、时间、方法、费用等进行协商，并以合同的形式确定下来。

2）诊断准备。从签订诊断合同到诊断人员进入企业之前，为开展诊断所进行的各种准备工作。这种准备工作包括受诊企业的内部准备和诊断组织的自身准备两部分。

在这个阶段要填写各种调查表，其格式要标准化、简单化。

（2）正式诊断阶段。正式诊断是企业诊断的核心部分。它是根据预备诊断阶段确定的课题方向和计划开展工作的。正式诊断包括综合调查、专题调查、制订整体改善方案和诊断总结四个步骤。

1）综合调查。根据诊断目标要求所涉及的范围，对企业的现状进行广泛的调查和分析，找出主要问题，确定重点改进的课题。综合调查要深入部门、车间和班组。调查内容包括经营战略方针、产品质量、数量及销售状况，工艺流程，设备完好率和开动率，工时定额完成，工时利用和在制品管理等情况。在调查掌握情况的基础上，对企业做整体综合分析，选择与诊断目标有直接关系的问题作为诊断课题，并筛选出重点课题。

2）专题调查。对筛选出的重点课题做更深入的调查分析，找出造成该问题的影响因素和影响因素中的关键因素，并从不同的角度提出改进措施，设计几个改善方案，通过技术经济分析，选出最优方案，最后写出专题诊断报告。

3）制订整体改善方案。在专题诊断的基础上，根据系统的观点，经过反复协商，确定出整体最佳方案。整体最佳方案应满足省力、省时、优质、安全和经济这五点要求。

4）诊断总结。在正式诊断结束后，对诊断过程的问题进行总结，并写出诊断报告。报告要简明扼要、醒目、尽量图表化、数量化。诊断报告一般应包括前言、正文和结束语三大部分。前言中反映企业的概况和诊断概要（诊断组织、诊断人员、诊断日程安排、诊断的重点课题等）；正文部分要写课题的内容和分析方法，主要问题的现状和问题点，改善方案的建议等；结束语要写对诊断的评价、遗留的问题、不足之处、对企业的期望等。

在诊断结束后，要以诊断成果发布会的形式发表诊断结果。诊断成果发布会，既是诊断组织向全厂员工的汇报会，又是实施方案的动员会。诊断成果发布会后诊断组织还应广泛听取员工对诊断结果的评价及对诊断组织的意见，进一步改善诊断工作，提高诊断质量。

（3）方案实施指导阶段。为了实现诊断目标，尚需实施改善方案。诊断人员在方案实施过程中要给予指导，并培训实施人员。若发现问题，需要及时调整实施方案，进一步提高诊断水平。

9.2.5 企业诊断的内容

1. 企业领导层诊断

领导层的状态对企业的兴衰成败起着非常重要的作用。因此，企业诊断，首先要对企业领导层进行诊断，目的是提高企业领导层经营管理水平和领导能力。企业领导层诊断的内容包括领导层结构的调整分析、领导者素质的调查分析和领导艺术的调查分析等。

（1）领导层结构调查分析。分析领导层结构是否科学。领导层的科学结构包括梯形的年龄结构、合理的专业知识结构、较好的智能结构、协调的气质结构、精干配套的工作结构。通过领导层结构的诊断，发现问题，提出改善其结构的建议，使领导层结构实现年龄梯形、知识互补、专业相济、智力叠加、气质协调、人员精干的优化结构。

（2）领导者素质的调查分析。调查每个领导者政治思想方面的素质、文化专业方面的素质、组织管理方面的素质、道德品质方面的素质及身体素质。

（3）领导艺术的调查分析。调查领导艺术，首先，要了解领导的工作效率是否高；其次，能否善于调动下属的积极性。通过领导艺术的诊断，发现领导者在工作作风和领导方法上的不足，以便加强才能的锻炼和素质的修养，提高领导效能。

2. 企业经营战略诊断

企业经营战略诊断的目的是检验经营战略实施的结果，诊断内容一般包括以下几个方面。

（1）诊断是否制定了经营战略。少数企业只注重眼前利益，忽视长远发展规划，没有制定企业经营发展战略；或者有的企业有某种经营思想，但未形成企业上下的统一认识。在这种情况下，诊断人员应首先帮助企业制定经营发展战略，而不是诊断。

（2）诊断经营战略的内容：① 经营战略的各种措施。② 经营战略措施的项目。③ 措施项目的可行性。④ 措施项目所需资金、时间及可能取得的利益。⑤ 措施项目可能遇到的风险。⑥ 经营战略各种措施的实施。⑦ 措施项目实施的规章制度。⑧ 措施项目实施的组织、人员配备和分工。⑨ 措施项目实施的程序和方法。⑩ 措施项目实施的成果和存在的问题及改进等。

（3）诊断经营战略的制定程序。制定程序不正确是造成经营战略失误的外在原因。在对经营战略内容进行诊断时，若发现内容错误，就应由表及里进行分析。

3. 企业管理组织诊断

（1）建立现代管理组织原则的调查和分析。对建立现代管理组织原则的诊断，就是分析其是否符合以下的原则。

1）统一指挥的原则。统一指挥的原则，要求每个职务都应有人负责，每个人都知道应向谁负责，还有哪些人要对他负责，每个人只接受一个上级的命令和指挥并对其负责。

2）管理幅度适当原则。领导者直接指挥的下属成员，应当有一个适当的范围。管理组织设计时，既要注意有效的管理幅度，又要注意减少管理层次。

3）全面管理与专业管理相结合的原则。企业作为一个系统，为实现既定的目标，必须进行全面管理。同时全面管理还应与专业管理相结合，才能对企业进行有效的管理。

4）协调原则。整个组织机构之间都要符合协调原则，表现在目标、意志和行动上统一。

5）责权利相结合的原则。每个职位既要明确其责任，又要同时授予其相应的权利，做到有职有权、职权对等，并有相应的经济利益，才能发挥每个部门个人的积极性。

6）精干和效率原则。管理机关和管理人员精干、办事效率高，关键在于因事设职、因职配人，使人人有事干，事事有人管，消除人员浪费和窝工现象。

（2）企业管理组织形式的调查和分析。企业管理组织形式的诊断，就是分析企业管理组织形式是否与企业的规模、生产经营类型、生产技术特点等相适应，发现问题，不断调整管理组织形式，提高企业生产经营管理水平。

4. 企业生产管理诊断

企业生产管理诊断的目的在于加强生产管理，增加产品产量，提高产品质量，缩短生产周期，加速资金周转，提高劳动生产率和降低成本。生产管理诊断的内容有以下几个方面。

（1）生产过程组织工作的诊断。调查分析企业的生产过程构成，看其是否与企业规模和产品等特点相适应。还要分析生产过程组织是否实现了连续性、比例性、节奏性和适应性的要求。

（2）企业生产能力诊断。了解生产能力，将计划生产任务与生产能力进行对比，分析生产能力的利用情况，以便发现哪些设备和生产能力不足，采取措施，使生产能力与生产任务相平衡。

（3）生产作业计划工作的诊断。主要是调查了解期量标准的制定和管理、生产作业计划的编制方法、生产前的作业准备、生产控制等工作，发现问题，采取措施予以解决。

5. 企业物资管理诊断

企业物资管理诊断，就是对企业的物资管理工作进行调查分析，找出存在的问题，分析产生的原因，提出可行的措施，并指导实施。物资管理诊断的内容有以下几个方面。

（1）物资机能诊断，主要是对物资供应部门的组织机构、人员构成的诊断。

（2）物资计划诊断，是对年度物资综合计划和物资申请或采购计划进行分析与评价。

（3）物资采购和管理诊断，是对物资采购和库存物资的管理进行分析评价。

6. 企业质量管理诊断

企业质量管理诊断，就是用科学的技术方法对质量管理工作进行分析评价，找出质量管理工作中存在的缺点和问题，提出改进处理意见，进一步提高质量管理水平。质量管理诊断的内容包括以下几点。

（1）质量方针诊断。了解和分析企业是否有质量方针，质量方针的制定是否有科学的程序和根据，质量方针中对本企业的经营薄弱环节是否规定了强有力的措施。

（2）质量保证体系诊断。分析和评价企业质量管理机构设置得是否合理，能否做到严密、协调和高效。

（3）产品开发与设计诊断。主要了解和分析产品开发与设计的程序是否合理，新产品开发和老产品改进的依据是否完全可靠，对市场需求和技术发展动向及经济效益等是否有分析、有报告等。

（4）制造过程的诊断。了解分析有无完整的生产准备计划，是否采用网络技术及其他科学方法编制计划。

（5）销售服务的诊断。了解分析是否建立了对用户服务的机构及服务网；是否严格执行"三包"制度；是否建立了用户服务档案；是否收集了质量信息；服务工作是否达到用户满意。

7. 企业财务成本管理诊断

企业财务成本管理诊断，是采用科学的技术方法，调查评价财务成本管理现状，发现财务成本管理工作中存在的问题，提出改善意见和措施，并协助执行，以提高科学管理水平，开源节流，降低成本，最大限度地提高经济效益。财务成本管理诊断的内容有以下几个方面。

（1）财务管理诊断。用科学的方法，找出企业在资金管理上存在的问题，提出改善措施，严肃财经纪律，加强基础工作，建立健全各项财务管理制度，用好资金，管好利润。

（2）成本管理诊断。运用数理统计、价值工程等各种方法，掌握成本要素差异，制定有效的改善措施，不断地降低产品成本，为国家积累更多的资金。

（3）利润的诊断。考核和分析企业利润及其上交计划的完成情况，分析利润增减的原因及营业外收支的组成。

8．企业市场营销管理诊断

企业市场营销管理诊断，是对企业产品转到使用者手中的经营活动进行分析与评价，发现市场营销管理中的问题，采取有效的改善措施，以提高市场营销管理的水平。市场营销管理诊断的内容有以下几个方面。

（1）市场销售战略的诊断。通过对市场细分战略、市场发展战略、推销战略的分析，找出影响产品销售的问题，改善营销策略，以进一步打开产品销路，占领市场，提高市场占有率。

（2）市场营销目标诊断。了解分析企业的赢利水平、市场占有率和覆盖率。

（3）企业市场营销体系的诊断。了解企业是否建立了市场营销组织，对市场营销工作抓得是否有力，市场营销人员的能力如何，是否建立了市场调查、市场预测系统。

（4）市场销售力分析。主要是了解分析产品性能、产品质量、产品生命周期、产品周期、产品价格、产品流通、产品购买等因素，找出影响产品销售的主要因素，提高产品的市场竞争能力。

实例 9-1

拜耳为什么不再是拜耳

拜耳公司发明了阿司匹林止痛剂，并且在市场上经营这一领导品牌多年，拜耳几乎成了止痛剂的代名词。但拜耳公司再次推出一种称为"拜耳非阿司匹林镇痛剂"的止痛散热产品，却一直打不开销路，不仅如此，甚至连拜耳在止痛剂市场上的整个占有率也在持续下降。究其原因，是因为拜耳公司的品牌延伸策略摧毁了拜耳正宗的阿司匹林的幻想，拜耳非阿司匹林止痛剂的出现使得"拜耳"这一品牌在消费者心目中原本明晰的定位变得模糊不清了。

提示：从市场营销管理诊断角度理解。

相关链接 9-1

企业诊断收集资料清单

1. 外部环境状况

（1）与企业有关的政策法规及企业所处行业的政策法规。

（2）可能的金融支持。
（3）估计未来两年内的市场容量和市场覆盖率。
（4）主要竞争对手的市场占有率和经营战略。
（5）主要供应商及其提供的产品。

2．企业内部状况

（1）经营者。　　　　　　（2）企业概况。
（3）财务状况。　　　　　（4）经营战略。
（5）人事管理。　　　　　（6）管理组织。
（7）市场营销。

1）产品状况：品种、组合、生命周期、细分市场、核心产品、是否有新产品开发。

2）市场地位：各产品市场占有率、市场覆盖率、市场覆盖的地区、最近两年市场调查资料。

3）近两年内营销计划：预计销售额、预计销售成本、主要营销手段、主要销售渠道、新增销售渠道、计划扩展的地区。

4）分销模式：分销渠道图，渠道成员的激励方式，近两年内渠道冲突及其解决。

5）销售促进：近一年内进行的销售促进活动，促销的预算和费用，近一年企业所做的广告（广告内容、所用媒体、广告预算和费用）。

6）销售人员：销售人员的培训情况，促销人员的考核表，促销人员的激励方式，销售人员对企业产品和营销的看法。

9.3 企业发展与投资

9.3.1 企业发展

1．企业发展的概念和特征

企业发展是指企业投入自有资金或其他途径筹集的资金，通过建造购置、改造及兼并其他企业等方式提高生产经营能力，形成新的企业规模的过程。

传统观点认为，企业发展就是企业规模的扩张、市场占有率的增长或资本规模的扩大等。若全面地、历史地看，企业发展具有多个层面。

（1）量的增长。这就是被普遍认为的生产规模、资本规模、市场占有份额、产品产值、员工规模等指标数量上的增长。实际上，所有这些都可以概括为企业规模的扩张。这是企业追求规模经济的必然取向。

（2）质的改善。企业发展不仅表现为量的增长，而且还表现为企业在质的方面的改善。只考察量的增长不足以衡量企业的发展状况。企业片面地追求量的增长可能是十分危险的，"巨人集团"的危机就是例证。一个企业并不一定总是变得更大，但必须总是变得更好。

（3）制度的变迁。历史地看，企业发展还表现为企业制度的变迁。目前处于企业组织形式主流的公司制是企业制度由低级向高级逐步演变发展而来的，经历了业主制企业、合伙制企业到公司制企业的发展过程。企业制度的每次革命性的变化，都为企业的进一步发展创造了无限的空间，它在企业规模扩张、规避风险和内部监督机制等方面为企业发展提供了制度保障。

2. 企业发展过程的主要特征
（1）它是企业经营活动从量的提高到质的飞跃的过程。
（2）企业发展的方式是多种多样的。
（3）企业发展与追加投资是联系在一起的。
（4）企业不断发展是一种客观趋势。

3. 企业发展的类型
（1）原型发展。原型发展是指不改变原有的经营方向和产品结构，通过追加投入增加产品数量和提高产品质量。具体形式有以下两种。
1）由于市场需求的扩大，增加原有产品的产量。可以通过增加设备和人力，扩大生产能力，或者对原有设备进行改造，提高劳动生产率。
2）不改变原有的经营方向和生产规模，通过追加投资进行技术改造。即采用新技术、新材料或新工艺，提高产品质量，增加产品价值。
（2）部门内部发展。部门内部发展是指不跨越本行业的范围，增加本企业未生产过的产品。具体形式有以下两种。
1）改变原有的经营方向，扩大经营范围，增加本企业未生产过的产品。
2）利用原有生产条件，改变原有的生产经营方向，通过追加投资增加新的生产条件，生产本部门已有的产品。
（3）部门外部发展。部门外部发展是指企业的生产经营活动向别的部门进行发展，增加生产别的部门已有的产品。其具体形式有以下两种。
1）不改变原有经营方向，扩大经营范围，增加生产别的部门已经生产的产品。
2）改变原有的经营方向，放弃原有产品的生产，利用已经有的生产条件，通过追加投资增加新的生产条件，生产别的部门经营的产品。
（4）交叉性发展。
1）不改变原有的经营方向和生产规模，通过追加投资，以部门内部发展为主，以部门外部发展为辅；或者以部门外部发展为主，以部门内部发展为辅。
2）通过挑战原有的经营方向和生产规模，追加投资扩大经营范围，既向本部门内部发展，又向部门外部发展。
（5）开发性发展。
1）不改变原有的经营方向，通过追加投资进行研制和开发新产品、新技术。

2）对原有的生产规模和经营方向进行调整，增加新的生产条件，进行新产品开发。

4．企业发展的具体形式

这里着重介绍多样化经营、国际化经营和企业集团。

（1）多样化经营。

1）多样化经营的概念。多样化经营是指一个企业的经营业务已超出一个行业的范围，并且生产经营多种不同经济用途的产品和服务的一种经营方式。它有两种类型：一是相关多样化；二是不相关多样化。

2）多样化经营的动因。一般而言，企业发展到一定阶段会存在"经营多样化"的倾向。这种多样化的倾向不断地改变和扩大企业的事业领域。经营主体多样化经营的动机是五花八门的，也许为了避免因资源高度集中而导致事业上的灾难性后果，以分散经营风险；也许为了摆脱现实的竞争压力，寻求新的战略成长点与机会，以超越竞争对手；也许为了提高企业成员的热情，避免人才流失，避免因重复旧业务而生厌；也许为了充分利用或运用各种资源等。其结果都将逐渐推动企业事业领域的多样化。

然而，实现多样化经营也有一定的局限性：① 开发、创新的代价可能会很大。② 对管理人员和技术人员的要求很高，这是多样化经营成功的关键。③ 管理复杂性增加。

因此，企业选择多样化战略，至少应当有如下背景：① 企业现有产业经营是夕阳产业，发展前景暗淡，企业为了求生存、求发展，不得不选择新的更有发展前途的产业。② 现有产品已严重过剩，出现千军万马挤独木桥的局面，且短期内这种局面很难改变，继续待在这个行业，企业将长期处于微利甚至无利状态，为了逃离这一是非之地，企业只好另求生存空间。③ 企业有开拓新产业的足够的资金实力和人才储备。④ 现有产业无论是生产还是销售，都很成熟、很稳定，企业管理很到位，企业决策者有足够的精力从事新产业的研究、开发和管理。

教学互动 9-2

怎么理解"多样化经营是馅饼还是陷阱"？

3）多样化经营扩张模式的选择。当企业采取多样化经营发展战略时，经常需要对以何种方式进入一个新的行业或进入一个新的事业领域进行决策。这就是企业多样化经验扩展模式的选择问题。最常见的扩张模式有内部发展、企业并购及联盟发展。

第一，内部发展。内部发展是指企业通过内部投资新建的方式进入一个行业并在该行业中开展一项新的业务，包括建造基础设施、购买机器设备、雇用新的人员、开设新的销售渠道等。

它的最大优势在于，比较容易把公司的无形资产移植到新的业务之中。此外，通过内部扩张，公司可以获得发展过程的外部收益，包括随着业务的成长而积累的学习能力和知识。并且，随着时间的推移，这种隐性的技术诀窍很可能成为公司独立形成的有价值的资源，并为公司进一步的扩张提供指导。

内部发展也有一定的缺点：在公司努力创造自身所没有的资源的时候，内部发展是一个缓慢的过程。在早期阶段，这一发展过程可能会使公司遭受规模较小的风险，增加新的产业生产量，会增加产业中的竞争强度。同时，内部发展也面对"某一项目最后并未按照计划进行"的风险，并且对不成功的内部发展所进行的投资却很难得到补偿。例如，宝洁公司为不成功的柑橘山橙汁饮料做广告，花费了上百万美元的资金，却无法收回这笔投资。

综上所述，选择内部发展方式，应具备以下条件：要进入的产业处于投入或成长期；进入壁垒较低；要进入的行业与企业现有的业务密切相关；企业能承受时间、开发成本及风险。

第二，企业并购。企业并购是指在市场竞争机制作用下，并购方为获取被并购方的经营控制权，有偿地购买对方的全部或部分产权，以实现资产一体化的经营战略。人们常认为，并购一家已经存在的公司是实现多样化扩张的最简单方式。它很可能使公司直接获得在某一产业确立竞争优势所必需的一整套资源。

并购的一个主要优点是，它可以迅速地决定公司在新业务中的位置。同时，收购现有的公司也可以使潜在的竞争对手退出市场。

尽管并购存在上述优势，但它也可能存在一些严重的缺点。

首先，并购公司常常要付出高昂的代价。通常，为了完成一项收购交易活动，收购公司必须支付高于股票当前价格30%的费用或更高的费用。许多目标公司拥有好几种资产和能力，但其中只有一部分对并购公司有用，而在剔除多余资产的过程中也要付出高昂的代价。

其次，在收购公司努力把自己的资源注入被收购公司或者反过来把被收购公司的资源注入收购公司中的时候，在整个过程中，被收购公司和收购公司融合在一起，最终形成一个与以前不同的全新的统一整体。所以，这显然是难度最大的一种整合模式，也是许多收购活动艰难面对的一种模式。相互冲突的文化和风格、获胜者与失败者的情绪和在组合系统与人员的过程中所遇到的经营困难等，都会使实现这种模式困难重重。

综上所述，选择企业并购方式，应具备以下条件：要进入的行业处于成熟期；进入壁垒较高；要进入的行业与企业现有业务无关或关系不密切；企业不能承受内部发展所涉及的时间、开发成本及风险。

第三，联盟发展。联盟有许多具体的形式，包括合资企业、特许经营、股权参与、长期契约安排等。联盟发展模式主要是用来获得内部发展和并购的优势，而避免两者的劣势的一种扩张方式。

联盟方式的最大优点在于能较快地获得公司缺乏的资产和能力，分散其在重大事业中的风险与成本。这种联盟常常发生在这样的情况之下：一家公司拥有某一新业务中有价值的一部分资源，但为了有效地贯彻公司计划，它还需要获得另一家公司拥有的资产。在20世纪70年代和80年代，许多能够生产高品质产品的日本公司都缺乏进入美国市场所必需的分销与服务网络。为此，其中的多数公司既没有收购一家美国公司，也没有建立自己的网络，而是设法建立联盟，使自己的产品与美国公司的分销与服务网络匹配起来。

虽然联盟在许多方面都存在吸引力，但它本身也存在许多缺点，如对合作方缺乏有效控制；许多联盟实际上都是极为脆弱的管理机构；由于设计方面的原因或其他原因，许多联盟的存续时期都相当短暂，但也有些联盟持续了许多年，并成功地实现了开始预想的目标。

（2）国际化经营。

1）国际化经营的概念。国际化经营是指直接面向国际市场，积极参与国际分工与国际竞争，以产品出口或外部资源利用为导向的企业经营活动。

2）国际化经营的形式。国际化经营的初级形式包括间接出口、直接出口与易货、补偿贸易。

第一，间接出口。间接出口是指企业通过国内的中间商出口商品的方式。间接出口企业并没有真正从事国际市场的经营，所以也不需要有对外经营的专门知识、专门技术和专门机构，也无须考虑选择和控制国际市场的问题。间接出口具体有：经出口贸易商出口、经出口代理商出口、委托其他企业代销。

第二，直接出口。直接出口就是由企业独立地完成一切对外出口的业务，也就是企业真正从事国际市场的经营活动。这就需要由企业自己建立开发国际市场的业务机构，对国际市场有较多的了解和较大的控制，并能在实践中掌握开发国际市场的技巧。与间接出口相比，它具有风险大、投资多、费用高的特点。直接出口的具体做法有：通过广交会、展销会等直接接受外国公司或外国政府的订货；来样加工、来料加工、来件装配，直接与外商进行合作生产；参与外国政府或企业对某一工程项目招标的投标；利用外国的经销商和代理商；在国外设立企业自己的销售机构。

第三，易货、补偿贸易。易货是指以货换货，即通过进口为我方所需的紧缺物资来交换我方出口产品的一种进入国际市场的策略。补偿贸易是易货贸易的一种衍生，是在信贷的基础上购进国外的机器设备、生产技术及其他产品和劳务，并用投产后的产品或双方事先商定的其他商品来偿付的贸易方式。

除出口产品外，企业可以到国外去投资设厂，逐步建立跨国公司，以求得在国际市场上的进一步发展。国际化经营的高级形式具体有以下四种。

第一，国外装配。国外装配是指生产企业把在国内生产的某种产品的绝大部分或全部零配件，运到人工费用较低的国家去装配成成品，然后在该国或国际市场上出售，这实际上是一种与外国企业进行合作生产的方式。

第二，签订许可证协议。签订许可证协议是指通过与国外一方签订许可证协议，允许对方使用本企业的专利技术、设备工艺或商标进行生产，我方从生产出来的产品中得到提成，这实际上是一种把技术的使用权转移给外国企业的方式。

第三，合资经营。合资经营是指我方与国外一方在国外合办一家企业，我方以技术和设备作为投资的股份，外方则以土地、建厂施工等作为投资的入股。合资企业投产后所得利润，按双方各自投资的多少进行分配。

第四，独资经营。独资经营是指我方到国外独资经营一家企业，它实际上是本公司在国外开设的一家子公司。本国的总公司或母公司加上分布在国外的一定数量的子公司就可组成一家跨国公司。跨国公司在国际市场上扮演着越来越重要的角色，它是国际化经营的高级形式。跨国公司有三种类型：一是制造型，即在海外设厂生产并在海外市场成立销售部门的以生产产品为主的跨国公司；二是贸易型，即以进出口业务为主的跨国公司；三是综合型，即经营业务范围较广的跨国公司，除进出口贸易外，还经营保险、房地产、航运和各种工业生产等，如日本的综合商社。

实例 9-2

海尔的国际化

在海尔，国际化有两重含义，一是海尔的国际化，二是国际化的海尔。"海尔的国际化"就是把企业变成一个合格的国际出口商，质量、财务、产品都要和国际市场接轨，但这样充其量只是成为一个可以向世界各地出口的出口商。"国际化的海尔"就不同了，是要在全世界各地形成本土化的海尔，如美国海尔是在当地生产、销售，为当地消费者认可的美国品牌。张瑞敏如此阐释："海尔的国际化是国际化海尔的一个基础，只有先做到了海尔的国际化，才能进一步实现国际化的海尔，而创建国际化的海尔才是真正的目标。"

提示：从海尔的国际化是手段，国际化的海尔是目的去理解。

（3）企业集团。所谓企业集团，是以一个或少数几个企业为核心，以一批具有共同利益、受这个核心的不同程度控制或影响的企业为外围，通过各种不同的联系方式而构成的特殊的、高级的经济联合体。

企业集团由核心层、紧密层、半紧密层和松散层组成。对我国企业集团来说，核心层是集团的母公司（集团公司），紧密层是由被控股的子公司、孙公司等组成，半紧密层由被参股的关联公司组成，松散层由固定协作企业组成。

1）核心企业。核心企业是处于企业集团核心层的企业，通常称为集团公司。核心企业是独立法人，承担母公司职能。集团公司具有混合控股公司性质，即除从事实际的业务生产经营活动外，还从事资本经营和股份管理活动。集团公司可以根据资本参与关系对相关企业进行不同程度的控制，以贯彻母公司的意图，并按所占股份比例大小分享红利。企业集团的实力，从根本上说是由核心企业所决定的。

2）紧密层企业。企业集团的紧密层企业由母公司的全资子公司和控股子公司组成。集团公司通过控制其紧密层成员企业的多数股份（或全额股份）而使之成为控股子公司（或全资子公司）。子公司是独立法人，可独立经营，但它们和母公司关系密切。母公司可以凭借控股地位对子公司进行人事控制、战略技术控制和财务控制，并按所占股份比例大小分享红利。因此，母公司与子公司之间是控股与被控股的关系。

3）半紧密层企业。半紧密层企业是指集团母公司对其投资参股但未达到控股程度的企业。母公司虽然可以根据在半紧密层企业中所占股份比例进行人事参与和利润分配，但不具有对它的控制权。

4）松散层企业。松散层企业是企业集团的关联企业，它们和集团的联系不是以资产为纽带，而是以协议为联结。它们之间有联合生产或销售协议，或实行专业化分工，纯粹是一种较为固定的协作关系。集团公司不能以人事参与等活动来控制松散层企业，而只能以合同的形式与它们建立较为稳定的关系。

9.3.2 企业投资

1．企业投资的含义及其特点

（1）企业投资的含义。企业投资是企业为获取收益而向一定对象投放资金的经济行为。

（2）企业投资的特点。企业投资具有目的性、时间性、收益性和风险性等特点。

> **实例 9-3**
>
> **卖油条卖出 3 个亿**
>
> 一个"中国麦当劳"概念，让一个名不见经传的老板，变成香港大亨李嘉诚及荷兰霸菱基金锁定的投资对象，紧接着又被菲律宾最大的快餐连锁集团快乐蜂（Jollibee Foods Corp.）以其海外子公司的名义用 2 250 万美元的价格收购了 85%的股份。这几次资本运作把永和大王的创始人林猷澳一下子拱上中国资本大舞台。就在 1995 年 12 月 12 日，永和大王第一家店在上海开张的时候，总投资才 5 万美元。而现在，永和大王在全国已有 85 家店，年营业收入达到了 3 亿多元人民币。
>
> 提示：投资者在投资前，要对投资项目进行投资决策的经济评价与风险分析。

2．现金流量的分析

现金流量是指与投资有关的现金流入和流出的数量。它是评价投资方案是否可行时必须事先计算出的一个基础性指标。现金流量的构成包括以下几个部分。

（1）初始现金流量。以负数表示，包括以下内容：固定资产投资、净流动资金垫支、土地等不计价资产的机会成本、其他投资费用。

（2）营业现金流量。投资项目完成后，在整个生命期内，正常生产经营过程中的现金流量。它一般按年计算，等于销售收入扣除付现成本和所得税后的差额。

（3）终结现金流量。项目经济寿命终结时发生的现金流量。一般表现为现金的流入量，包括以下两项内容：固定资产变价收入或支出和原垫支的净流动资金回收额。

3．企业投资方向

（1）固定资产投资。固定资产投资是企业投资的一个重要形式，其主要的特点是：投资金额大、投资期限长、投资风险大。

（2）股票和债券投资。股票和债券投资特点是：投资的流动性大；投资的风险大、收益高；投资风险可以分散和转移；投资的管理比较简单，关键在于选择投资机会和投资对象。

（3）房地产投资。房地产投资特点是：投资对环境条件的依赖性大，投资价值在很大程度上取决于其所处的地理位置；投资金额大、周转缓慢、不易变现；房地产价值受通货膨胀的影响稳定增值。

（4）无形资产投资。一般包括专利权、商标权、著作权、土地使用权、非专利技术、商誉等。

（5）信托投资。

4．企业投资决策的原则

符合企业战略（方案）原则；风险及安全原则；量力而行原则；投资决策科学化、民主化原则。

5．企业投资决策的程序

（1）确定投资目标。

（2）选择投资方向。

（3）制订投资方案。

（4）评价投资方案。

（5）选择投资项目。

（6）反馈调整决策方案和投资后的评价。

6．投资决策的经济评价与风险分析

（1）资金的时间价值。

资金的时间价值是指资金在周转使用过程中由于时间因素而形成的差额价值。资金的时间价值具体表现为利息额。资金时间量的指标，通常有复利终值与复利现值、年金终值与年金现值。

1）复利终值。复利终值的计算公式为：

$$F = P(1+r)^n$$

式中，F 是复利终值；P 是复利现值或本金；r 是利率；n 是期数。

上式中$(1+r)^n$称为复利终值系数,也可表示为(F/P,r,n),其数值可查阅"复利终值系数表"。

2)复利现值。复利现值的计算公式为:

$$P = F(1+r)^{-n}$$

上式中的$(1+r)^{-n}$称为复利现值系数,也可表示为(P/F,r,n),其数值可查阅"复利现值系数表"。

年金的终值和现值在此不多介绍。

(2)投资决策的经济评价方法。

1)静态分析法。静态分析法是一种只考察各年现金流量的方法,又称非贴现法,主要有以下几种具体方法。

第一,投资回收期法。回收期是指投资项目产生的现金收入偿还投入资金所需的年数。在应用投资回收期法进行投资决策、拟订可行性方案时,投资回收期小于期望投资回收期,投资方案可行。在对两个或两个以上的可行性方案进行比较时,以回收期短者为优。

如果每年的营业净现金流量相等,则:

$$投资回收期=原始投资额÷每年净现金流量$$

如果每年的营业净现金流量不相等,计算回收期时,则要根据每年年末尚未收回的投资额加以确定。

第二,平均报酬率法。平均报酬率是指项目周期内的年均现金流量与初始投资的比率或年均营业现金与平均投资额的比率,又称平均投资报酬率。平均报酬率法就是指通过比较投资报酬率的大小,选择最优的可行性方案的方法。

平均报酬率可以按下列两个公式计算:

$$平均报酬率=年均现金流量÷初始投资×100\%$$

或

$$平均报酬率=年均营业现金流量÷平均投资额×100\%$$

2)动态分析法。

第一,净现值法。净现值法是指通过计算投资项目的净现值以反映投资的报酬额,并据以进行决策的方法。净现值的计算步骤是:预测投资项目每年的现金净流量;将每年的现金净流量折算成现值;将投资额折算成现值;计算净现值。净现值法具有考虑资金时间价值和能反映各投资项目可获取的收益的优点。

$$净现值=未来报酬的总现值-投资额现值$$

第二,现值指数法。现值指数法是指计算投资项目的现值指数,以反映投资的报酬水平,并据以进行决策的方法。现值指数的计算步骤是:预测投资项目每年的现金净流量;

将每年的现金净流量折算成现值；将投资额折算成现值；计算现值指数。

$$现值指数=未来报酬的总价值÷投资的现值$$

现值指数法具有考虑资金时间价值和能反映各项目的投资报酬水平的优点，但该法不能反映各投资项目可获取的收益。

第三，内部报酬率法。内部报酬率法又称内含报酬率法，是指计算投资项目的内含报酬率，以真实反映投资报酬水平，并据以决策的方法。内含报酬率法的计算步骤是：预测投资项目每年的现金净流量；计算年金现值系数。

$$年金现值系数=投资额现值÷每年现金流量$$

查年金现值系数表，在同期内，找出与第二步骤算出的年金现值系数相等的邻近的两个贴现率；根据相邻的两个贴现率和第二步骤算出的年金现值系数，用插入法计算投资项目的内含报酬率。

内部报酬率法具有考虑资金时间价值，能反映投资项目的真实报酬率的优点，其缺点是计算较为复杂。

（3）投资决策的风险。

1）投资风险产生的原因：缺乏可靠的信息；不能控制事物未来发展的进程。

2）投资风险的种类。第一，市场风险。是指由企业自身无法控制的因素而引起的风险，例如，国家宏观政策的调整和变动、产业结构的调整等原因导致企业的收益不确定性，这种风险不仅仅影响到某一个企业，而且要影响到全部企业或某一个行业的企业。第二，企业特有的风险。是指企业自身可以控制的因素而引起的风险。这种风险通过企业管理部门的努力，是可以控制的。

3）投资风险的衡量。

第一，现金净流量期望值。其公式为：

$$现金净流量期望值=\Sigma（可能出现的现金净流量×概率）$$

第二，现金净流量标准差。现金净流量标准差是指投资项目可能出现的现金净流量与期望值之间的偏离程度。

第三，现金净流量标准离差率。其计算公式为：

$$现金净流量标准离差率=现金净流量标准÷现金净流量期望值$$

4）投资风险价值。其计算公式为：

$$投资报酬率=无风险投资报酬率+投资风险报酬率$$

相关链接 9-2

英语杂志出版投资计划书

文案名称	英语杂志出版投资计划书	受控状态	
		编　号	
执行部门		监督部门		考证部门	

1. 项目名称

本计划拟投资项目为英语杂志出版，具体出版项目分述如下。

（1）《＿＿英语学习》杂志。

（2）《＿＿儿童学英语》（16开本彩色图片杂志）。

2. 英语学习和出版市场分析

（1）英语学习产业与市场分析（略）。

（2）出版市场分析（略）。

3. 项目概况

（1）《＿＿英语学习》杂志。

1）《＿＿英语学习》由＿＿出版社出版发行。

2）《＿＿英语学习》的出版印数及定价分别为：＿＿＿＿册、8.00元人民币。

3）《＿＿英语学习》的读者对象及市场定位。

a.《＿＿英语学习》的着眼点是提高读者学习英语的兴趣，扩大读者阅读的知识层面，从而打好语言基础，养成自然的英语习惯和语感，帮助读者真正理解、掌握英语。

b.《＿＿英语学习》适合大学、高中师生及社会各界英语爱好者，为其提供学习英语、出国留学、求职、求学和教学辅助等服务。

4）《＿＿英语学习》的人才资源及编辑力量（略）。

5）《＿＿英语学习》前景预测。

如果《＿＿英语学习》杂志能够创造名牌，发行量可上升到每月＿＿万册以上。

6）同类英语杂志比较参考。

a.《英语＿＿》，深受高校师生热爱，高峰发行每期＿＿万册。

b.《＿＿英语》，（＿＿出版社出版，现每期＿＿万册，呈现上升趋势）。

7）出版计划。

＿＿＿＿年＿＿月底组稿完成，＿＿＿＿年＿＿月正式出版并推出市场。

（2）《＿＿儿童学英语》杂志。

1）《＿＿儿童学英语》由＿＿出版社出版发行。

2）《＿＿儿童学英语》的发行情况及读者对象定位（略）。

3）《＿＿儿童学英语》的编委会成员及人才力量（略）。

4）出版时间：每月___日编辑完成，每月___日正式出版并推向市场。

（3）项目进展情况。

上述两个项目均已组建完美的编务团队，并做好出版计划，与经销商沟通。一旦资金到位，即时签订各种经营合约，年后工作将全面展开。

4. 主要任务

（1）市场调查分析。

200__年__月至__月，做好市场调查分析。

（2）市场推广与销售。

200__年__月至__月，利用公司的品牌效益和销售网络，联合书商共同推广。

5. 项目合作单位和合作方式（略）

6. 项目效益分析

本项目三年内投入与产出效益分析如表9-1所示。

表9-1　未来三年投入产出效益表

单位：万元

项　　目	200__年		200__年		200__年	
	投入总额	收入总额	投入总额	收入总额	投入总额	收入总额
《__英语学习》杂志						
《—儿童学英语》杂志						
总　计						

7. 项目风险及知识产权

（1）项目风险。该项目主要存在以下四类风险。

1）系统风险，整个出版行业衰败，或者国家政策出现重大变化。

2）组织稿件失败和稿件质量差。

3）宣传策划不到位和市场上出现较多同类书籍。

4）出版发行单位违约。

（2）知识产权。知识产权的取得是与著作者订立合同而购得版权，出版业务符合中国的《著作权法》、《新闻出版条例》和《合同法》。

8. ___企业的管理团队

总经理___

副总经理___

市场部经理___

编制日期		审核日期		批准日期	
修改标记		修改处数		修改日期	

主要概念

企业诊断　企业发展　企业投资　多样化经营

课堂讨论题

1. 谈谈你对多样化经营的看法。
2. 如何对企业进行绩效评价？

自测题

1．判断题

（1）企业绩效评价的基本指标是评价企业绩效的核心指标，用以形成企业绩效评价的基本结论。（　　）

（2）企业绩效评价采用定量分析方法。（　　）

（3）任何企业都需要进行企业诊断。（　　）

（4）企业领导者直接指挥下属成员越多越好，这符合"扁平式"组织结构的要求。（　　）

（5）企业发展主要是指规模的扩张。（　　）

（6）海尔集团从白色家电进军黑色家电、灰色家电，这属于相关多样化。（　　）

2．填空题

（1）企业绩效评价指标体系是由_____、_____、_____、和_____四个层次构成的。

（2）现金流量由_____、_____和_____构成。

（3）投资报酬率=_____+_____。

（4）企业集团是由_____、_____、_____和_____组成的。

3．选择题

（1）工商类竞争性企业绩效评价的内容包括（　　）。

　　A．财务效益状况　　　B．资产运营状况　　　C．偿债能力状况
　　D．发展能力状况　　　E．资产流动状况

（2）按诊断的范围划分，企业诊断可分为（　　）。

　　A．一次性诊断　　　B．外来专家诊断　　　C．企业内部诊断
　　D．全面诊断　　　　E．专题诊断

（3）企业发展的类型有（　　　）。
　　A. 原型发展　　　　　B. 部门内部发展　　　　C. 部门外部发展
　　D. 交叉性发展　　　　E. 发展性发展
（4）投资决策中动态经济评价方法有（　　　）。
　　A. 投资回收期法　　　B. 净现值法　　　　　　C. 平均报酬率法
　　D. 现值指数法　　　　E. 内部报酬率法

4　简答题

（1）简述企业诊断的程序。
（2）企业诊断的主要内容有哪些？
（3）简述企业发展的类型。
（4）简述投资决策的经济评价方法。

实 训 题

1．技能题

试选择某一中小企业进行企业诊断。

训练建议：

（1）同学们3～5人一组，实地调研或网上收集某中小企业经营情况。

（2）运用所学知识，对实地调研或网上收集的某中小企业经营情况进行诊断，并写出书面意见。

（3）各组在班级进行交流、讨论，教师点评。

2．案例分析

吉列公司是世界著名的剃须刀生产厂商，在世界剃须刀市场上占有70%的份额。除此之外，它还经营小型家电、电池等多种日用消费品业务。这些多样化业务占吉列公司营业额的70%，但只占实际利润的50%，另外50%的利润仍出自剃须刀业务。

吉列于1970年推出第一个双片剃须刀，1977年推出第一个旋转片剃须刀，1990年推出第一个装有双独立双片的剃须刀（Sensor）。1998年5月初，吉列通过"有史以来规模最大的推销活动"推出Mach3这种新产品，这种有3个刀片的新一代产品拥有35个专利，提高了剃须的效率和舒适性。

虽然吉列公司在推出新产品上不遗余力，但是它并没有因此放弃其他种类的剃须市场。吉列的主导思想是：逐步让所有的消费者使用设计越来越精良的产品。1997年，吉列将Sensor Excel投放到印度和俄罗斯地区，它们分别是世界上最大和第三大剃须市场。

吉列公司成功了。

吉列属于华尔街的"蓝筹股"。默瑟管理咨询公司同样把吉列公司列为7家最大的日用消费品生产集团之一,而且它是 1985—1995 年营业额和利润最高的企业。在这期间,吉列公司的纯利润平均达到 14%。

吉列成功的原因是建立在技术革新之上的战略。技术革新可以逐渐增加产品附加值,从而提高产品的价格。吉列公司高利润率的另一个重要因素是长期关注提高生产力。每年公司的生产力都增加 10%,其中 3%归功于价格的提高,4%是减少成本得来的。实际上,吉列公司对这种业绩也还是满意的,特别是剃须领域,仅 30%的营业额,却占到了 50%的总利润。因此,吉列公司的目标是提高其他业务的赢利,使它们的赢利增长速度快于剃须领域的增长幅度。

问题:你是否觉得吉列公司是一个成功的企业?吉列公司是如何评价自己的管理绩效的?

3. 模拟实训

要求学生进入一家企业,通过与企业员工的接触了解企业的管理制度和一些具体的管理方法、手段,分析该企业管理方法运用是否适当,并提出改进意见。

实训建议:

(1)将全班同学根据管理诊断的内容进行分工,实地调研某企业管理情况。

(2)运用所学知识,对实地调研企业管理情况进行诊断,并写出书面意见。

(3)在班级进行交流、讨论,教师点评。

参考文献

[1] 杨明刚. 现代实用管理学[M]. 上海：华东理工大学出版社，2005.
[2] 徐光华，等. 人力资源管理实务[M]. 北京：清华大学出版社，北方交通大学出版社，2005.
[3] 陈忠卫. 现代企业管理[M]. 北京：中国财政经济出版社，2005.
[4] 单凤儒. 管理学基础[M]. 北京：高等教育出版社，2005.
[5] 陈文安，穆庆贵. 新编企业管理[M]. 上海：立信会计出版社，2005.
[6] 徐汉文，霍谰平. 现代企业经营管理[M]. 大连：东北财经大学出版社，2005.
[7] 信海红. 质量管理[M]. 北京：中国计量出版社，2005.
[8] 刘丽文. 服务运营管理[M]. 北京：清华大学出版社，2004.
[9] 汪永太. 市场信息学（第2版）[M]. 大连：东北财经大学出版社，2012.
[10] 汪永太. 经营理论与实务[M]. 合肥：中国科技大学出版社，2007.
[11] 汪永太. 现代服务业管理[M]. 大连：东北财经大学出版社，2008.
[12] 杨坤，张金成. 服务业的质量管理[M]. 天津：南开大学出版社，2006.
[13] 丁宁. 服务管理[M]. 北京：清华大学出版社，北京交通大学出版社，2007.
[14] 晏维. 现代商业技术[M]. 北京：中国人民大学出版社，2005.
[15] 张建伟. 物流运输业务管理模板与岗位操作流程[M]. 北京：中国经济出版社，2005.
[16] 张建伟. 物理运输[M]. 北京：中国经济出版社，2005.
[17] 吕军伟. 物流配送[M]. 北京：中国经济出版社，2005.
[18] 出源. 仓储管理[M]. 北京：机械工业出版社，2005.
[19] 陈文安. 企业管理习题与解答[M]. 上海：立信会计出版社，2005.
[20] 苗长川. 现代企业经营管理[M]. 北京：清华大学出版社，北方交通大学出版社，2004.
[21] 徐光华，等. 管理学——原理与应用[M]. 北京：清华大学出版社，北方交通大学出版社，2004.
[22] 宋克勤. 企业管理[M]. 上海：上海财经大学出版社，2004.
[23] 夏昌祥. 现代企业管理[M]. 重庆：重庆大学出版社，2004.
[24] 徐晓鹰. 现代企业管理[M]. 北京：中国商业出版社，2000.
[25] 赵丽芬. 管理理论与实务[M]. 北京：清华大学出版社，2004.
[26] 张大成. 现代商业企业经营管理[M]. 北京：清华大学出版社，2004.
[27] 阙祖平. 商品采购管理[M]. 大连：东北财经大学出版社，2004.

[28] 劳动和社会保障部教材办公室. 营销师[M]. 北京：中国劳动社会保障出版社，2004.

[29] 张德，吴剑平. 企业文化与人工策划[M]. 北京：清华大学出版社，2003.

[30] 王成荣. 企业文化学教程[M]. 北京：中国人民大学出版社，2003.

[31] 真虹，张婕妹. 物流企业仓储管理与实务[M]. 北京：中国物资出版社，2003.

[32] 肖刚. 现代企业经营管理[M]. 北京：中国经济出版社，2002.

[33] 解培才. 企业战略管理[M]. 上海：上海人民出版社，2002.

[34] 袁晓明. 现代成功企业企划管理文案范本[M]. 北京：中国时代经济出版社，2002.

[35] 安徽省工商行政管理局. 安徽省企业记指南[M]. 北京：工商出版社，2001.

[36] 周朝琦，侯龙文. 创业创新经营战略[M]. 北京：经济管理出版社，2001.

[37] 俞剑平. 工商管理学[M]. 北京：民主与建设出版社，2001.

[38] 李自如. 现代企业管理学[M]. 长沙：中南大学出版社，2001.

[39] 吴照云. 企业管理学[M]. 北京：经济管理出版社，2001.

[40] 邵一明. 现代企业管理[M]. 上海：立信会计出版社，2001.

[41] 龙文. 创业创新经营战略[M]. 北京：经济管理出版社，2001.

[42] 王静. 现代市场调查[M]. 北京：首都经贸大学出版社，2001.

[43] 王维平. 企业形象塑造论[M]. 北京：北京大学出版社，2000.

[44] 托马斯，莫瑞斯. 管理经济学[M]. 陈章武，杨晓丽，译. 北京：机械工业出版社，2012.

[45] 程淑丽. 企划管理职位工作手册（第2版）[M]. 北京：人民邮电出版社，2012.

[46] 周素萍. 企业战略管理——理论与案例[M]. 北京：清华大学出版社，北方交通大学出版社，2012.

[47] 孙永波. 客户中心运营管理[M]. 北京：中国经济出版社，2013.

[48] 关善勇. 企业管理实务[M]. 北京：北京大学出版社，2012.

[49] 曾瑶，李晓春. 质量管理学（第4版）[M]. 北京：北京邮电大学出版社，2012.

[50] 马忠法. 知识经济与企业知识产权管理[M]. 上海：上海人民出版社，2011.

[51] 陈劲，郑刚. 创新管理[M]. 北京：北京大学大学出版社，2013.

[52] www.chinahrd.net. 中国人力资源开发网.

[53] www.manaren.com. 管理人网.

[54] http://www.jcxx.cc/. 中国决策信息网.

[55] http://www.cb.com.cn/. 中国经营网.